人文苏州

望族秘事

柯继承 著

苏州大学出版社

图书在版编目(CIP)数据

苏州望族秘事/柯继承著. —苏州:苏州大学出版社,2012.11

(人文苏州/陈嵘,张建初主编)

ISBN 978-7-5672-0302-0

Ⅰ.①苏… Ⅱ.①柯… Ⅲ.①家族—研究—苏州市 Ⅳ.①K820.9

中国版本图书馆 CIP 数据核字(2012)第 284901 号

书　　名:苏州望族秘事

主　　编:陈　嵘　张建初

著　　者:柯继承

策　　划:刘　海

责任编辑:刘　海

装帧设计:吴　钰

出版发行:苏州大学出版社(Soochow University Press)

出 版 人:张建初

社　　址:苏州市十梓街 1 号　邮编:215006

印　　刷:苏州工业园区美柯乐制版印务有限公司

E-mail　:Liuwang@suda.edu.cn　QQ:64826224

邮购热线:0512-67480030

销售热线:0512-65225020

开　　本:787 mm×960 mm　1/16　印张:13.5　插页:1　字数:202 千

版　　次:2013 年 1 月第 1 版

印　　次:2013 年 1 月第 1 次印刷

书　　号:ISBN 978-7-5672-0302-0

定　　价:28.00 元

序

范小青

苏州的文化，是一种浸润的文化；苏州的文化，是一种渗透的文化。苏州文化，浸透在大街小巷的每一块青砖、每一片瓦砾里，渗入在园林古宅的每一座亭台、每一处楼阁里；苏州文化，更是浸润在苏州人的血液里、骨子里。人文苏州，就是要从苏州人的故事中，让我们看到苏州的精神气是怎样地遍布和穿行于苏州的每一个缝隙每一脉经络的。

因为如此深入的渗透，苏州的文化，才会如此的经久不衰；因为如此执着的浸润，苏州的文化，才会如此的弥漫升腾。在从前的很漫长的日子里，我们曾经是身在其中的，那个古旧却依然滋润的文化苏州，就在我们的身边，就是我们的窗景，是我们挂在墙上的画，是我们伸手可触摸的，我们能够听到它们的呼吸，我们能够呼吸到它散发出来的气息，我们曾经十分的奢侈，十分的大大咧咧，我们的财富曾经太多太多，多到让我们忽视、轻视了它们的存在，在漫长的年岁中，它们似乎在渐渐地丢失，渐渐地疏离了。

其实没有。

它们始终就在这里。

今天，这套《人文苏州》，让我们再一次真切地听到了苏州文化的呼吸声，再一次亲切地感受到了苏州文化的精神气质。《人文苏州》的编者，对于苏州的人文特色，对于苏州的文化底蕴，可谓是如数家珍。于是，丛书带着我们，又一次穿越，又一次重温，使得苏州文化成为挂在我们每一个人心头的永不褪色的长幅画卷，它常温常新，常挂常新，常说常新。古老的苏州文化，就是这样，焕发出崭新的生命力。

看到这套丛书，念叨着各个分卷的书名，诗与画，河与桥，名人与故居，园林与老街……我们的心中，激起感动，泛起涟漪，似乎听闻到，在沉睡了的历史的碑刻上，飘散出了人物和故事的清香。这些书名，就像是我们熟悉的一个亲人，一个故友，一个挚爱，一看到它们，立刻让人有了阅读的冲动，有了触摸的激动。其实，对于生于斯长于斯的苏州人来说，其中的某些内容，也许早已经了解，甚至早已经了然于胸，但是，苏州的文化、人文苏州的丰富内涵，那是读它千遍百遍也不够的。

苏州是一个能够让人时时感动、永远感动的具有浓郁人文情怀人文精神人文内涵的地方，而苏州文化的内容丰富庞杂，它像是许许多多大大小小的珍珠。只是，面对这许许多多的宝贝，我们一方面可以如数家珍，另一方面，似乎又有点心中无数，这人文苏州的珍珠到底有多少，到底是什么样的情况，像是无数颗散落了一地的珍珠，到处可见，东一颗西一颗，面对这些散点，我们有些手足无措、甚至有点无从着落的感觉。现在，《人文苏州》丛书做了一件大好的事情，好像是替我们理了一理家当，全面地清理了一下，看一看家里到底有多少好东西，散落的珍珠，串起来了，集中起来了，一起呈现出来了，让我们在一套书中，一下子看个够，让我们能在相对集中的时间和空间里，走遍苏州的大街小巷和山山水水。

如果你是苏州人，阅读这部丛书，就像是重新走进你的童年，就像是重温美好的旧梦，因此会对苏州更加了解，更加热爱；如果你不是苏州人，阅读这部丛书，你如同走进了一个既已经逝去又是全新的异彩世界，你同样会因为了解苏州而爱上苏州。

目录

小引

本书介绍的是苏州的华腴世家，即苏州本地望族，在其形成和兴衰历程中发生的许多动人心魄和发人深省的故事，包括望族成员的奇闻逸事、鲜为人知的古怪悬案和尘封的历史秘辛。

望族在历史上是一个相当模糊复杂的概念，在不同的历史时期，它的内涵也不尽相同。然而，在同一历史时期内，语义基本一致时，称呼上又会表现出极大的差异。毛汉光先生在《两晋南北朝主要文官士族成分的统计分析与比较》一文中，曾对两晋南北朝正史以及后来学者对这一时期的望族称号作过统计，竟得 28 种，诸如高门、门第、门望、膏粱、膏腴、甲族、势族、世家、门胄、世族、著姓、门阀、阀阅、名族、高族、士族等（见《中国中古社会史论》，上海书店出版社 2002 年 12 月出版），所指意义大同小异，只是对同一事实着重点不同，遂有名词上

古城区民居俯瞰

的差异。如果把它放在中国封建社会整个历史时期来看,则它的异名更多,差别更大。

但是,用今人眼光看,其实一句话就可以概括:望族,就是旧时当地有声势的世家豪族。这声势,既包括政治地位、社会声望,又包括一定的经济力量。在封建社会,望族显然指的就是世袭的贵族、有名望的大官僚或大地主家族。望族中的成员,过的都是天上人间的生活,入则钟鸣鼎食,出则鲜衣怒马。在苏州,这类家族被雅称为名门望族,又俗称为"大人家(大户人家)";还移用"家门"这个固有词汇,前置姓氏,如王姓的大户人家,就称"王家门",张姓的大户人家,就称"张家门"。王家门与王家,张家门与张家,区别就在一个"门"字上,无"门",则是平常人家;有了"门",则是显赫的大家族了。

苏州的大户人家,东汉之前的已不可考,东汉以后,从文献中可知,有张、朱、陆、顾四家。由三国入晋的陆机,在《吴趋行》一诗中有"八族未足侈,四姓实名家"之语。陆机所讲的八族,指陈、桓、吕、窦、公孙、司马、徐、傅八家;而四姓,指的就是张、朱、陆、顾四家。

南朝宋刘义庆在《世说新语·赏誉》中用十四个字对四姓作了进一步介绍:"吴四姓旧目云:张文,朱武,陆忠,顾厚。""旧目"是指吴国流传的人物姓氏汇集。旧目所说四姓,已有各自门风,应是吴国当时舆论认可的四姓代表人物足以当此所谓文、武、忠、厚的特点者,即:张氏一族以文韬显,朱氏一族以武功显,陆氏一族很忠良,顾氏一族很厚道。梁刘孝标为《世说新语》该条作注云:"《吴录士林》曰:吴郡有顾、陆、朱、张为四姓,三国之间,四姓盛焉。"也就是说,这四家在三国时就已是兴盛的大族了。

苏州的土著大族,正是从这个时期开始浮出水面,向繁纷复杂的社会上层流动,从而开始形成真正意义上的望族。

现在,就让我们进入张、朱、陆、顾四大家当初形成望族的历史大背景,然后一路跟去,眼观四路,耳听八方,用心看看在苏州这块土地上,1800 多年来,在"望族"这个圈子里,究竟产生了哪些可歌可泣的人物,发生了哪些稀奇古怪的事情。

大风起兮云飞扬：吴地望族的崛起

东汉末期，天崩地坼，风飙云飞，群雄并起，攻伐不息。经过多年的征战与兼并，中国大地上逐渐形成了魏、蜀、吴三国鼎立的局面。其中，吴国指的就是孙氏集团创建的、地处江东（长江中下游）的东吴政权（一称孙吴政权）。东吴政权初创期，一直以吴郡（郡治在今江苏苏州）为政治中心，建安十六年（211 年）吴主孙权徙治秣陵（今江苏南京），后来又迁都武昌，这时的苏州虽然不再是孙吴政权的政治中心，但始终是东吴政权巩固的后方基地。苏州的土著大家族，以张、朱、顾、陆四姓为代表，随着东吴政权的建立和稳固，真正走上了影响和支配政权的政治、经济、文化舞台，形成了苏州历史上的首批名门望族。

东山怀德堂（王鏊后裔旧宅）

我们现在习惯上说的“三国鼎立”局面的存在时间，一般来说，是自建安元年（196 年）曹操在许都“挟天子以令诸侯”起，到晋灭吴国止（280 年），前后长达 84 年。但严格地说，直到曹魏篡汉（220 年），东汉王朝才算消亡，中国才真正进入三国时代，这样计算的话，三国前后为时只有 60 年。况且，司马氏篡魏开创晋朝（280 年）到晋灭吴，长达 15 年，这 15 年又处于晋吴并立的局面。从三国各自的国祚来说，魏自曹丕篡汉到政权被司马炎篡夺，延续了46年；蜀自刘备称帝（221年）到后主（阿斗）降魏（263年），延续了42年；吴自孙权称帝（229）到晋灭吴，延续了51年。可见，吴国的“寿命”是最长的。而且，曹魏有“挟天子以令诸侯”的优势，蜀汉占了“帝裔”的便宜（刘备一直以“中山靖王之后”自诩），孙吴一点优势都没有，政权的创建和稳固也就更加坎坷和艰险，变数不断，险象环生，但竟能在分裂的局面下，延祚最长。所以史家在总结经验时，都认为东吴政权的创建要归功于孙吴政权的三位人物孙坚、孙策和孙权，并很自然地把目光投向了它的立国基础和过程。

孙坚与孙策

东吴政权的奠基人是孙坚。

孙坚，字文台，富春（今浙江富阳）人，据称是春秋名将孙武之后，《吴书》的作者韦昭说孙坚“世仕吴”，其实是虚美不实之词。陈寿《三国志》卷四十六说孙坚“孤微发迹”，就比较客观。孙氏在吴地本无强大的乡土势力，也无地位可言。《宋书・符瑞志》说“种瓜为业”的孙钟是孙坚的祖父，但刘敬叔《异苑》卷四又说孙钟是孙坚的父亲。《水经注》“渐江水”条称富春亭山“有孙权父冢”，杨守敬《水经注疏》谓“权”字当为“坚”字之误，因为如果是孙权父亲（即孙坚）的坟墓，应当直称为“孙坚冢”，孙坚也是名人，何必转个弯说是孙权父亲的墓呢？从杨守敬文字的语气中可知，杨也认同孙钟是孙坚的父亲。孙钟究竟是孙坚的祖父还是父亲，居然还有不同的说法，由此可证，孙坚不是豪族出身，孙氏当时在江南不仅势力很小，而且还没有名气。

但孙坚本人好生了得。据《三国志》卷四十《孙破虏讨逆传》，孙坚少时只做个“县吏”，用今日话讲，只是县政府里的一个小公务员，但他胆识过人。17岁时与父亲乘船去钱塘，途中正逢海盗胡玉等抢掠商人财物，在岸上分赃，其他船只都不敢前进。孙坚对父亲说：“让我去对付。”父亲忙劝阻道：“这不是你对付得了的。”孙坚不听，带刀上岸，走近盗贼，登上高地，故意左右挥手，做出好像在指挥部下包抄围捕的样子，贼人见状，误以为官兵到了，丢了财物纷纷四散逃跑，孙坚紧追其中一贼，斩其首级而还。于是声名大震，被升为“假尉”（代理县尉），后又因平乱有功升郡司马、县丞。

汉灵帝中平元年(184 年),黄巾军起,孙坚在中郎将朱儁手下任佐军司马,率领乡丁及淮泗一带精兵在河南汝颖二水间作战,在攻占宛城时,29 岁的孙坚“登城先入,众乃蚁附,遂大破之”。孙坚因功被任为别都司马,后来又因战功先后任议郎(高级参谋)、长沙太守。汉灵帝去世,董卓专权,诸州郡在袁绍的号召下起兵讨伐董卓,孙坚也自长沙带部队响应,到鲁阳(今河南鲁山)与据守南阳一带的后将军袁术(袁绍从弟)结交,袁术上表朝廷任孙坚为代理破虏将军,领豫州刺史。孙坚率部大破董卓军队,进军洛阳九十里之大谷,董卓大为惊慌,急忙挟汉献帝、百官以及洛阳数十万居民徙都长安,临走时还焚烧宫室,发掘陵墓,奸掠百姓,繁华的洛阳顿时成为废墟。在这次征伐董卓的部队中,孙坚部队最先进入洛阳,修复帝陵,然后返回鲁阳。

汉献帝初平三年(192 年),孙坚奉袁术之命去攻打荆州刘表,刘表命黄祖迎战,孙坚渡汉水,围襄阳,黄祖布阵于城外岘山。孙坚轻敌,率数十骑陷于敌人所布疑阵中,死于堕石及乱箭之下,时年 37 岁。孙坚死后,由长子孙策继承父业。

孙策字伯符,长得一表人才,而且像父亲孙坚一样英武。他先将父亲归葬曲阿(今江苏丹阳),然后奉母亲吴氏居江都(今江苏扬州),当时江都属徐州广陵郡,徐州牧陶谦对孙策不太友善,恰巧孙的舅父吴景被袁术任为丹阳太守,所以孙策又奉母归居曲阿。在曲阿,孙策募集了数百人,建立了自己的队伍。20 岁时,孙策又往寿春见袁术,索还父亲孙坚旧时的部曲一千多人,包括父亲旧时部下将领程普、黄盖、韩当等。由于孙策能文能武,又谦抑有礼,很受时人欢迎,连袁术也说:“能有子如孙郎,死复何恨!”

孙策绣像

虽然孙策为袁术屡得奇功,父亲孙坚又是因替袁术攻打荆州刘表而捐躯,但袁术并不信任和重用孙策，也始终不曾授孙策以中原郡土，而且袁术本身又是个野心家，其不臣之心毕露，这让名义上还是汉臣的孙策很觉为难。当时东汉朝廷为了挽救日趋衰败的政权，已在长江一线先后封皇姓刘氏宗室为州牧。其中刘焉为益州牧，刘表为荆州牧。后来，朝廷又以刘繇为扬州牧，但到孙策时扬州牧治所寿春已落入军阀袁术手中。同样有政治野心的孙策便授意丹阳太守吴景、都尉孙贲(吴景是孙坚妻弟，孙贲是孙坚兄之子)迎刘繇渡江到曲阿，以曲阿为扬州牧治所。这样，在长江中下游就形成了江西(江北)和江东(江南)两个扬州，即袁术势力范围下的"袁扬州"和刘繇为州牧的"刘扬州"，孙策依违于两个"扬州"之间，等候机会。

刘繇是个名士，薄厉名行，但迂阔无能，他苟安江东，只是东汉王朝法统的代表，并无实力，也没有作为。因此当孙策看清形势，发觉东汉王朝大势已去后，便在表面上借奉袁术之命攻击刘繇的机会，正式向江东的东汉统治挑战，"刘扬州"即告溃败。所以，《后出师表》论及当时江东局势时有这么一段话："刘繇、王朗，论安言计，动引圣人，群疑满腹，众难塞胸，今岁不战，明年不征，使孙策坐大，遂并江东。"《后出师表》虽非诸葛亮所写，但肯定是三国时人所作(诸葛恪见过此文，裴松之也说该文出自张俨的《默记》)，该文描述刘繇对袁术不征不战，使孙策势力得以扩张的情况是非常确切的。也正因为这个缘由，尽管孙策很快占领了包括丹阳郡、吴郡、会稽郡等六郡在内的江东之地(时间约在建安四年，即公元199年)，孙氏又是江东人，但他不仅不被江东本土势力视为游子"回娘家"，反而被看做是袁术势力入侵，是"外来政权"。孙策要在江东立足，一时困难很大，在经营自己势力的过程中，他遇到了江东本土势力的顽强抵抗和反对，所谓"强龙难压地头蛇"。孙策逐渐感到，没有江东本土势力的认可和支持配合，很难建立并巩固自己的政权。

再说当时江东的土著，由于本土开化迟于中原，大族的发育成熟程度也还不能与中原世家相比，他们固然有保据一方的政治要求，但内部暂时还缺乏"在名望上足以代表、在能力上足以保障江东大族利益的人物"(田余庆《秦汉魏晋史探微》)。他们本可以借力于东汉王朝派遣来的州郡长官，但"扬州牧"刘繇、会稽太守王朗等辈只是擅长清议而无关世用。

孙策赶走刘繇，占领江东，当然令江东土著大族惊慌。孙策作为以军队起家的一介武夫，为了巩固政权，起初极为相信凭借武力锄诛异己，以立威名。当时孙氏政权在江苏面临的反抗力量，主要有“山寇”（泛指据守深险之地抗拒孙氏的乡土势力，包括山越民族）和“江东英豪”（泛指江东含有敌意的大族，包括忠于东汉王朝的旧僚和大臣之后）。对于“山寇”，孙策是动用军事力量加以征服，而且“强者为兵，羸者补户”，即对被征服的人员，身强力壮者编入孙氏自己的军队中，身体羸弱者充实农耕，这就在客观上弥补了兵员和劳动力的不足；而对于“江东英豪”，孙策起先也是大肆诛戮，特别是摧残会稽大族周氏、盛氏时，手段十分残酷。《文选》卷四十四陈琳《檄吴将校部曲文》记载，“周、盛门户索然无辜被戮，遗类流离，湮没林莽”。其中盛氏家族的盛宪担任过吴郡太守，被孔融称为“有天下大名”，孙策平定吴会时，幽执盛宪，还未来得及加害于盛宪他自己却先亡故，但盛宪终究还是被孙策之弟孙权害死。孙氏凶残诛杀江东英豪，不仅震动江东，也在邻国激起愤怒，并成为曹操“吊民伐罪”的重要口实，上述《檄吴将校部曲文》就是陈琳在曹操征讨孙权时以尚书令荀彧的名义写就的。

孙权与吴四姓

孙策英年早逝，他在占领江东的第二年即建安四年（200 年），攻打刘表的江夏太守黄祖时，遭原吴郡太守许贡的部下伏击，伤重不治，时年 26 岁。孙策临终时，遗令 19 岁的弟弟孙权继位，并对孙权说：“举江东之众，决机于两陈（阵）之间，与天下争衡，卿不如我；举贤任能，各尽其心，以保江东，我不如卿。”（《三国志》卷四十六）孙策的这番遗言说明其时他已有所觉悟：对江东土著大族一味镇压不是保江东的好办法；要巩固孙吴政权，需要举贤任能，需要江东乡土势力“各尽其心”，推行文治。

孙权像

孙权，字仲谋，是孙坚四个儿子中的次子，生于汉灵帝光和四年（181 年），与大名鼎鼎的诸葛亮同岁，比哥哥孙策小 7 岁。人生得“形貌奇伟，骨体不恒”(《三国志》卷四十七),卢溥的《江表传》上也说他“方颐大口,目有精光”,所以后来的小说《三国演义》中形容他“碧眼紫髯”,甚至有人怀疑他是“胡人”后裔。

孙权继位后,也确实较为收敛,在施政方面以笼络江东大族为主。当然,镇压之事也时有发生,如诛杀盛宪、吴兴士人沈友等。但总体上,孙权在张昭、周瑜的辅佐下,开始一步一步探索争取吴郡大族支持的办法。他一方面放手“举贤任能”,起用在孙策渡江时已经来到江东、却不为孙策所用的北方人才,如鲁肃、诸葛瑾、严畯、步骘等;一方面逐步消除吴地大族的顾虑,取得他们的支持,特别是全力争取以顾雍、陆逊为首的吴郡大族,其中对陆氏的争取与笼络尤具喜剧性。

怀橘遗亲

孙权要争取陆氏家族的支持,最令他头痛的就是陆绩。这位陆绩,就是“二十四孝”故事中的“怀橘陆绩”。据说他6岁时,跟随父亲去见权重位高的袁术,袁术拿橘子招待客人,陆绩偷偷藏了三只。告辞时,橘子不慎滑落在地。袁术见状便半带讥讽地问其缘故,陆绩却毫不慌张,坦然跪答道:“想带回去孝敬母亲。”袁术对陆绩小小年纪就知道孝顺母亲大为惊奇。陆绩与孙氏是有世仇的,当初孙策继承孙坚事业后,曾受袁术之命攻陷庐江,郡守陆康(即陆绩的父亲)被杀,陆氏宗族受难,陆绩事先逃回吴郡,才幸免于难。陆绩当然仇视孙氏。史载孙权统事时,陆绩出仕,但“以直道见惮”,出为郁林太守,死时才32岁。陆绩病重时曾自称“有汉志士吴郡陆绩”,言下之意,斥孙氏为汉室逆臣。《三国志》卷五十七《陆绩传》中记载道,陆绩临终时还说:“从今已去六十年之外,车同轨,书同文,恨不及见也。”意思是说:六十年以后，吴国灭，天下统一，可恨的是我见不到了！陆绩死于建安二十四年(219)，六十年以后，即司马炎“太康平吴”的公元280年。这种“精确”的预言显系后人附会，但遗言的语气和表现出的强烈情感，与陆绩生前一贯仇视孙吴政权的态度是相符的。

陆绩的个人品质比较高尚，《中吴纪闻》曾载：“(陆)绩尝仕吴，为郁林太守，罢归无装，舟轻不可越海，取石为重。人称其廉，号郁林石。”就是说，陆绩为官清廉，罢官回苏时，取道水路，因行装太轻，船不能行，故搬了块大石压在船上。这块从郁林带回的石头，后人称之为“廉石”，今置于苏州文庙后的苏州市高级中学校园内，仍受时人敬仰。由于孙、陆间有“世仇”，孙氏始终提防和压制陆绩，但吴郡四姓中陆氏是首望，要笼络四姓，首先要笼络陆氏，所以孙氏只有在陆绩之外另找他人，陆逊则成了孙权笼络陆氏的合适人选。

廉石

陆逊不是陆氏嫡嗣，少孤，依附于从祖、庐江太守陆康。在袁术即将派兵攻庐江之前，陆康遣陆绩及陆逊还吴。孙权继兄位4年后，年已21岁的陆逊才入仕幕府。

陆逊的仕途起初并不一帆风顺，尽管当年他与陆绩从庐江逃回苏州，因年纪比陆绩大几岁而为陆氏的“纲纪门户”。但是当孙权笼络江东大族时，陆绩被孙权“辟为奏曹掾”，出为太守，就汉制而言，孙权为陆绩提供的是仕宦正途；而陆逊因为不是嫡嗣，入幕府后却只出为“海昌屯田都尉，兼领县事”，也就是到一个叫海昌(今浙江盐官)的荒僻小县做“屯田都尉兼管县事”，虽然他长期征伐山寇，屡有功勋，却不能从孙权处受兵。后来主动要求乞募“伏匿”，才得二千兵自领(孙

陆逊像

吴政权实行有子孙袭爵领父兵者的世兵制，又有奉邑制，这是因为孙氏初期立基江东，北有曹操，西有刘备，境内山寇不宁，孙氏无法承担庞大的军事费用，便采取类似封建制的世兵制、奉邑制，使大族都能自行供养世兵部曲），逐渐扩充实力。所幸陆逊历经苦难力图自立，但能自敛锋芒，为人谨慎小心，逐渐受到孙权的器重，孙权还把孙策的一个女儿嫁给了陆逊。

陆逊，字伯言，吴郡吴县人，可以说是典型的苏州人。他比孙权只小两岁，但因他娶孙策之女为妻，所以在辈分上可就比孙权小了一辈，是孙权的侄女婿，换句话说，孙权是陆逊的“阿叔丈人”。

陆逊后被任讨虏将军帐下右都督，肃清了丹阳贼费栈（费栈是受曹操煽动做内应）。陆逊又整顿丹阳、会稽、新都三郡，举办户口调查，把壮丁加以区别，强健者充入军队，羸弱的编为农户，一时得兵数万人，经过严格的训练，使野无遗男，作不起乱来，境内由是大安。

建安廿四年（219 年），蜀国守荆州的关羽挥军北进，先俘曹操樊城守将于禁，继而图谋攻取襄阳。东吴陆逊被任右都督拜偏将军，代吕蒙驻守陆口。陆逊故意奉书关羽，对关称颂备至，使关羽疏忽防范之心，孙权乃潜军而西，令吕蒙、陆逊为前敌指挥，轻松地占有了江陵与公安，使蜀军军心涣散，关羽被擒害，陆逊乘机西进，取宜都，占房陵（今湖南房县）、南乡（今湖北光化）直达秭归。陆逊又建议孙权对荆州士人采取怀柔政策，使新得之地翕然无扰。

《火烧连营》书影

黄武元年（222 年）七月，已在成都即帝位的刘备，为了报复孙权杀害关羽，不顾诸葛亮联吴的政策，兴兵伐吴。刘备没有利用居高临下、可顺江而下的优势，反而舍水战而采陆战，从秭归进至夷陵（今湖北宜昌），然后夹长江从夷陵延展至夷道（今湖北宜都境内），建营寨，绵延数百里，大营设于猇亭（今宜都境内）。陆逊判定刘备已然犯了战略错误，严令诸将依险设防，只守勿战。两军自黄武二年（223 年）正月起一直对峙了七个月，待到刘备部队兵疲意沮，陆逊才用火攻击溃蜀军，这就是后来在小说《三国演义》中描绘得令人惊心动魄的"火烧连营八百里"故事的历史本真。刘备兵败，逃到白帝城（四川奉节境内）。第二年就托孤于诸葛亮而死。刘备逃入白帝城时，见"水步军资，一时略尽，尸骸漂流，塞江而下"，不禁惭恚而道："吾乃为逊所折辱，岂非天命？"（见《三国志》卷五十八《陆逊传》）实际上，刘备的智略不及陆逊，当时陆逊的处境其实也不是挺顺当，他手下指挥的军官，不是公族贵戚，就是孙氏三代旧将，陆逊时年 40 岁，若没有过人的智谋和坚忍的意志，是难以节制三军并战胜蜀军的。

陆逊不但作战有智略，在治国经略上，他主张宽刑简法以王道治国，主张庶政以富民为本，朝廷不可与民争利，又力劝孙权既立太子，就不可再另宠藩王，以免使朝臣三心二意，这些主张都是很有见地的。陆逊后来继顾雍为丞相，但又受到孙权的猜忌，两年后忧病交加，死于任上，时年 63 岁。

陆逊与诸葛氏的关系也可一谈。

魏、蜀、吴三国都有姓诸葛的弟兄担任朝廷显职，诸葛亮是蜀国的丞相，诸葛亮的胞兄诸葛瑾（字子瑜）在吴国官至大将军，领豫州牧，封宛陵侯。他们族中同辈兄弟诸葛诞（字公休）在魏国都督扬州，任征东大将军，封高平侯。诸葛瑾才略不及诸葛亮，但德行纯良，一向受孙权器重，他有一个才思敏捷而好矜己的儿子诸葛恪，因有干略而受孙权宠信。诸葛瑾的长子诸葛恪字元逊，次子诸葛乔在诸葛亮未有亲子前过继给了诸葛亮，并去了蜀国，诸葛亮去世后，袭爵位的就是诸葛乔，诸葛亮晚年生子诸葛瞻，诸葛亮病故时，诸葛瞻才 8 岁，居嫡的仍是诸葛乔，袭侯爵。

诸葛瑾比诸葛亮出仕早七年，是在建安五年（200 年）经人推荐携眷去的东吴。他是一位公私分明、坚守原则的君子。建安二十年（215 年），诸葛瑾奉命去西蜀与刘备通好，他与胞弟诸葛亮只有公事时才见面，见面也只谈公事。即使如此，还是有人在孙权面前怀疑诸葛瑾与刘备私通款曲，好在孙权对诸葛瑾深信不疑。诸葛瑾生着一个长脸，一次孙权与他开玩笑，命人牵来一匹驴子，在驴脸上写着“诸葛子瑜”四字，诸葛瑾长子诸葛恪时年尚轻，见状，上前加写“之驴”两字，续成“诸葛子瑜之驴”，举座为之欢笑，齐赞诸葛恪敏捷有才，孙权也很高兴，就把那只驴送给了诸葛恪。吴太子讨厌诸葛恪好自炫，骂他“诸葛元逊只配吃马粪”，诸葛恪说：“愿太子常食鸡蛋。”孙权知道后感到奇怪，问其缘故，诸葛恪回答道：“不都是同一地方生出的？”孙权大笑不已。

孙权先任命诸葛恪为节度官，以试他的办事能力。节度官主管钱粮，需要精密审察的人做，对疏放不羁的诸葛恪而言，这个职位显然不宜。远在西蜀的诸葛亮爱侄心切，就写信给当时驻守荆州的吴都督陆逊，请其转禀孙权，予以调职。正好诸葛恪也屡上书建议整治山越少数民族作乱之策，并自荐去安抚山民，说三年内可为国家得精兵四万。孙权就任命他为丹阳太守。丹阳郡地辖皖赣浙山区，是山越乱民出没之地，诸葛恪上任后采取了一系列类似后世“坚壁清野”的政策，大有功效，山民粮尽饥饿，纷纷归降，乃收其壮健加以组织和训练，成为劲旅，恰得4万人，诸葛恪自领1万，余归诸将。之后诸葛恪官拜威北将军，封都乡侯。事业有成的他不免得意，陆逊便劝道：“在我前者，君必奉之同升；在我下者，则扶持之。今观君气陵其上，意蔑乎下，非安德之基也。”（见《三国志》卷五十八）可惜诸葛恪并没有接受规劝。

诸葛恪手下有了劲旅，就移师庐江郡皖口（今安徽怀宁境内），后又移师柴桑（今江西九江），这时陆逊为吴国丞相，诸葛瑾已去世。不久陆逊也病逝，孙权就升诸葛恪为大将军，代陆逊领荆州军事。几年后，孙权以71岁高龄过世，诸葛恪以大将军并拜太傅，乃布告全境减赋省徭，赦罪轻役，一时举国悦服，这时诸葛恪才49岁。一直一帆风顺的诸葛恪开始骄横起来，刚愎自用，好大喜功，朝野怨望，终被孙峻与幼主设计杀害，其两子与弟及侄皆被诛杀，他自己遭诛时年51岁，其宗祀竟无人奉祭，后多赖诸葛乔的后辈奉祭。

陆逊之子陆抗，字幼节，他母亲即是孙策的女儿，所以陆抗是孙策的外孙。陆逊晚年因不赞成孙权废太子孙和而得罪孙权，愤恚而死，这时陆抗才20岁。孙权任命陆抗为建武校尉，命他负责带领其父亲旧部五千人。陆抗自武昌把父归葬到苏州祖茔后，到建业（今江苏南京）向孙权谢恩，实际上是去化解孙权对陆逊的误解。第二年即赤乌九年（246 年），孙权升陆抗为中郎将，令他和当时屯驻柴桑的诸葛恪（诸葛谨之子）交换屯所。诸葛恪到武昌陆抗驻屯营地，见城寨修葺完善，营房整洁，连军士所植桑麻果树也蔚然成荫，而诸葛恪留给陆抗的柴桑屯区却是一片混乱破败，这使诸葛恪自觉惭愧。

陆抗像

顾雍像

太元五年（251 年）陆抗到建业治病，病愈后向孙权辞别，其时孙权已 70 岁，老病缠身，见到年方 26 岁的陆抗英气奋发，活像当年的陆逊，不禁涕泣道：“我以前听信谗言，对你父亲有亏道义，也对不住你，现在我把所有告发和追究你父亲的材料一并烧掉，不让人看见！”第二年，孙权因患头风症（中风）而死，幼子孙亮即位，改年号建兴元年（252 年），拜陆抗为奋武将军，后又任为柴桑都督。继而因战功又拜征北将军，又拜镇东将军都督西陵（即夷陵，今湖北宜昌）。陆抗统辖的防线，东起荆州，自江陵、公安、乐乡（今湖北松滋）、夷道、西陵而至信陵（今湖北秭归），长达六百里，以对付长江以北的羊祜所统率的晋军，东吴和晋两军处于胶着状态，不轻言武，各尽所谋，都想用非武力策略瓦解对方。

元兴元年（264 年）末帝孙皓即位，孙皓残暴无度，吴臣人人自危，陆抗屡上谏言，都不被采纳。凤凰元年（272 年）西陵督步阐叛变，步阐是原丞相步骘的儿子，影响甚大，吴晋边境形势于是紧张起来，陆抗临危不惧，一面发兵攻围西陵，收复西陵，诛杀步阐，一面击退羊祜攻势，稳定局面。两年后，陆抗因病卒，时年49岁。

另外，孙权当年在成功笼络陆氏的同时，也没有忘记吴郡的另一大姓顾氏。当曹操"挟天子以令诸侯"，封孙权为讨虏将军、领会稽太守时，孙权并不去会稽治所（今浙江绍兴），而是常驻苏州，让顾雍为丞相，代太守事，几年后，又升顾雍为左司马。孙权还将孙策的另一个女儿嫁给顾雍的儿子顾邵为妻。孙权称王后，多次提拔顾雍，直至拜顾雍为相。

与陆逊建功立业相比，顾雍似乎要平庸得多，即使在他为相后，也未见有重大业绩，但顾氏家族在江东的实际势力却最为强大，吴四姓中按实力排是顾在陆前。所以对于顾氏的代表人物顾雍，孙权是尊敬有加，优宠程度远在陆逊之上。孙权称王后四年，即黄武四年（225年），丞相孙邵过世，孙权以顾雍为相，顾雍将母亲从苏州接到当时的都城武昌，孙权知道后，特意到顾府祝贺，并"亲拜其母于庭"（《三国志》卷五十二），公卿大臣全部跟从。后来，太子也赶去祝贺。顾雍举止得体，不饮酒，寡言语，孙权甚至有点怕他，每逢宴庆作乐，众人因见顾雍在座，也就不敢太"肆情"，所以孙权说过："顾公在坐，使人不乐。"顾雍在丞相位上供职19年，赤乌六年（243年），顾偶生小病，孙权就让名医赵泉为之诊疗，并封拜顾雍的小儿子顾济为骑都尉。顾雍去世后，孙权又素服临吊，处处表现出对顾氏的尊重和优待。

《孙权称帝》书影

孙权笼络江东大族并取得成功，是以陆逊出任统帅、顾雍出任首辅为标志的。其时江东土著大族对孙吴政权的态度已由反对、观望转为合作，原支撑孙吴政权的淮泗人才资源此时又逐渐枯竭，孙吴政权也急需江东大族全面的配合和支持，"以吴人治吴土"成了孙吴治政的基本大略，这就是史家所谓孙吴政权的“江东本土化”，简称“江东化”。孙权称王前后，江东大族特别是吴四姓的政治地位、社会地位日益提高，吴四家还逐渐形成了各自独特的门风，这就是《世说新语·赏誉》中所说的“张文，朱武，陆忠，顾厚”，即张家尚文，朱家重武，陆家忠烈，顾家厚道。（朱家的代表人物为朱桓，陆家的代表人物为陆逊，顾家的代表人物为顾雍。只有张家的代表人物似无确指，徐震堮《世说新语校笺》说“张文”指“张昭之族”，恐有误。因为张昭非吴四姓之张氏子弟，史书上明确指明张昭是彭城人，而且他受知于孙策，孙策当时对江东大族还未采取怀柔和笼络手段。田余庆认为张家的代表人物为张温，有一定道理。但张温因“暨艳案”而遭终生废黜，这又与朱桓、陆逊、顾雍官居高位不同。）“四姓”中世代从武的为朱姓，代表人物有朱桓、朱据。朱桓是孙吴的一代名将，他为人勇敢、刚烈，脾气急躁，但他爱护士卒，轻财贵义，深得部下拥戴，在吴国民众中有很高威望。朱桓虽然每逢临敌奋勇前战，却不愿受人节制，还因此违过军规，“作威作福”，治法严峻的孙权却宽恕他，并不治罪，其中的原因很多，但显然与朱氏为东吴大族有关。朱据虽为武将，但口才也好，为人又谦虚谨慎，孙权非常赏识他。孙权称帝后，封朱为云阳侯，召为驸马，赤乌九年（246 年），升为骠骑将军；赤乌十二年（249 年）四月，继步骘之后拜为丞相。朱后遭中书令孙弘迫害致死，但两子后来又各复领兵。

当然，吴四姓中最显赫的还是顾、陆两家，顾雍、陆逊都曾官居丞相，两姓子弟为官者相继，成为孙吴政权的两大支柱。实际上，他们在本家族的努力经营下，还拥有了强大的经济、军事力量，正如《三国志》卷二十八《邓艾传》所说：“吴名宗大族，皆有部曲，阻兵仗势，足以违命。”孙吴政权正是依靠了拥有部曲和财富的江东大族的支持，才得以巩固和延续下去。

孙权笼络土著大族，吸收大族代表人物及子弟为官员，让他们进入各级政权。这些人员本来就拥有财富和知识，或者通过入朝为官和接受教育（成为士族）而拥有更大的财富，政治地位、社会地位可谓水涨船高。这些优秀人才所属的家族，经过一段时期的经营和发展，也终于成为名副其实的“望族”。

“暨艳案”始末

江东大族是通过什么方法进入孙吴各级政权的？或者说，孙吴政权笼络江东子弟进而使整个政权“江东本土化”的主要途径是什么呢？

孙权选拔官员的办法大体上还是沿用汉代以来的“察举”制度。所谓“察举”，即通过考察，把德才兼备的平民或下级官吏推荐到朝廷任职。同时，皇帝也可直接聘请人来为官，叫“征”；由官府聘请人来任职，叫“辟”。察举、征辟一般首先都要有人举荐。东汉末年，举荐权大多已由担任地方行政长官幕僚的豪门望族掌握。孙吴政权中有“三署”（五官、左、右三署）之设。一般人的仕进途径是先仕郡为吏，再从郡吏中被选拔进入三署，也就是说，先要经过“乡论”（所谓“荐举于众人”），即经过乡党评议（采择舆论）推荐为郡吏，然后必须再通过郡举，才能进入“三署”。由于乡论、郡举基本上被豪族把持，因此在实际操作中还是明显具有“世袭”的意味。三署中的郎官职位有郎中、中郎、侍郎等，三署郎吏作为宿卫扈从人员，侍候左右，非常有利于甄选升进，所谓“名为郎位，入奉宿卫，出牧百姓”（《后汉书·杨秉传》）。因此，三署实际上是培养及储备官员的机构。在汉代的职官制度中，王国置郎中令，吴有郎中令及三署中郎将（这当然是在孙权受封为吴王后，因为在孙权称王前虽也有待职机构，但不能具正式名称，通称将军幕府）。《三国志》卷五十六《朱治传》对吴郡太守朱治有如下记载：“公族子弟及吴四姓多出仕郡，郡吏常以千数，治率数年一遣诣王府，所遣数百人，每岁时献御，权答报过厚。”说明当时的吴郡四姓大族子弟常以千数通过仕郡，再遣诣王府，进入三署，而其中进入三署为郎吏的，单是通过朱治推荐的就有数百人之多！这就是说，吴四姓子弟中有相当一部分是通过察举渠道云集郎署，以次补官，进入仕途，并维护其世袭地位，从而带动吴四姓在孙吴政权中地位的迅速上升。孙权也正是通过这个选拔办法笼络吴四姓的。

孙吴政权的“江东化”，在形式上还表现为：孙权采取的选拔政策丝毫不敢违背江东大族的利益（因为这会动摇孙吴政权的基础），这在“暨艳案”中表现得十分明显。

“暨艳案”发生在孙权称王后的第三年，即黄武三年（224 年），这一年选曹尚书暨艳与选曹郎徐彪因核选三署事获罪自杀，牵连到吴郡名士张温也被废黜终生。

该事件的主角是选曹尚书暨艳，但暨艳的后台却是张温。前文已述及，张温是吴郡四姓之一张氏的代表人物，是吴国大名士，被顾雍誉为“当今无辈”（即“无人可比”），他也曾官居选曹尚书，以大族名士担任主管选拔官员之职，本身就是孙吴政权笼络和依仗土著大族的一个手段。张温很受孙权重视，后升为太子太傅。暨艳也是出身吴郡大族，暨氏名望虽不及张、朱、陆、顾，但相差并不太远。敦煌资料《新集天下姓望氏族谱一卷并序》（S. 2052 号）中所录江东（南）道二十郡，就有“苏州吴郡出五姓：朱、张、顾、陆、暨”，“杭州余杭郡出四姓：暨、隗、戢、监”等的记载。秦汉以来，江南境内地名多有带暨字者，如会稽郡内的余暨（今浙江萧山）、诸暨等，可能就与暨姓人户分布有关。正因为暨氏也是大族，才有暨艳受知于张温，被张温引荐为选曹郎，并最终升为选曹尚书。

张温、暨艳先后居职选曹，对江东大族子弟经由郎署蜂拥入仕的情况最为熟悉，对由此产生的严重弊端也最为了解。尽管他们本身也是大族中人，但他们头脑清醒，又同样有着清议的志趣，廉直劲正，勇于激浊扬清（不排除他们也有恃才傲物的秉性），于是他们将抨击矛头集中到当时最引人关注又为他们熟知的大族子弟入仕的各种弊端和郎署混浊淆杂等问题上。“性狷厉，好为清议”的暨艳有张温支持，又有徐彪协助，便“欲臧否区别，贤愚异贯。弹射百僚，核选三署，率皆贬高就下，降损数等，其守故者十未能一，其居位贪鄙，志节污卑者，皆以为军吏，置营府以处之”（《三国志》卷五十七《张温传》）。

用今天的话来说，暨艳整顿三署的“反腐败”举措是强劲有力的，这就得罪了当权的腐败分子和既得利益者（包括他们自家的族人），百僚震惧，郎吏自危，于是“怨愤之声积，浸润之谮行矣”，有了不少污蔑暨艳、徐彪“专用私情，爱憎不由公理”的言论。孙权是个聪明人，不会不知道郎署中鱼龙混杂，也未必不知道张温、暨艳不苟同于各自家族的眼前利益，断然检核三署的做法，多少是“出于公心”，但孙权在暨艳、徐彪被迫自杀后，不仅追罪暨艳，废黜张温，同时还废黜了张温的兄弟张祗、张白，并处罚了张温的三个姐妹。张温、暨艳坚持沙汰秽浊、反对腐败，本是桩好事，竟然因此获罪，而且处罚尤为严重（张温若不是吴四姓中人，可能会获罪致死），这一点连当时的蜀汉丞相诸葛亮都感到不可思议。《三国志》卷五十七《张温传》注引《会稽典录》说:“亮初闻温败,未知其故,思之数日,曰:‘吾已得之矣,其人于清浊太明,善恶太分。’”其实诸葛亮也没有点到要害,关键不是张温爱憎过于分明,或如孙权斥责张温“无所不为”的“奸心”,也不是孙权不识好歹,而是因为孙氏公族及吴四姓子弟只有通过孙权已经确立的一套选拔官员的办法,即基本沿用东汉以来已经腐朽的选举制度,才能毫无障碍地进入仕途,孙权也正是凭藉此举换得了江东大族的支持。选举制度屈从于权势和族姓虚誉(实际上是世袭的),正是孙权笼络江东大族特别是吴四姓的诱饵和维持孙吴政权的基础,岂能受到质疑和反对?表面上看,孙权庇护的是一个急于在社会政治中上升的阶层即江东大族,其实在根本上是为了保护自己,而以吴四姓为代表的土著大族,也正是借此机遇将各自的家族成功经营成了具有“世袭”特权的名门望族。

晋以后的望族“衰变”

三国归晋后,吴四姓依旧借助经济、教育方面的特权,以及门第婚姻和社会观念,维持着“名门望族”的地位。从两晋的“优借士族”(《颜氏家训》卷四《涉务篇》第十一)相沿到南朝,四姓的子弟一直是当时官吏的主要候选人(用九品中正制取士,本质上还是世袭),“公门有公,卿门有卿”。据统计,吴郡吴县四姓中五品以上的官员,两晋南朝时,顾氏有 16 人,张氏有 35 人,陆氏有 33 人,朱氏失考。这其中尤其以陆氏最为典型,陆逊先是为统帅,赤乌七年(244 年)代顾雍为丞相,其弟陆瑁、其子陆抗以及族子陆凯等都为高官。而其孙陆机、陆云、陆耽以及陆瑁子陆喜,不仅从政,更是名重一时的文学家。陆喜的侄子陆晔、陆玩两弟兄均为晋代大臣,史载陆玩后来代名相王导为东晋丞相后,“诱纳后进,谦若布衣”(范成大《吴郡志》),颇得时人好评。此外,陆氏在北朝为官的(均指五品以上)也有 3 人;在隋到唐安史之乱前,有 11 人;安史之乱后到唐末有 5 人。数百年间陆氏子弟居高位者一共竟达 52 人——苏州陆氏在唐朝官居丞相的就有陆元方两次为相、陆象先、陆希声、陆贽、陆扆等。像陆氏、顾氏这样世代做官,就为维持望族的绵长不息提供了保证。

历史的演进和制度的变革为新型的名门望族提供了崛起的机会。到隋唐时,汉以来实行的取士制度(包括察举和九品中正制)逐步被科举制度所取代,单纯依靠“世袭”来维护望族地位和声望已经行不通了，原先的许多望族于是更张变化，通过科举相继和世代为官来维持望族的社会地位和声望，如上述三国时吴四姓中的陆氏，隋唐时也勇于参加科举，通过科举相继累代为官，继续维持其大族地位，而那些没有跟上形势的大族，如张氏、朱氏，终于逐渐衰落下去。相反的，许多寒族经过科举“龙门及第”晋身仕途，进而通过整个家族的努力形成新的望族，如宋代以范仲淹为代表人物的范氏就是一个科举兴族的典型。

簪缨联翩春常在：科举入仕

汉代实行的察举、征辟和魏晋南北朝实行的九品中正这样的选官制度，虽然在实施初期收到了较好的效果，但是由于举荐、考察的方法容易掺入主观因素，而且举荐、考察的“话语权”又多掌握在豪门望族手中，所以一方面豪门子弟大多能顺利进入官场，从而确保了其家族政治地位和社会声望的经久不衰；另一方面，许多德才兼备的普通知识分子（所谓寒族、庶族）就很难入官参政。苏州的名门望族，自三国孙吴时期真正形成后，历经两晋、南朝，之所以没有太大的变化，几乎类似“世袭”，原因正在于此。

隋唐时期，出于封建统治长治久安和政治制度、教育文化发展的需要，选官制度开始实行改革，一种普通读书人自愿报名参加官府分科考试，官府依照考试成绩选拔人才、授予官职的封建官吏选择制度应运而生了，这就是后来绵延1 300年的科举考试和科举选官制度，简称科举制度。科举制度实质是“学而优则仕”，较之以前在中国实施过的世卿世禄、察举征辟、九品中正制而言，它无疑是进步的，它对世袭门阀制度的冲击也是致命的，但它更加有利于扩大政权的阶级基础，加强中央集权，对其后一定时期内的教育发展、文化进步以及人才选拔，也都起到了相当的促进作用。

苏州文庙泮宫牌坊

科举制度发轫于隋代，正式确立在唐代，而宋代则是科举制度走向成熟的时期。宋代特别重视科举取士，一方面是承沿唐制，另一方面有其自身原因。宋太祖赵匡胤本是后周武将，以陈桥兵变、黄袍加身的方式轻而易举地夺取了政权，所以对于“兵权”特别敏感，他在开国不久就制定了一套重文抑武的国策，进一步发展了隋唐的中央集权制，具体表现在鼓励读书、通过科举取士，强调文人掌权，社会上因此形成了“万般皆下品，唯有读书高”的共识，读书人奔走于科场，通过科举进入官场。

苏州的首批“望族”，以吴四姓为代表，“世袭”到隋唐，终于走向衰落，这个“空缺”被通过新的选官制度、科举制度脱颖而出的新贵所取代，并逐步形成了新的望族。这些“新贵”是科举制度的最大受益者，对于“学而优则仕”有着深刻的切身体会，其家族的兴旺与门户的鼎盛则是通过族人及弟子科举相继、世代为官来实现。其中，宋代以范仲淹为代表的范氏家族、明代以申时行为代表的申氏家族，最具典型意义。范、申两人出身寒微，他们都是经过科举“龙门及第”才晋身仕途，在他们的引领下，经过族人的共同努力，范、申两族先后成为新的望族。

宋代苏州范氏

范姓是我国起源很早的家族，历来不乏勋业，也出过名人，如春秋时晋国重臣范士会、范鞅，越国的范蠡，战国时秦国丞相范雎（张禄），楚霸王项羽的谋臣范增，西汉名臣范谤，唐代丞相范履冰等。但苏州范姓自范隋（苏州范氏的始祖）开始，到范仲淹（一共四代），却一直是“寒族”。范仲淹曾说过：“自祖宗来积德百余年，始发于我”，这就证明在范仲淹为官之前的百余年间，范氏一直比较寒伧，没有太高的社会地位。现存的苏州《范氏家乘》、贵州织金县花红乡《范氏家谱》及台湾《范氏大族谱》，这三部族谱都公认范隋是范仲淹第四世祖（范士会第三十七世孙），但这三部族谱中所列范履冰之后的具

苏州天平山范氏三太师祠

体传承体系有很大不同，即便是范隋以下四代情况，也有差异。例如，苏州《范氏家乘》载四代传承为：范隋→范梦龄→范赞时→范墉→范仲淹；贵州《范氏家谱》载为：范隋→范梦龄→范赞谟→范墉→范仲淹；台湾《范氏大族谱》载为：范隋→范颀→范赞时→范墉→范仲淹。各代叔伯弟兄更多歧异，甚至到范墉（即范仲淹父亲）一代，《范氏家乘》说范墉生五子（两子早亡，佚名），《范氏家谱》记范墉仅有三子，而《范氏大族谱》则录范墉有四子，也就是说范仲淹弟兄一共几人，几种族谱说法都不同。这种分歧恰恰也佐证了苏州范氏自始祖范隋开始到范仲淹，一直是个不起眼的家族，没有什么家业与功业，以致谱系不明，特别是到范仲淹一代，在范仲淹登第为官之前，整个宗族景况实为寒微。

济时良相范仲淹

范仲淹，字希文，于宋太宗端拱二年（989 年）八月出生于徐州的“节度掌书记”官舍，此时他父亲范墉正在徐州“武宁军节度掌书记”任上。范仲淹两岁时，范墉不幸病故，归葬于苏州西郊天平山。范仲淹母谢氏则再嫁淄州长山县（今山东邹平县）朱文翰（谢氏与范墉所生的两个大孩子，即范仲淹的两个哥哥，被范家带走），范仲淹跟母亲来到朱家生活，改姓朱，名说（直至范仲淹 29 岁在亳州担任节度推官时，才上表请复归范姓）。朱文翰后来则带着范仲淹以及自己与谢氏所生的子女，游宦于山东、湖南一带。在朱文翰任安乡县知县时，范仲淹被送到办在兴国观道院内的一家乡塾读书。三年后，21 岁的范仲淹回到了长山县。

宋真宗大中祥符八年（1015 年），27 岁的范仲淹举进士及第，开始踏上仕途，先后任广德军司理参军、监泰州西溪镇盐仓、大理寺丞。宋仁宗天圣六年（1028 年）经晏殊荐举为秘阁校理，不久受命河中府、陈州通判，除右司谏。景祐元年

(1034年)正月出守睦州,六月奉命移知苏州,这一年他46岁。景祐二年(1035年)三月,范仲淹升为礼部员外郎、天章阁待制,后又权知开封府,景祐三年(1036年)因上书讥切时政,指斥宰相吕夷简,被谪知饶州,后又迁润州、越州。康定元年(1040年)陕西延州各寨遭西夏攻击,52岁的范仲淹被召与韩琦同任陕西经略安抚副使,抗击西夏。庆历三年(1043年)吕夷简罢相,范仲淹被召至京城任枢密副使。不久,迁参知政事,八月由枢密院入中书,针对当时的政治弊端,范仲淹上奏了著名的《答手诏条陈十事》,提出了"明黜陟,抑侥幸,精贡举,择官长,均公用,厚农桑,修武备,减徭役,覃恩信,重命令"等十项改革措施。这十项措施中除"厚农桑"条谈兴修水利外,其他各项都是整顿政权机构的,经仁宗批准颁布全国,"庆历新政"由此开始。

但庆历新政前后为时一年左右,便遭失败。庆历五年(1045年),仁宗诏57岁的范仲淹出知邠州,兼陕西四路沿边安抚使,后又罢免安抚使一职,改知邓州。皇祐元年(1049年)范仲淹移知杭州,三年(1051年)知青州,四年(1052年)春徙知颍州。64岁的范仲淹抱病登程,初夏到徐州,此时他已病不能行,五月二十日,病故于旅次。十二月葬于河南洛阳万安山下,谥文正,被追封为魏国公。

范仲淹是我国历史上罕见的杰出人物。作为北宋一代名臣,生平事迹可观者极多,在许多方面都有所建树。他虽然出身贫贱,却胸怀大志,自小言行就不同于一般官宦子弟。他两岁丧父,随改嫁长山县朱文翰的母亲谢氏一起来到朱家生活。但当初朱家的生活也不宽裕,可贵的是谢氏在操持家务的同时,仍悉心教诲范仲淹。范仲淹7岁时认字,因买不起笔墨,就用树枝在地上划写、练习。范仲淹21岁时,谢氏将他送到淄州长白山(现名白云山)北麓幽静的醴泉寺僧舍读书。在寺中,范仲淹的生活很是清苦,"日作粥一器,分为四块,早暮取二块,断齑数茎,入少盐,以啖之。如此者三年"(《范仲淹年谱》)。这就是著名的"断齑划粥"的故事。少年时期的范仲淹曾经同众人一起去拜见一位姓姜的官员,这位官员素以刚严出名,很少与人敷衍,但独独留下范仲淹,引入中堂,对夫人说:"这位朱学究虽然年纪小,却是奇士。将来不仅能当大官,而且会有好名声!"并"参坐置酒,待之如骨肉"。

范仲淹后来看到同在寺中读书的朱氏子弟生活"浪费不节",几次苦口相劝,朱家兄弟很不高兴地答道："我们自用朱家的钱，与你何干呢？"范仲淹觉得话中有话，再三追问，才意外地得知了自己的身世，受到极大震动，便决意自己立业，赶赴南都（今河南商丘）求学。谢氏请人追回，范讲明原因，并表示"期十年登第来迎亲"。

需要说明的是，范仲淹得知自己的身世后，决然离家求学，并不是后父朱文翰及同母异父的朱家兄弟待他不好的缘故。事实上，朱家对范仲淹是不差的，范仲淹本人和朱家感情也很深。他就任高官后，时常思念朱家的养育之恩，还请求朝廷赠朱氏父亲为太常博士，又给朱家的兄弟补官，并为朱氏家族购置义庄（参见《宋会要辑稿》所辑范仲淹《乞以所绶功臣勋阶回赠继父官奏》）。范仲淹离家苦读的主要原因是针对世俗偏见，因为他随母改嫁后寄人篱下，随时会遭人羞辱，而要恢复生父姓氏，又非要花大力气不可。因此他励志、负重，自加压力，刻苦攻读，以出人头地，从而改变自己的社会地位。

23岁的范仲淹在南都学舍昼夜苦读，《宋史》上说他居然有五年未尝"解衣就枕"。夜里读书疲倦了，就以水沃面，往往"馇粥不充，日昃始食"。南都留守的儿子也在学舍学习，见范总是喝粥，回家讲给父亲听后，便以公厨的饭菜馈赠给他，但范并不享用，结果饭菜都馊了，留守之子问其原因，范仲淹答道："我知道你的情意，但我早就习惯了喝粥，现在改用丰盛的食馐，往后还能再喝得下粥吗？"

范仲淹与韩琦受命任陕西经略安抚副使抗击西夏时，改革军制，修筑城堡，"士勇边实，恩信大洽"，极大地加强了延州一带的防守力量，并与韩琦一起决策、谋划，努力收复失地，遏止了西夏的军事侵犯，当时延州流传歌谣道："军中有一韩，西贼闻之心胆寒；军中有一范，西贼闻之惊破胆。"

实行庆历新政时，范仲淹检查全国监司名单，见到不称职的转运司官员名字，就一一勾掉，准备撤换掉他们，同僚富弼见了，担心地对他说道："你只是一笔勾掉，可被勾的一家人都要哭了！"范答道："一家哭总比一路哭好啊！"（"路"为宋地方行政区划名，北宋分路，以转运司为主）

范仲淹是进士出身，武略出众，文才当然更为优秀，今存诗近300首，多为励志勉人、许国忘家、仁民爱物之作。其中60余首写景诗表现出了他对祖国壮美山河的热爱，《苏州十咏》诗既赞美了故乡风光名胜，还表达了游子对乡土的眷恋。他的词，流传至今的仅5首，《渔家傲·秋思》和《苏幕遮·怀旧》是我国词史上极为知名的篇章，而《剔银灯 · 与欧阳公席上分题》是范仲淹与欧阳修在酒宴上戏作的，通常少有人提及，其实极有价值：

昨夜因看《蜀志》，笑曹操、孙权、刘备，用尽机关，徒劳心力，只得三分天地。屈指细寻思，争如共、刘伶一醉！　　人世都无百岁，少痴呆，老成尪悴。只有中间，些子少年，忍抛浮名牵系。一品与千金，问白发、如何回避？

这首见录于龚明之《中吴纪闻》卷五的“范文正词”，是范仲淹半醉半醒时写就的，貌似正语反说，排遣了愤世嫉俗的情绪，其实却是内心独白，既表达了壮志难酬的苦衷，又有时不我待的自勉。

至于范仲淹的散文，属于政论的《上执政传》，属于记事的《严先生祠堂记》，融记事、论理、言志、写景为一体的《岳阳楼记》，更是脍炙人口。特别是《岳阳楼记》中“先天下之忧而忧，后天下之乐而乐”，包蕴了巨大的思想容量，也是范仲淹人格力量的光辉写照。

庆历新政后，范仲淹没有去过岳阳，但他在《岳阳楼记》中对有关景物的描绘，也并非只凭滕子京送给自己的一幅《洞庭晚秋图》而拟成。因为范仲淹自幼随后父朱文翰游宦湖湘，朱曾任澧州安乡县（今湖南安乡）知县，经过岳阳，到过洞庭湖，岳阳洞庭湖的山光水色应当给他留下过极深的印象。

范仲淹作为一名杰出的政治家，其自觉的社会责任感与忧国忧民意识，在封建社会的官员中是极为罕见的。他为人正派，

苏州文庙明伦堂

清白廉洁，堪为世人楷模。

他年轻时曾在广德军任职，调离之际“贫止一马，鬻马而归”。到苏州任职时，检点家产后全部散发给亲戚、邻里、故旧，后来又斥资置义田救济族人（义田事有另章详述）。他多次以自己的俸禄救济贫廉的同事、部下，而他本人却“非宾客不重肉，妻子衣食，仅能自给”（《宋史》卷三百十四本传），《中吴纪闻》卷四记录的“范文正不取烧炼方”尤其让人惊叹：

> 范文正少养于朱氏。朱，南京人。文正幼年肄业京学，同舍有病者，亲为调养以疗。病亟，属文正曰：“吾无以报子，平生有一术，游远方未尝穷乏者，用此术也。今以遗子。”因授药一囊、方书一小册。文不得已留之，未尝取视。后二十余年，得其子还之，封记如故。

且不论范仲淹是否相信烧炼方的功用，单是二十多年从未把方子打开看过，就表现出范仲淹的绝世操守了。

苏州府学旧址

范仲淹的教育思想也非常值得肯定，有宋一代，像他那样重视教育、重视人才培养并卓有成果的，极为罕见。他在《邠州建学记》中说：“国家之患，莫大于乏人”，主张要有意识、有目的、有计划地培养国家所需的各类人才，强调“善国者，莫先育才，育才之方，莫先劝学”，他屡次上书，建议在州县开办官方学校。他认为，正常的、良好的教育，应当“本于学校”。（《续资治通鉴长编》卷四十六）朱长文《修学记》中记载道：“仁宗开天章阁，召辅臣八人，问以治要，文正公复以学校为对，于是诏天下皆立学。”范仲淹的一生中有三十多年的时间担任地方官，先后到过广德军、泰州、睦州、苏州、饶州、润州、延州、邠州、杭州、越州等地，每到一处都亲自办学，即使在任陕西经略安抚副使兼知延州时，他一方面从事军事工作，对付西夏入侵；另一方面仍致力于兴学育才，在延州城东南修建了嘉岭书院，并培养出了张载、狄青等辅国安邦的优秀人才。

范仲淹在苏州的办学更具有重大意义。范在苏州的任期前后不到一年，除了处理政事、积极兴修水利外，他关心的还有办学。当时，有人见范在苏州的住处隘陋，便介绍城南原钱氏的“南园”给他，范仲淹见这里高木清流、交荫环醽，很是欢喜，欣然将它买下。但听阴阳家赞扬此处“必踵生公卿”，便改变了在此造私宅的主意，他说：“吾家有其贵，孰若天下之士咸教育此，贵将无已。”于是，就把它捐出来在其上修建学舍，这就是后来苏州府学的前身，当时称“州学”，这所“州学”是宋代地方上第一个也是规模最大的学校。据朱长文《修学记》载，刚在这里建学时，“学者才逾二十人，或言其太广”，范仲淹却说：“吾恐异日以为小也。”

范仲淹又请来著名学者胡瑗为州学教授，后来，又荐举他为学官。胡瑗，江苏泰州人，世称安定先生，是位人品学问俱佳的学者，不仅有精辟的见解，在教学方法上也很科学、道地。他能因材施教，在苏州独创“分斋式”教育，即在授课时分经义、治事二斋，实行因人而教、学以致用的教学法，在胡瑗等的努力下，“州学”成功地培养了一批有用之才。

苏州本来是没有官办学校的（史载汉武帝时起，府、州、军、监及县都逐渐设立官学，但入学者多为贵族子弟。五代以后，官学渐废），“州学”是范仲淹首创，所以张伯玉《六经阁记》说：“吴郡州学，始于高平范公”，范成大《吴郡记》则说：“吴学始于范文正公。”州学（苏州设苏州府后称府学）之举，使苏州的教育兴旺发展起来，同时也使通过科举脱颖而出的苏州人才迅速增加。据统计，从北宋端拱元年起至南宋绍定二年止，历时 240

苏州文庙“德侔天地”牌坊

年，苏州共出了448名进士；从南宋建炎二年至嘉定四年，历时83年，苏州又出了462名文武进士。苏州府（州）学能迅速取得巨大成就，并在中国教育史产生重大影响，与范仲淹首创建学以及胡瑗等学者的教育实践是分不开的。

范仲淹重视教育与科举，从大处讲，是为国家培养和发展可用人才，维护国家的长治久安；从小处讲，也使普通士子有了出头之日和发展上升的机会，即所谓“国家得人，百姓受赐”。这应该源自于范仲淹从自己的经历中体悟“求老师巨儒以成就事业”的道理。发达的教育为科举选官提供了充沛的人才来源，而对某一家族而言，科举选官又为重视教育与文化的家庭和家族累世为官、簪缨联翩打下了基础，从而为名门望族的绵延壮大提供了保证。

这一点我们从范仲淹一族本身的兴旺发展中也可以看出端倪。

首先，望族的形成，除了得益于该家族的代表人物有比较重要的政治地位外，有较高的社会声望也是必不可少的。范仲淹作为范氏家族的杰出代表人物，无论从哪一方面讲，都是极为优秀的，正如金代元好问所说：“范文正公，在布衣为名士，在州县为能吏，在边境为名将。其材、其量、其忠，一身而备数器。在朝廷则又孔子所谓大臣者，求之千百年间，盖不一二见。非但为一代宗臣而已。”（元好问《范文正公画像赞》）

范仲淹的四个儿子也都很杰出，范纯佑作为范仲淹的长子，对父母一直十分孝顺，从不违离左右，连科举功名也不参与，他早年跟随范仲淹，在陕西抵御西夏时，能身先士卒，亲临前敌。他对军中人才了如指掌，向范仲淹所推荐任用的人才都能称职。特别在马铺砦抵御夏兵时，范纯佑仅用数天就完成了边筑城边作战的任务，使他负责保护的一路得以安定。可惜范纯佑早卒，壮志未酬。范仲淹次子范纯仁，字尧夫，自小跟随名儒胡瑗、孙复学习，功力颇深。皇祐元年（1049年）进士及第后，并未为官，直到范仲淹过世才出仕，官至丞相。他一生廉俭，为人宽厚，以忠、恕两字律己，是范氏四弟兄中最为优秀的。范仲淹三子范纯礼，字彝叟，生性沉毅刚正，累官至龙图阁直学士，他处理边境民族纠纷时能继承父亲的招抚睦邻政策，对待少数民族事务，能处之以“静”，以安定为上，边民非常爱戴他，甚至画了他的图像供奉。范仲淹第四子范纯粹，字德孺，主要也在西北边境任职，累官至徽猷阁待制。他沉毅有翰略，同范纯礼一样，能正确对待边境少数民族，不轻启战争。

范纯仁的次子范正平，也像其祖父一样正直。当时权奸蔡京为了交结内戚向氏，强夺民田，以扩展向氏坟地，范正平不畏权势，为民据理力争，由此得罪了蔡京等人，遭到陷害而入狱。出狱后，终身不再出仕，保持了“硬骨头”形象，被赞作“为宰相子，有声誉，不朋比为进取资，不可以势屈，不可以利回。质之神明而不疑，行之屋漏而无愧”（《吴郡志》卷二十六）。范仲淹从兄范琪（天圣五年进士）及范琪子范师道（天圣九年进士）、范世京（皇祐五年进士）等为官后都有令名。至于范氏后裔中通过科举入仕的，为数更多。

所有这些范氏中优异人士的杰出表现，对范氏家族的兴旺乃至于对整个范氏家族社会声望的提高，客观上都起到了很大的作用。

据统计，以范仲淹为原点的范氏宗族系列，历经千年，传至今世，大致已形成了八个群块，成了历史上少有的“大族”。它们分别是以苏州为核心，辐射到沪、杭、京等地的中心群块；四川支（范仲淹十五世孙范从宽，明正德十五年进士，出任四川潼州府尹后，举家迁往四川泸州，形成该支）；云南支（范从宽子范原俊，从四川迁往云南威信县而成该支）；贵州支（范原俊到云南后，传到范仲淹第二十九世孙，于 1953 年从云南迁居贵州经商，遂成该支）；豫皖支（范仲淹母谢氏，范仲淹本人及其四子七孙，死后均葬于洛阳伊川县万安山。清乾隆时，苏州范氏中的一支迁去洛阳守祖墓，遂成伊川县范家村，诸多后裔蔓衍而成该支）；闽粤支（南宋时，范氏后裔已有移往福建者，元兵南下时，原住福建上杭的范远冈，举家迁往广东潮州。明代，范仲淹第十七代孙范允临又任福建参议，诸后裔繁衍，遂成该支）；台湾支（清乾隆十五年即公元 1750 年，广东惠州陆丰县的原居范氏后裔范昌睦、范昌贵兄弟渡海至台湾，是为台湾范氏始祖，后范昌严、范宏高又先后迁去台湾，自此宗族枝蔓，蔚成大族）；海外支（历代外出经商、留学及从事其他各类活动而定居、繁衍的范氏后裔）。

范仲淹是个历史伟人，但历代在对他高风入云的赞美声中，也掩盖了一些东西，而这些被掩盖的东西，其实多数却是学术上的争鸣。

关于范仲淹所写的《江上渔者》。这首诗全文为：

江上往来人，但爱鲈鱼美。

君看一叶舟，出没风波里。

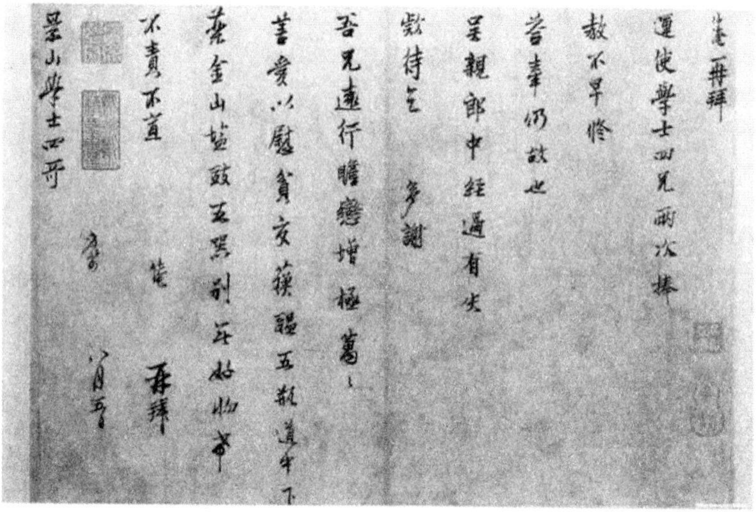

范仲淹手迹

该诗风雅蕴藉，怨而不怒的语调颇具唐人风采，宋诗中此类高明的小诗极为罕见。然而该诗果真是范仲淹所写吗？南宋范成大认为此诗为北宋陶弼所作，文见《吴郡志》卷二十九“鲈鱼”条。范成大的根据何在，今已失考，但是否能从全诗风格看出一点端倪来呢？陶弼（1015—1078 年），字商翁，永州祁阳人。比范仲淹晚出生 26 年，也晚卒 26 年。以功授朔阳县主簿，历官知邕州，招纳诸蛮有功，四迁为东上阁门使、康州团练使。陶弼也是位诗人，《宋诗纪事》录其诗 15 首。陶弼比范仲淹小 26 岁，名气远远低于范仲淹，若无其他理由，范成大似乎没有必要把《江上渔者》的著作权按在陶弼身上。

关于词语“家常饭”。赵令畤《侯鲭录》：“范尧夫（纯仁）丞相尝教子弟云：‘文正公（范仲淹）有言：常调官好做，家常饭好吃。’”家常饭，指家中寻常饭食，现常用来比喻寻常之事，殊不知范仲淹早已用它来比喻“常调官”了。

关于范、吕间恩怨。范仲淹与吕夷简可说是政敌，但最后“一笑泯恩仇”（范、吕均是三槐王氏的姻亲）。特别是在处理边境问题上，范、吕两人意见一致，“欢然相约平贼”。此中恩怨的“全本西厢记”，欧阳修最明白，所以他写《范文正公神道碑》时提到了范与吕后来和解之事。但范仲淹之子范纯仁见了欧阳修的这篇文章后却断然否认范与吕和好，力请欧阳修改掉，欧阳修不乐道："这是我亲眼看见的，你等少年，怎么知道呢？"范纯仁不听，他在欧阳修的文章镌刻石上时，删去了叙述范、吕和好的一段话约二十来字，又制了拓本交给欧阳修，欧阳修拒绝收受，并且说："这不是我写的文章。"事后欧阳修还是很不满意范纯仁的做法，他曾对苏洵说："范公碑文是范的儿子擅自改动而刻的，令人恨之。"（散见《避暑录话》《邵氏闻见录》）另据《墨庄漫录》，当范纯仁刻石时削去范、吕和解这段话时，曾经说："我父至死未尝解仇。"欧阳修叹道："我亦得罪吕相者，惟其言公，所以信于后世也。"由此可见，范纯仁直到其父过世，仍没有谅解吕氏。范纯仁自诩"吾平生好学，得之忠恕二字"，但与其父范仲淹及欧阳修相比，还是有距离的。

关于《岳阳楼记》。范仲淹的好友尹洙（师鲁），为人性急、直爽，读了范的《岳阳楼记》后，很不以为然，说它只是"传奇体耳"，言下之意就是《岳阳楼记》稍嫌空泛做作，但范仲淹并不以为忤。据《幕府燕闲录》记载，范仲淹曾经为某人写墓志铭，已写好，就在要封发时忽然想起了尹洙，便道："不可不让师鲁见之。"于是将墓志铭拿给尹洙看，尹当场对范仲淹道："你现在名重一时，为后世所取信，为文不可不小心谨慎。你文中将转运使写作部刺史，知州写作太守，这是媚俗，因为现在没有这个官衔，你这样写，后代人一定要怀疑，一定会引起无谓的争论。"范仲淹拍案而道："幸亏将文章送给你看，不然，我差一点留下过失了。"

明代申氏与弹词《玉蜻蜓》的恩怨

科举制度的成功推行，不仅使封建社会选拔人才的制度逐渐规范和稳定，也激发了许多家族通过其子弟科举入仕而跻身望族或维持望族地位的信心和决心，使这些家族很快付诸行动。

明清时期，苏州地区的经济、文化已全面处于中国的前端，教育之发达、人才之隽杰，更是名闻全国。以科举入仕而言，明代苏州有进士 341 人，武进士 8 人，其中 8 人为状元，1 人为武状元。清代有进士 600 余人，武进士 26 人，其中 26 人为状元，1 人为武状元。清代苏州状元共 27 人，竟占全国状元总数 113 名的四分之一强。苏州先后涌现出了 4 位通过科举夺取状元桂冠，最后官至内阁首辅或殿阁大学士、军机大臣的所谓"状元宰相"。他们分别是：明代苏州长洲县申时行

（嘉靖壬戌科状元，万历朝内阁首辅），长洲县文震孟（天启壬戌科状元，崇祯朝官拜礼都左侍郎兼东阁大学士，入阁辅政），清代苏州昆山县徐元文（顺治己亥科状元，康熙朝官拜文华殿大学士），吴县潘世恩（乾隆癸丑科状元，道光时官至军机大臣）。

申时行像

其中，在民间名气最响的“状元宰相”，要数申时行了。这不仅因为他是“苦出身”，27 岁时就“大魁天下”，与民间舞台上演绎的穷书生“跳出龙门交好运”“落难公子中状元”的传奇有几分相像，也不仅因为他 48 岁时就成为内阁首辅，而 57 岁又过早地“激流勇退”、退归林下，更因为申时行的经历与苏州流传颇广的长篇弹词《玉蜻蜓》中主人公徐元宰的事迹颇多相似的缘故。《玉蜻蜓》的故事情节曲折动人，非常受欢迎，民间又对此故事多将其附会为申家故事，偏偏申氏后裔又对此故事多所忌讳，主动“对号入座”后屡次向官府指控并要求禁演《玉蜻蜓》，这就更加引起了民间的好奇，也导致《玉蜻蜓》更受欢迎，从而形成了怪圈：申家越指控《玉蜻蜓》，民间就越认为《玉蜻蜓》确是影射申家，就越要探个究竟，越对《玉蜻蜓》感兴趣；而《玉蜻蜓》越引人注目，申家就越加恼怒，就越要申诉和指控，越加要求禁演，申时行行状因此也就越被误解地四处传播。

《玉蜻蜓》，别名《芙蓉洞》《节义传》。清乾隆年间的一些地方说唱中就有类似的故事情节，后来苏州弹词艺人陈遇乾请人增饰，正式形成长篇弹词，有道光十六年（1836 年）重刻的《陈遇乾先生原稿绣像芙蓉洞刻本》传世。

《玉蜻蜓》的主要内容是描写苏州巨富、南濠（地名，现为街名）金家纨绔子弟申贵升（一作金贵升、金桂升）与元配张氏（吏部天官张国勋之女）不和，反目出走，游虎丘时与附近法华庵尼姑三师太王智贞（一作王志贞）结下私情，在庵中久住不归，张氏多次前来搜查，申贵升遭受惊吓，病逝于庵中。王智贞产下申贵升的遗腹子后，就以申贵升日常佩戴的玉雕蜻蜓为标记，并题诗于汗衫上，托佛婆送遗腹子去申府，不料佛婆中途失误，此子遂被豆腐店店主收养。几经周折后，此子又被微服私访的苏州知府徐上珍收养。徐无子息，对之爱如己出，取名徐元宰。16

年后，徐元宰乡试高中解元，详明血诗，知晓了自己的身世，于是庵堂认母。为了复姓归宗，申、徐两家又厅堂夺子，终由元宰兼祧两姓。

以上是《玉蜻蜓》故事的主要内容，那么，历史上的申时行事迹是如何的呢？申时行又是如何与《玉蜻蜓》有了关联呢？

申时行画作

申时行（1535—1614 年），字汝默，号瑶泉，晚号休休居士，明苏州府吴县（一作长洲县）人，他出生于苏州平江路混堂弄徐家。祖父徐乾，原姓申，因幼年时过继给舅家徐氏，才改姓徐。申时行父亲徐士章，字俊民，号古愚，苏州府长洲县庠生，43 岁时过世。申时行诞生时，生母王氏只有 17 岁。申时行 12 岁时，王氏去世，继母为黄氏。申时行未复宗认祖时当然也姓徐，状元榜上他的姓名是徐时行。申时行家里早先并不富裕，直到他 20 岁入庠后有了课徒资格去教馆挣钱，家里经济条件才有所改善，加上其妻吴氏又精于女工，能贴补家用，才使他能安心攻读举业。苏州齐门莲花寺和狮子山麓的思益寺，都曾留下申时行早年攻读的足迹。嘉靖四十年（1561 年）申时行中举，翌年参加廷试，因“词札兼美”，高中状元，授翰林院编修。历任左庶子，掌翰林院事。申时行 30 岁那年，他提出的归宗申请又获得了皇帝的批准。落难公子高中状元，又由皇帝批准正式归宗复姓，为宗族争得荣誉，自是传为美谈，申时行也因此在苏州城乡间轰动一时。申后来又以文字受知于宰相张居正，任《世宗实录》副总裁，从此官运亨通，入阁参政。万历五年（1577 年），申时行由礼部右侍郎改为吏部左侍郎。第二年三月，以左侍郎兼东阁大学士，不久又晋升为礼部

申祠牌楼（移建北寺塔前）

尚书兼文渊阁大学士，累进少傅兼太子太傅、武英殿大学士、建极殿大学士，继张居正、张四维后，位居内阁首辅。

申祠牌楼（移建北寺塔后）

申时行很善于做官，他的处世信条是“安分身无辱，闲非口莫开”（《申氏世谱·百字铭》）。早年在翰林院供职时，他对当时在朝廷当政的徐阶、高拱二人的不和，严嵩一伙的垮台，甚至连海瑞骂嘉靖皇帝这样的事也都不闻不问。隆庆改元后，他也不卷入高拱与张居正的权力之争。当张居正锐意改革时，许多官员表示反对，独独申时行“蕴蕴不立岸异”，等到他自己为内阁首辅时，就推行宽大政务，将张居正建立的各种制度尽行废弛，所以朝廷大臣们“乐其宽，多与相厚善”，申时行在官场结下了好人缘。行政令更是只求符合帝意，一切务为简易，因而“上下恬熙，法纪渐不振”（《明史》卷二百十八）。万历十九年（1591 年），57 岁的申时行离位退归老家，优游林泉长达 20 多年。申时行过世后，皇帝诏赠他为太师，谥号文定。

申时行生前名望极高，万历三十八年（1610 年），常熟钱谦益考中进士后，曾以词林后辈的身份到苏州申府拜见申时行，求教从政秘诀，申对自己为相九年无所建树不以为耻，而以为荣，从容而言道：“政有政体，阁有阁体，禁近之臣，职在密勿论思，委曲调剂，非可以悻悻建白，取名高而已也。”申的这种为官之道当然最为最高统治者推崇，所以后来连取代明政权的清王朝也将申时行排入历代名臣之列。

申时行在位时，以“宽厚”知名，从文献和苏州城至今保存的申氏遗迹看，申时行及族人在当时的苏州家乡，却是十分显赫有威的。申时行 57 岁退归苏州，终年 80 岁。其间，皇帝曾“三诏存问，寿考康强”。申时行晚年常与故旧修绿野、香山之故事，赋落花及咏物之诗，“丹铅笔墨，与少年词人争强角胜”，“吴趋委巷，歌楼僧舍，词翰流传，互相矜重”。甚至在家里置办大、中、小三个戏班（申家戏班尤以演昆曲《鲛绡记》闻名，时称“申鲛绡”），享尽了既富且贵的快活。据顾震涛《吴门表隐》卷五记载：申时行在苏州城内的宅第竟有八处之多，分题名为金、石、丝、竹、匏、土、革、木。他在购置宅第等建筑的过程中也不乏劣行，如现马医科小学，早先是吴县衙门所在地，竟也被申氏占为己有，改建成家祠。申氏作为一个宗族，因申时行的发达而兴盛，申氏后裔多依科举入仕（申时行子申用懋，万历癸未进士，官至兵部尚书；孙申绍芳，万历丙辰进士，官至户部侍郎，申紘祚，顺治乙未进士；曾孙申檖，顺治辛丑进士，官至广西提学副使；玄孙申玮，康熙己丑进士。其他裔孙如申珂，康熙丁巳举人，官至浏阳知县；申赞皇，乾隆庚午举人，官至玉屏知县；等等），使宗族渐趋鼎盛。在对待《玉蜻蜓》的态度上，申氏家族更表现出蛮横无理、依仗强权欺压弱势群体的大族作风，这里不妨多提几句。

《鲛绡记》剧照

仔细对照历史上申时行与《玉蜻蜓》中徐元宰的身世，可以发现，两者确有类似处，但也有所区别。申时行祖父原姓申，因过继给父舅才改姓徐，申时行一生下来就跟着祖辈、父辈姓徐，高中状元后，在翰林院的起初三四年里也一直叫“徐时行”，直到30岁时才复姓归宗而改名为申时行。《玉蜻蜓》中的徐元宰生于法华庵，其生母王智贞因他系申贵升遗腹子，故要将其送至申府抚养，几经周折，被徐上珍收养后才改名徐元宰的。16年后徐元宰考中解元，才到庵堂认母而复姓归宗。申时行的生父徐士章只是苏州府的一个穷秀才，但到申时行24岁时才去世（时年43岁）；《玉蜻蜓》中“影射”徐士章的申贵升，却是苏州南濠富家公子，病死尼姑庵时，其子还未出生呢！申贵升的儿子也即徐元宰是遗腹子。申时行的生母王氏，在申时行12岁那年就去世了，距离申时行后来“复姓归宗”还有18年之久，而《玉蜻蜓》中的王智贞竟是个尼姑，她要到其子徐元宰17岁乡试高中解元来庵堂认母并“复姓归宗”后才过世。

由此看来，申氏后人指控《玉蜻蜓》影射自己先祖申时行，的确有点“自作多

《玉蜻蜓》弹词

情”,理由不充足,许多地方“对不上号”。但不可否认,申时行早先的生平与《玉蜻蜓》中徐元宰的故事(包括申氏早先也姓徐)确实有许多相似之处。据邓云诚《骨董琐记》卷六记载,相传明代万历年间,“吴县申时行、太仓王锡爵两家,私怨相构。王作《玉蜻蜓》以诋申,申作《红梨记》以报之,皆两家门客所为”。尽管这个记载只是传说,但以民间“无风不起浪”的习惯性思维,确实会引发诸多联想。

清代中期开始,申氏后人屡屡指控苏州弹词《玉蜻蜓》诬蔑了其先祖申文定公即申时行(弹词竟说申时行是尼姑的私生子,岂非奇耻大辱?),从而导致《玉蜻蜓》屡遭禁演。

嘉庆十四年(1809 年),苏州申氏缙绅申启向苏州府衙投递控状,指控《玉蜻蜓》诽谤申氏祖先,要求官府予以禁演。当时申时行已被清廷列为名臣之一;而且弹词《玉蜻蜓》中有庵堂幽会等情节,与清廷宣扬的封建礼教完全相悖,有伤风化;另外,申氏望族的声威也让府衙敬畏。所以苏州府衙很快允准申启所请,并在苏城大街小巷贴出禁演弹词《玉蜻蜓》的告示,告示表面上义正词严,但理由显然站不住脚,只是用官府威权强制而已:

> ……为崇敬先贤,禁止弹唱《玉蜻蜓》事……郡属先贤申文定公,身掇巍科,望陲鼎铉,文章相业,一代名臣,崇祀名宦,府志昭然,敬梓恭桑,即在属细民所当凛。外间向有《玉蜻蜓》小说流传,毋论法华秽迹,诬蔑清名,即弹词淫句,亦关风化。现据申启等呈称:街坊近有弹唱人等,殊属不敬。本府严行查逐外,合并通晓各书铺,务销毁旧版,弹唱家亦不许更唱《玉蜻蜓》故事。如有违抗,一经查禁,一并重处不贷!

弹词《玉蜻蜓》虽在苏州城内被禁唱了,但在城外偏僻的农村乡镇,《玉蜻蜓》

仍在弹唱。道光年间，弹词艺人陈遇乾对《玉蜻蜓》进行再加工，把书中主人公作改名换姓处理，并更名为《芙蓉洞》继续弹唱。不久，又将《芙蓉洞》弹词脚本印刷出版，题为“陈遇乾先生原稿，陈士奇、俞秀山先生评论校阅”，可是到了同治七年(1868 年)，《芙蓉洞》又被禁演，原因是江苏巡抚丁日昌认为《芙蓉洞》即《玉蜻蜓》，在查禁的淫词小说范围内。

旧时书场

然而不久，评弹艺人干脆又公开亮出《玉蜻蜓》弹词牌子，继续在江南城乡特别在苏州地区演唱。此前，《玉蜻蜓》已两度被禁，这次重演，自然立刻引起轰动。于是申氏后裔又出面干涉。光绪年间(1875—1908 年)，申氏宗族又呈文苏州府衙，再次要求禁演《玉蜻蜓》。苏州府衙迫于申家声望，又例行公事地贴出了禁演的告示。这时苏州评弹艺人已经有了行会组织“光裕社”，为了维护本行会成员的利益，“光裕社”出面与官府交涉，严正指出经过修改的《玉蜻蜓》中角色已无申姓(申贵升已改为金贵升或金桂生)，申氏已经没有理由指责它与申氏先祖有关。官府迫于舆论，最后采取“城内禁演，城外不禁”的折中办法，实际上是不了了之。

民国时期，《玉蜻蜓》又先后两次遭禁。其中民国九年(1920 年)的一次，是因为申氏宗族中的申振纲正好任江苏苏州警察厅厅长，他对“有辱先辈”的演唱自然恨之入骨，于是动用权力，禁演了《玉蜻蜓》。申振纲解职后，苏州城内又恢复了《玉蜻蜓》的演唱，申氏宗族仍以前警察厅长申振纲和“文定义庄主奉”申彤苞的名义，控告《玉蜻蜓》假托附会，任意诬蔑。1931 年 9 月 19 日《苏州明报》终于再次刊登了苏州警察局禁演《玉蜻蜓》的布告。这次查禁，又一次给表演《玉蜻蜓》的评弹艺术带来了灾难，“弹唱状元”吴升泉因受辱而被活活气死。

一部长篇弹词，前后遭官方禁演达五次之多，这在苏州评弹史上是空前的，但

《玉蜻蜓》却因此名闻遐迩。不仅弹唱该书的演员越来越多，并时出名家，各个戏曲剧种也竞相将《玉蜻蜓》的相关故事情节加以移植、改编，使它成为中国传统剧目中最为著名的一出，包括《法华庵》《盘贞认母》《庵堂认母》等在内的《玉蜻蜓》相关剧目，成了许多地方戏的保留节目。

笔者曾参与编修《苏州市志》部分章节，在查阅上世纪三四十年代的苏州地方报刊时，读到过一篇相当于现今“纪实文学”体裁的长篇通讯，该文把申氏宗族控告《玉蜻蜓》和苏州评弹艺术及评弹艺术反抗禁演的斗争经过描绘得十分精彩。在控告与反控告、禁演与反禁演的五次斗争中，表面上每一次都以评弹艺人遭受迫害、《玉蜻蜓》遭禁演而告终，但实际上每一次斗争的结果都提高了《玉蜻蜓》的声誉，扩大了《玉蜻蜓》的影响，而且进一步让人相信“申文定公”（即申时行）就是《玉蜻蜓》中的主人公的原型，申氏宗族的作为是欲盖弥彰，是白纸上涂墨，越涂越黑。最有趣的是，该篇“纪实文学”在叙述民国二十年（1931 年）《玉蜻蜓》第五次遭禁后，又补充了新一轮禁演与反禁演的斗争故事，而这一轮斗争却是以申家败诉、评弹艺人胜诉告终的。

虎丘申公祠匾额

原来，上世纪 30 年代中期，申家有后裔在国民政府外交部里任职，跟其前辈一样，这位做了官的申氏族人对“影射”他们是尼姑养的后代这一点最是耿耿于怀。同样，他也比照前辈的做法，向法院提出了控告。但这一次评弹艺人团结起来，反控申氏无权诋毁传统的戏曲艺术。这时已是民智大开的年代，法官倒也不敢贸然下令禁演《玉蜻蜓》，便作实地踏勘，调查情况。结果法官在虎丘发现了申氏祠堂及申氏的题辞(今虎丘"第三泉"三字仍为申氏族人题书)。这位同情民间艺人的法官,其思维方法很有点"散发性"和"逆向性",他认为:既然《玉蜻蜓》故事是诬蔑中伤申氏的,申氏与弹词中在虎丘法华庵发生的故事就没有什么关系,既然没有关系,申家祠堂为什么又偏偏建在远离城区、曾经发生过"玉蜻蜓"故事的虎丘呢?(虎丘剑池旁曾有申氏寓舍,虎丘后山旧有"申家庄")申氏族人为什么还要在虎丘名胜中题词呢?这不是对明明要回避的问题偏偏要"缠夹不清"么?于是,这位法官就在申氏的起诉书上题了"查无实据,事出有因"八个大字。这八个大字实际上就是判定《玉蜻蜓》"事出有因",不必禁演,申氏于是败诉。

有意思的是,如果说这位法官当时的这八个字是为广大评弹艺人开脱了罪行,为广大评弹爱好者"出了一口闷气"的话,那么,更让人始料不及的是,这八个字,几十年后在"文化大革命"中,却又走向了它的反面,它又成了许多冤假错案的"潜台词"。"文化大革命"中,那些惯于捕风捉影、善于深文周纳的打手们,就常常将这八个字作为他们迫害忠良、滥刑无辜的理由,尽管许多人或事都没有确凿证据,但一句"事出有因"就能把当事人整得死去活来,甚至走投无路。"事出有因"的初衷是缓颊救人,几十年后却成了用来整人的口实,历史在这里开了个极大的玩笑,而开这个玩笑的代价,在前,是几代评弹艺人辛酸的血泪;在后,则是成千上万人的牢狱之灾,乃至家破人亡。

科甲蝉联的其他官宦世家

宋及宋以后的苏州望族,大多是官宦世家,因为只有累世显荣才能使家族、宗族的不断兴旺成为可能,而硕儒辈出、科甲蝉联,则是累世显荣的保证。龚明之《中吴纪闻》卷二"林氏儒学之盛"条谓:"林氏本福清人,徙居吴门,有讳概者,尝为省试第一,登载《国史儒学传》。其子曰希、旦、邵、颜,相继俱登科级。希为枢密,谥文节;旦为殿中侍御史;邵为显谟阁直学士,谥文肃;颜为光禄卿。希之子虞,中词科;旦之子虑,亦登第;邵之子摅,赐出身,为中书侍郎。近世儒门之盛,必推林氏云。""儒学之盛"与累世"登科第"是连在一起的,从而确保了林氏家族的兴旺。

林氏是福建籍人，萍飘万里到苏州，都是拜科举之赐。原来，林希的祖父林高在考中进士后，官至屯田郎中。子林概，参加省试，曾取得第一名的好成绩，成为名儒，为集贤校理，死于京城。后来林概之妻黄氏携带四个儿子林希、林旦、林邵、林颜，扶榇南归。经过苏州时，年方十二三岁的林希、林旦贽文拜见苏州长官蒋堂，“蒋大奇之，留姑苏，给以戴城桥（今带城桥）官屋，后号儒学坊……蒋遣其子（即蒋之奇）与二林读书”（《云麓漫钞》）。林氏在苏州原本没有根底，不会是大地主，而全靠读书进考成就功名，但《挥麈后录》说四子“后皆为闻人，衣冠指为名族”，想来都是靠道德文章跻身望族，后来他们似乎也没有成就什么惊天动地的事业，不过《挥麈后录》还是记载了一段趣事：林概在宋仁宗朝，以“耆儒”而名天下。他生了两个儿子，分别中叫林希旦、林邵颜。后来，夫人又生了两子，但尚在襁褓，未及正式取名，林概就过世了。孩子长大了，不能总以小名呼之，总要取个正式名字吧？于是希旦、邵颜两兄弟各析其名，将自己的双名一分为二，自己留一字，另一字留给兄弟为名，以示不忘父训，弟兄四子，分别取名为希、旦、邵、颜，四弟兄都成了单名，这在中国的取名史上，也可谓独一无二的轶事。当然，这只是私家笔记下的一段趣事，既难以详考，也无多深意思，无非聊备一粲而已。

林氏四子中，长子林希在政坛上最为活跃，他字子中，号醒老，卒年67，谥文节，在《宋史》中有传。林希这个人用现在的话说，是个“机会主义者”。他是嘉祐二年（1057年）进士，宋神宗时，同知太常礼院，是个级别不小的外交官，但出使高丽时竟然“惧形于色”，丢足了大宋的脸面，宋神宗因此非常恼怒，“责监杭州楼店务”，让他与商人点头哈腰去了。当苏氏父子三人（苏洵、苏轼、苏辙）风头正健时，林希曾有求于苏辙，苏辙帮了点忙，林于是感恩不尽，写信致谢时，把苏氏父子捧上了天，说什么“父子以文章冠世，迈渊、云、司马之才；兄弟以方正决科，冠晁、董、公孙之对”。宋哲宗绍圣年间（1094—1098年），林希因紧跟新党升了官，又被章惇留为中书舍人，可是苏轼、苏辙因属反对新法的“元祐党人”而失了势，这时的林希不仅不设法援求，而且还在替当局草拟贬谪苏氏兄弟的谪词时，文辞严厉，凶狠至极，他在给苏辙的谪词上竟说：“父子兄弟挟机权变诈，惊愚惑众。”这时苏洵已过世，苏辙读了谪词后伤心不已，说道：“某兄弟固无足言，先人何罪耶？”在给苏轼的谪词上，林希更是以皇帝口吻谴责苏轼“若讥朕过，亦何所不容。乃代予言，诋诬圣考，乖父子之恩，害君臣之义。至于行路犹不戴天，顾视士民复何面目？……”简直要置苏轼于死地。苏轼读后叹道：“林大亦能作文章耶！”（见《野老纪闻》）表面上看苏轼是讥讽林希不会写文章，实际上是揭露林希的险恶用心。林希实际上相当于现代所谓的“文痞”，他参与撰写的《神宗实录》《神宗朱墨史》《五朝宝训》《两朝宝训》等，丑诋元祐党人，深为正人君子所不齿。

前文讲过，林希是嘉祐二年（1057 年）进士，南宋范成大撰写《吴郡志》时，却对林希未载。但林希的侄子林虑（林旦的儿子），《吴郡志》不仅在“进士题名”卷（卷二十八）予以记载，还在“人物”卷（卷二十六）中给予小传，行文中不仅用了褒扬性词句“先达称其高”，还注明他的住址“所居在大云坊”（“大云坊”即苏州古城闹市区观前街“大成坊”，现为皮市街南段），看来，范成大未载林希于“进士题名”中，或许是故意予以冷落。

苏州文庙棂星门

说到林希，还有一段小花絮，这里还要提到另一位“机会主义者”——遵照父命陪林希、林旦读书的蒋之奇。蒋之奇（颖叔）也是个小有名气的人，他进入仕途后原为太常博士，因嫌职权太小，就参加了“制举试”（文学侍臣特种试），可惜未入等。于是求见时任参知政事（副相）的欧阳修，当时欧阳修正为濮议（指为追崇英宗之父濮王而导致的一场政治大争论）事陷于劣势（站在欧阳修一边的只有韩琦等少数官员）。蒋之奇见了欧阳修，尽说欧阳修的主张是如何如何合理，又竭力非议不主张追崇濮王的范百禄，而范就是这次考中制举试第一名的官员。欧阳修自然非常中听，又见蒋的试卷策论也不差，就尽力援引，使蒋之奇终于升为很有权势的监察御史里行（试用御史）。濮议定案后，反对派谏官多人被贬斥，朝中有一股怨气都结在欧阳修及他所援引的人身上，这时蒋之奇又尽量表现出自己不是欧阳修一党的。治平四年（1067 年），宋英宗病死，宋神宗继位，此时已升为御史的蒋之奇发觉欧阳修失势了，便变本加厉，千方百计要与欧阳修“划清界线”。欧阳修堂房妻弟薛良儒，因故被检举有罪，薛托欧阳修在宋神宗即位大赦天下时，趁机将自己列入大赦名单中，以求脱罪。欧阳修没有理睬，薛良儒十分恼恨，就散布谣言，说自己的堂姐夫欧阳修与长媳妇吴氏（欧阳修长子欧阳发，所娶的妻子是盐铁使吴充之女）关系暧昧。与欧阳修对立的一派见欧阳修自己的亲戚都这么说，顿时喧闹起来。当时主持御史台的中丞彭思永与其他同僚谈起，大多数官员们都不相信此事是真的，但蒋之奇却以为机会来了，竟贸然上殿单独向宋神宗奏报，宋神宗让彭思永与蒋之奇传提证人，结果毫无证据，彭、蒋被判以诬告而遭贬斥。经过此事之后，欧阳修的声誉也大受影响，反对派乘机攻讦，欧阳修自觉不安，便提出辞职，最后被外放。欧阳修晚年被贬，原因当然很复杂，但他举荐失察，援引蒋之奇可说是一大祸害。

宋元以后的苏州望族中为官宦世家的，最著名的有长洲彭氏、吴县潘氏、吴县洞庭东山王氏，如果以现代行政区划中的“大市”概念来统计，苏州区域内还有太仓王世贞家族、王锡爵家族，昆山徐应聘家族及吴江谢氏、盛氏、沈氏、叶氏，常族翁氏等，这些家族都有一门几代数进士、或祖孙状元、或父子探花之谓。

尚书里

首先来看长洲彭氏家族。明初彭学一由江西清江迁至苏州府长洲，到五世彭昉成为明正德六年（1511年）进士，七世彭汝谐为明万历四十四年（1616年）进士；入清后，彭氏更是科甲不绝：彭珑（顺治十六年即1659年己亥科进士），彭定求（康熙十五年即1676年丙辰状元），彭宁求（康熙二十一年即1682年壬戌探花），彭启丰（雍正五年即1727年丁未状元），彭绍观（乾隆二十二年即1575年），彭绍升（乾隆二十六年即1761年），彭希谦（乾隆四十九年即1784年），彭希洛（乾隆五十二年即1787年），彭希郑(乾隆五十四年即1789年),彭蕴辉(嘉庆四年即1799年),彭蕴章(道光十五年即1835年),彭泰士(光绪二十四年即1898年)。明清两代,彭氏宗族先后有以上14人进士及第,彭氏因此绵延数百年,为贯联明清两代的苏州望族。据郑逸梅《逸梅杂札》,单单在清代300年科甲中,彭家就出了2个会元、2个状元、1个探花,另有31名举人,附贡生达130余名,一门鼎贵。其中两个会元、两个状元是指彭定求与孙子彭启丰,即所谓"祖孙状元";一个探花是指彭定求族弟彭宁求。

彭定求(1645—1719年),字勤止,号访濂、止庵,晚号南畇老人,人称"南畇先生"。康熙十一年(1672年),彭定求中举。康熙十五年(1676年)三月,先中丙辰科礼部会试第一名,即"会元"。五月参加殿试,考官起初定他为一甲第三名。康熙帝看了他的试卷后,觉得委屈了他,便问读卷大臣:"会元彭定求为何列在第三?"读卷大臣答道:"因为彭会元书法不及前二卷。"康熙帝说:"彭会元的对策文章做得好,尤其是最后几行文字有劝勉朕躬之意。再说,先儒大师周敦颐、程颢、程颐、朱熹、张载等,难道都是书法家吗?"于是亲自将彭定求卷拔为第一,即状元(见《彭侍讲行状》),授翰林院修撰。彭定求前后当翰林不足四年,便辞官回苏。为官时间短,也无政绩可言。但他很注意道德修养,学问根底深厚,为清代状元中较有影响的人物。《清稗类钞》中有他"锯楼柱"的故事。故事讲的是,有一年彭定求家修楼房,柱子已经竖好了。正好有位来访者告诉彭定求说:"按照阴阳家的说法,您家的楼太高了,会对邻家有影响。"彭说:"这好办,把柱子锯掉一尺,不就不妨碍邻居了么?"朋友又说:"这就不必了。您家修楼房,只求得自家安适就行,何必考虑邻家?"彭定求说:"楼矮一点,完全可以安安稳稳地住,为什么要碍于邻家呢?"最后还是把柱子全部锯短了。

彭定求生活朴素,布衣素食,但常在家里招待故友、同仁,切磋学问,当然他招待朋友也不事奢阔,有"豆腐会"之称。康熙四十四年(1705年),康熙帝第五次南巡到苏州,曾派人赐予他"御书",并传旨说:"你学问好,品行好,家世好,不管闲事。"(《清史列传》卷六十六),这"不管闲事"四字,大致可以囊括彭的处世哲学。康熙就在这次南巡中,驻跸苏州时,命令前来接驾的江宁织造曹寅组织一批在籍的翰林就地编纂《全唐诗》。曹寅将编纂校勘地点定在扬州,临时组织了附近的九个翰林分校官,其中有两个状元,一个就是彭定求,这一年彭已61岁。康熙四十六年(1707 年)《全唐诗》成书后,彭定求即还家乡,在苏州葑门筑“南畇草堂”“和茧园”,课题子孙。彭定求一生以孝友著名,著作也极为丰富。康熙五十八年(1719 年),病逝于家中,享年 75 岁。

彭启丰手书匾额

彭启丰(1701—1784 年),字翰文,号芝庭。据说在他参加乡举的那年,家中庭院里生了一只灵芝,故自号“芝庭”,晚年又自号“香山老人”。

彭启丰是彭定求的长孙,自小聪颖,读书刻苦,见者都称他将来必定也会高中状元。相传,彭启丰的父亲曾对彭定求开玩笑道:“父之父,不如儿之父;父之子,亦不如儿之子。”彭启丰少年时与沈德潜同学,曾共同编辑《古诗源》。雍正四年(1726 年)中举,第二年连中会元、状元。说来也巧,殿试时,他的试卷也像祖父的殿试卷一样,被置于一甲第三名,雍正帝最后也像康熙帝那样,亲自拔为第一(民国《吴县志》卷六十八)。中状元那年,彭启丰才 27 岁,可谓是少年得志。彭历任河南、云南、江西、山东、浙江、顺天等乡试副、主考官,由翰林院修撰、侍讲,官至内阁学士、刑部右侍郎、吏部右侍郎和兵部尚书。彭启丰虽然为官年份长,但政治上仍无所作为,几次“考核”(京察)都不被看好。乾隆帝先后评价他是“从无一言建白、一事指陈”,“人不如其学,学不如其文”,“学问尚优,办事本非所长”。乾隆二十年(1755 年),彭启丰被乾隆帝诏令退休。乾隆四十九年(1784 年)彭启丰病逝,终年 84 岁。彭启丰的长子彭绍谦,为乾隆十二年(1747 年)举人,虽未考中进士,但在历任山东阳谷、茌平、新城、章邱等知县期间,却颇有政绩。在新城时,曾在青沙泊筑堤御水,泽被后代,人称他所筑之堤为“彭公堤”。次子彭绍观、四子彭绍升均为进士,三子早卒。女婿庄培因(江苏武进县人)是乾隆十九年(1754 年)甲戌科状元。孙子彭希郑、彭希洛、彭希曾以及曾孙彭蕴辉、彭蕴章都是进士,其中彭蕴章官至军机大臣、文渊阁大学士。

彭氏中,也有贫苦族人通过科举而出人头地者。彭定求的族弟彭宁求就是这样的人物。彭宁求(1649—1699 年),字文洽,号瞻廷。他少年丧父,与母亲相依为命,“事母丧,勤奋力学,寒暑不辍”(乾隆《长洲县志》卷二十五,下同)。康熙二十一年(1682 年)壬戌科殿试列一甲第三名,即探花,授翰林院编修。历任翰林院侍讲,勤于其职。后丁母忧归乡,服阕,补太子中允,“分纂殿阁诸书,又疲于应教,家贫不能延记室,心血枯瘁”,积劳成疾,死于任上,年仅 50 岁。由此可见,彭宁求后来为官也是很清廉的,穷得甚至连助手都请不起。这在清代官场上是很少见的。彭宁求禀性恬静,与人无争,以孝友闻名乡里,又能文善诗,书法娇媚、遒劲,刚柔相济。可惜“年命不永,未展素抱,朝野共惋惜之”(沈德潜语)。

吴县潘氏,即苏州著名的“贵潘”宗族,科甲有“一门七进士”的记录,即潘氏四代之中,有七人进士及第,他们分别是:潘奕隽(乾隆三十四年即 1769 年)、潘奕隽弟潘奕藻(乾隆四十九年即 1784 年)、潘奕隽弟潘奕基之子潘世恩(乾隆五十八年即 1793 年癸丑状元)、潘奕隽之子潘世璜(乾隆六十年即 1795 年乙卯探花)、潘世恩次子潘曾莹(道光二十一年即 1841 年)、潘世恩三子潘曾绶之子潘祖荫(咸丰二年即 1852 年壬子探花)、潘曾莹之子潘祖同(咸丰六年即 1856 年)。“贵潘”的故事极为丰富,至今苏州故老还津津乐道(详见本书第三章《旧时王谢堂前燕》)。

吴县洞庭东山莫釐王氏宗族,在明清两代科名也很兴盛,明代中举人 4 人,中进士 2 人,贡生 4 人;清代中举人 22 人,进士 10 人,仕宦竟达 104 人。王氏明清两代进士中有十世王鏊,明成化十一年即 1475 年乙未科探花及第;十三世王禹声,万历十七年即 1589 年乙丑进士;十七世王元位,清康熙四十二年即 1703 年进士;十八世王世琛,康熙五十一年即 1712 年壬辰状元及第;十九世王关伯,乾隆十九年即 1754 年进士;二十一世王咏春,咸丰九年即 1859 年进士;二十二世王仁俊,光绪十八年即 1892 年进士;二十三世王淑岱,光绪二年即 1876 年武进士;二十三世王颂蔚,光绪六年即 1880 年进士;二十四世王季烈,光绪三十年即 1904 年进士。

其中,王鏊是洞庭东山王氏宗族中的代表人物。王鏊(1450—1524 年),字济之,号守溪,晚号拙叟,人称震泽先生。明成化十一年(1475 年)乙未科挥花,官至太子太傅、武英殿大学士。由于他学有识鉴,文章典雅,生前颇有时誉,曾被唐寅称为“海内文章第一,山中宰相无双”(详见本书《客来吴地星霜久》)。

东山王鏊故居

王谢长达像（居中年长者）

王鏊后裔兴旺，其八世孙即莫釐王氏十八世王世琛为清康熙五十一年即 1712 年壬辰状元。后裔中王颂蔚（1848—1895 年，莫釐王氏二十三世），光绪六年（1880 年）进士。历任翰林院庶吉士改户部主事、户部郎中、记名御史军机处帮领班章京。他在任考官时，曾大胆破格录取蔡元培。去世后，遗产千金由其夫人王谢长达（苏州名绅谢家福的女儿）开办振华女校。王颂蔚的子女均学有成就，其中四女王季玉赴美留学，1917 年回国，接办其母王谢长达创办的振华女校，誉满江南。美籍华人，著名书画家、鉴定家、著名字画收藏家王己迁也是王鏊的后裔，据考为王鏊第二十四代嫡孙。

太仓王世贞家族，“望出琅玡”，也是科甲蝉联。其前后考中进士的有王侨（王世贞伯祖，成化十二年），王倬（王世贞祖父，成化十五年），王倬之子王忬（王世贞父亲，嘉靖二十年），王侨之子王悌和王憬（弘治年间先后进士及第），王悌之子王世芳（正德十五年），王忬长子王世贞（嘉靖二十六年），王忬次子王世懋（嘉靖三十八年)，王世贞之子王士骐(万历十七年)，王世贞之子王明德(万历十七年)。即四代共有10人进士及第，簪缨不绝，有明代“三代三品九卿”之称(王倬曾任明朝兵部右侍郎，王忬曾任都察院右都御史兼兵部左侍郎，王世贞亦曾为明朝刑部尚书)。

王锡爵像

王世贞像

王时敏像

太仓王锡爵家族，源出于太原王氏，东晋后，太原王氏有一支迁入太仓。王锡爵之父为王梦祥，他努力培养两子王锡爵、王鼎爵。王锡爵于明朝嘉靖四十一年(1562年)壬戌廷试第二，榜眼及第。其弟王鼎爵于嘉靖四十四年(1565年)乙丑廷试第二，也为榜眼及第。弟兄两人先后为榜眼，王氏家族在娄东士林中声誉鹊起。此后，王锡爵家族科甲不绝，考中进士的有：王锡爵子王衡(万历三十九年辛丑榜眼)，王锡爵曾孙王撰(顺治十二年)，王扶(康熙九年)，王掞(康熙九年)，王撰子王原祁(康熙九年)，王扶子王遵扆(康熙五十一年)，王掞子王奕清(康熙三十年)，王謩(康熙四十五年)，先后有10人进士及第，而且“一门三榜眼”。王锡爵又在万历年间任过内阁首辅，是典型的官宦世家的“望族”。王锡爵家族还是擅长丹青的文化世族，清代领袖画坛的“娄东派”，即以王锡爵之孙王时敏为首。

明末清初昆山除归氏家族(详见本书《旧时王谢堂前燕》)外，徐应聘家族也是著名望族。徐应聘系明代万历十一年(1583年)癸未进士，其后徐氏家族科甲蝉联，徐应聘有孙徐开法、徐开任。徐开法三子徐元文(顺治十六年状元)、徐乾学(康熙九年探花)、徐秉义(康熙十二年少年探花)。徐应聘玄孙辈成进士的有：

徐乾学之子徐炯(康熙二十一年),徐树谷(康熙二十四年),徐树敏(康熙四十二年),徐树屏(康熙五十一年),徐骏(康熙五十二年),徐元文子徐树本(康熙三十六年),徐开任孙徐树庸(康熙三十年),徐树庸之子徐衡(乾隆元年)等。需要指出的是,徐乾学、徐元文、徐秉义同胞三弟兄,就是著名学者顾炎武的三个外甥,"昆山三徐"都是通过科举考试成了清朝新贵,徐元文为顺治十六年状元,康熙二十八年(1689年)任文华殿大学士;徐乾学为康熙九年(1670年)庚戌探花,官至刑部尚书;徐秉义为康熙十二年(1673年)癸丑探花,累迁至吏部侍郎。"三徐"作为清初的科甲盛事,被王士禛赞为"同胞三及第,前明三百年所未有也"。

吴江在宋代时有一门六进士的谢氏,计有:谢炎(端拱元年),谢炎兄谢涛(淳化三年),谢涛之子谢绛(大中祥符八年),谢绛之长子谢景初(庆历六年),谢绛次子谢景温(皇祐元年),谢绛三子谢景平(科分不详)。明代一门五进士的盛氏:盛昶(景泰二年)、盛侅(盛昶之叔,天顺四年),盛应期(弘治六年),盛应阳(盛应期堂弟,嘉靖二年),盛王赞(盛应阳曾孙,崇祯十年)。明清两代的沈氏(吴江松陵镇)有:沈汉(明正德十六年)、沈啓(嘉靖十七年),沈位(沈汉之孙,隆庆二年),沈璟(沈汉曾孙,著名曲家,"吴江派"鼻祖,万历二年),沈季文(沈啓之孙,万历五年),沈孚闻(沈季文之弟,万历五年),沈瓒(沈璟之弟,万历十四年),沈琦、沈珫两兄弟(沈汉曾孙,万历二十三年同榜进士),沈珣(沈琦之弟,万历三十二年),沈正宗(沈啓曾孙,万历三十五年),沈同和(沈季文之子,万历四十四年),沈自南(沈珫幼子,清顺治十二年),沈廷光(沈瓒玄孙,乾隆元年),沈翰(沈啓八世孙,乾隆二十八年),沈桂芬(沈璟之后,道光二十七年)等。

吴江叶氏的科甲记录有:叶绅(明成化二十三年),叶可成(叶绅之孙,嘉靖三十二年),叶重第(叶绅曾孙,万历十四年),叶绍颙(叶重第侄子,天启五年),叶绍袁(叶重第之子,天启五年),叶燮(叶绍袁之子,清康熙九年),叶逢金(叶绅之弟叶䌷十世孙,乾隆五十四年)等。值得提出的是,吴江叶氏作为望族,其闺阁之内长于文学者也极为突出,一门联珠,唱和自娱,其"家门集"为叶绍袁编辑,这个文集收录了其妻女的诗文,名《午梦堂集》。叶绍袁妻沈宜修,即为吴江甲族中才女,为副都御使沈珫之女,曲家沈璟的侄女,工诗词。叶、沈联姻,自是门当户对,两人成婚后,生有五女八男,一门风雅,人才济济。

常熟虞山翁氏，则因为翁同龢的缘故，堪称近代常熟大族的首望。

翁氏之先，出生姬姓。自周昭王封庶子于翁山，因以命氏。西晋末年，翁氏避乱南迁，明初，居住在苏州府长洲县相城的翁氏子弟翁景阳，入赘至常熟西南乡旋洲里村，是为常熟翁氏始祖。明代常熟翁氏科甲鼎盛，入清后继续繁荣不衰，下传到翁同龢时，已是第十五代了。

常熟翁氏家族在近代中国的兴起，始于翁同龢的父亲翁心存，翁心存为翁家次子，兄翁人镜自幼协助父亲翁咸封操持家务。

翁心存，字二铭，号邃庵，乾隆五十六年五月十四日(1791 年 6 月 15 日)出生于常熟南门内九万圩翁氏旧宅。翁心存 12 岁时，海州知州唐仲冕有一次见到翁心存的文章，大为叹赏，认为“此童子当有名于世”。翁心存在嘉庆二十一年(1816 年)中举，32 岁时即道光二年(1822 年)进士及第，入选庶吉士，授职翰林院编修。历任福建乡试正考官，礼、户、工部尚书，兼翰林院掌院学士。官至体仁阁大学士，充上书房总师傅，授读恭亲王、惇郡王、惠郡王、钟郡王等诸王书。晚年担任同治帝的授读师傅，卒谥文端。时人对这位中国近代史上著名的朝廷重臣美誉为：“两朝宰相，再世帝师，三子公卿，四世翰苑，功名福泽，为本朝希有人物哉。”(清朝同治、光绪年间著名文人陈康祺语)

翁文端公像

翁心存生有四子：长子翁同书，字祖庚，号药房，道光二十年(1840 年)进士，入选庶吉士，授职翰林院编修，官至安徽巡抚；次子翁音保，早殇；三子翁同爵(出嗣堂叔翁泰封一支为后)，字侠君，号玉甫，曾任陕西、湖北巡抚，后署理湖广总督。

翁同龢(1830—1904 年)，翁心存的第四子。字叔平，号瓶生，亦号瓶庐，晚年自署松禅。道光二十九年(1849 年)翁同龢 20 岁时成为拔贡，誉满京城。两年后，又考中举人。咸丰六年(1856 年)，年方 27 岁的翁同龢赴京参加丙辰会试，中式第六十三名贡士，复试一等第二名，殿试则考列一甲第一名进士，高中状元，授职翰林院修撰。不久升任陕西乡试副考官、陕西学政，后又荣膺同治、光绪两朝帝师，钦赐太子少保衔，历任户部侍郎、都察院左都御史，刑、工、户部尚书等职，入参军机处升迁为协办大学士，成为晚清著名的帝党领袖和朝廷重臣。1898 年 6 月光绪皇帝宣布戊戌变法后第四天，被慈禧太后下令“开缺回籍”。戊戌政变后，翁同龢又被清廷革职交地方严加管束。1904 年 7 月 4 日在常熟老家病故。有《翁文恭日记》《瓶庐诗文稿》等著作留存。与翁同龢家庭生活有关的人和事，主要有如下数则：

翁同龢画作

翁同龢之妻汤孟淑，年长翁同龢一岁，浙江省萧山县人氏。她的祖父汤金钊乃清代嘉庆、道光、咸丰三朝名臣，为官清廉、政绩斐然，曾多次充任乡试和会试的考官，翁心存即为他所拔识的人才之一。汤金钊后来官至吏部尚书、协办大学士。他的儿子汤修（汤孟淑之父、翁同龢的岳丈），也官至太常寺卿。汤孟淑 19 岁那年，由其祖父做主，嫁给了翁同龢。婚后，翁、汤夫妇相敬如宾，感情十分融洽。但汤氏在咸丰八年（1858 年）四月即不幸病故。三个月之后，翁同龢强忍着失去爱妻的极度悲伤，奉旨典试陕西，出任陕西戊午乡试的副考官（正考官是翰林院编修潘祖荫）。

翁同龢在咸丰十年（1860 年）纳一妾陆氏到家料理家务。陆氏与翁同龢相依四十四年，彼此亦感情深厚。翁同龢获遣之后，陆氏随其回到故乡常熟乡居，照料他的起居，直到 1904 年初陆氏去世。陆氏死后，翁同龢深受刺激，仅仅半年之后便病故了。

翁同龢的妻、妾（汤夫人和陆氏）都未曾生育。翁同龢在他老母亲的主持之下，将二哥翁同爵的第三子翁曾瀚过继为嗣子。

常熟翁氏第十六代，翁同龢的子侄辈人物有：

翁同龢大哥翁同书所生三子：翁曾源、翁曾文、翁曾桂。翁曾源字仲渊，是翁同书的长子，原本只是个监生，但翁心存1862年去世后，清廷为眷念老臣，赐恤荫及孙辈，特赏赐翁曾源举人身份，并准允他以“贡士”资格与新科贡士一起参加殿试，结果翁曾源竟高中一甲一名进士，状元及第而大魁天下。翁曾源一生并无什么大的成就。“夺魁”之后，翁曾源被授职翰林院修撰，不久即因痼疾癫痫病复发，称疾回归常熟故里养病，从此翁不再出仕，居家二十多年而卒。翁同书次子翁曾文早逝。翁同书第三子翁曾桂，字筱珊，曾长期任职地方，在翁同龢去世后成为常熟翁家的顶梁柱。同治二年（1863年）翁曾桂在刑部郎中任上“行走”时，因翁心存去世，清廷赐他为举人，署为候补郎中。光绪五年（1879年），翁曾桂京察（考核）一等，分发湖南，出任衡州知府。他在湖南巡抚王文韶的大力护持之下，官运亨通，步步高升，很快升为长沙知府（长沙为湖南省的首府），旋即升迁为湖南岳常澧道台，后又调任为江西布政使。

翁氏祠堂（张缪波摄）

翁同龢的二哥翁同爵也生有三子：翁曾纯、翁曾荣、翁曾瀚。翁曾瀚字海珊，他过继给翁同龢为嗣子，官至内阁侍读。清光绪三年（1877年）初秋，翁曾瀚的生父翁同爵病逝于湖北巡抚任上，翁曾瀚回籍奔丧，归途中不幸染上流行病，赶回京城后不到四天便卧床不起。唯一的嗣子盛年时遭此厄难，翁同龢认为是“天欲剪余祀”，他“百痛交并，中怀淤损”。

翁氏后裔中现有翁兴庆先生，是翁同龢的正宗五世孙，侨居美国50余年，1990年5月由美国专程回故乡常熟，将常熟翁氏故居“綵衣堂”房产捐献给了常熟市人民政府，他的这一举动受到了当地政府的褒奖。翁兴庆先生现任华美协进社的名誉社长，是一位国际知名的学者和文博专家。1994 年初夏，常熟地区在翁同龢去世九十周年之际召开“翁同龢国际学术研讨会”，曾得到翁兴庆先生的大力赞助。2000 年 4 月，上海市政府出资 450 万美元从翁兴庆处购得一批中国古籍善本，共 80 种 542 册，其中 11 种宋本尤为精品。

柳暗花明又一村：义庄的来龙去脉

如何延续、维持和发展一支家族或整个宗族的兴旺，避免家族由盛转衰，乃至消亡，可以说是每个大族代代关注的一个主要问题。隋唐以来，世袭制逐渐被时代淘汰，名门望族的承续已无法完全依赖“世袭”。通过世代科举、累代为官，固然能维护家族在政治上、社会上的地位和声望，但是宗族内部良莠不齐，穷达、贫富、贤愚、美丑的差异从来都是存在的，这些差异在平时尚可保持相对的“平衡”，而一旦遇到不可抗拒的天灾人祸，发生大的社会动荡和变迁（特别是改朝换代），整个家族的政治和经济基础便会受到巨大的破坏和冲击，当宗族内部失去了“平衡”与控制时，整个家族就很可能溃败破落。为了尽可能地延续本门家族的兴旺，最大限度地维护家族的社会经济地位和名望，一种基本上能够保护整个家族不因朝代兴废、社会动荡而迅速溃败，既适应封建社会制度又能自救的办法（或称“制度”），便应运而生了，这就是发展并延续了足足九百年的“义庄”。

义庄的首创者就是北宋范氏家族的代表人物、著名政治家范仲淹。范仲淹不仅对维护国家的强盛充满了热情，对本族的绵延兴旺也有深思熟虑的举措。宋仁宗皇祐二年（1050 年），时任杭州知州的范仲淹，用自己的俸禄在家乡苏州

原范庄前“先忧后乐”牌楼

"置负郭常稔之田千亩，号曰义田，以养济群族之人，日有食，岁有衣，嫁娶凶葬皆有赡"（钱公辅《义田记》）。也就是说，范仲淹自己出资在家乡购置了1 000亩田地，这1 000亩田的地租收入专门用来赡养或周济范氏族人。设义田的具体事宜，由范仲淹当时在苏州的胞兄范仲温筹办。范仲淹个人捐资购田以赡养靠血缘纽带组合起来的贫困人群，当然包含了恩义、情义、仁义的意思，所以这些资产被称做"义田"和"义庄"。同年十月，范仲淹制订了义庄"规矩"，以规范同族人的生活。他逝世后，儿子范纯仁、范纯礼、范纯粹等，一方面继续捐钱购置田亩，一方面又多次补充章程，使义庄"规矩"日渐完备，并能适应变化了的形势。

范仲淹亲自制订的义庄"规矩"共有13款条例，范纯仁等补订的《续定义庄规矩》有条例28款。两项"规矩"主要包括了以下几个方面的内容：

1. 领口粮：凡是族人，每天可领1升白米，一月一领，每月3斗。如果是糙米，还要增加（支糙米每斗折白米8升）。每户加领1个奴婢口粮。女使有儿女，在范姓家服役满15年，年龄到50岁的，也按口领粮。范家子弟外出做官的，不能从义庄领口粮，但丁忧在家，候选在乡，或在川、广、福建（指当时的边远省份和不发达地区）等地为官而把家属留在苏州的，照样发给口粮。

2. 领衣料：每年冬天，1人领绢1匹（5至10岁儿童减半领取）。

3. 领婚嫁费：凡女儿出嫁，可领钱30贯，第二次出嫁（即再嫁），可再领20贯；男子娶妻可领钱20贯，但再娶不能再领。

4. 领丧葬费：族人去世，亲属按辈分领取安葬费。

5. 借住义宅：范氏又设有义宅（义宅原建在城内芝草营巷范氏祖宅内，《吴郡志》载谓"文正范公之坊"，一称"范家园"，即今范庄前），借给族人居住。但房屋若有破漏需要修理，则由借住者自己出资，如果确实无力修缮，可申请领钱修缮，但义宅不能"私相兑赁质当"。

6. 鼓励读书、科举：义庄附设义学，义学开始时也设在城内芝草营巷范氏祖宅内。元初，平江城（即苏州城）遭兵燹，至元八年（1271年）遂从城内迁到城外范氏祖茔旁，即今天平山附近。义学"教养咸备"，鼓励族人科举。如族内子弟获得大比资格，可领钱10贯，第二次参加大比考试则减半（即领5贯），若无故不去赴试，已领钱要被追回。

7. 借贷:族人有急用时,可向义庄借贷,但要及时归还。

8. 族外救济:乡里、外姻等亲戚中确实贫困或遭急难、或遇荒年不能度日者,也可到义庄申请救济。

9. 加强管理:义庄有"掌管人",依规处置义庄事宜,主要是"养济群族"。所谓"择族之长而贤者一人主其计,而时其出纳焉"(钱公辅《义田记》)。后来,又先后增设主奉、提管、主计、典籍等管理人员,还规定族人不得租佃义田,义庄也不得典卖族人土地;即使义庄费用短缺,也"不得取有利债负"。

上述的"规矩"内容,充分体现了范氏义庄纾缓民生、顾恤同宗的义举,其中鼓励族人读书仕进、资助婚嫁丧葬特别是资助女子再嫁以及族外救济等条款,可以说是范氏义庄的亮点,至今仍闪烁着人文关怀的光辉。

范仲淹创办义庄之举无疑与他自己早年的亲身遭遇有关。正因为当初范氏宗族无法周济孤儿寡母,范仲淹的母亲才被迫改嫁,而母亲改嫁、范仲淹自己改姓,又会受到世俗社会的偏见与歧视。因此,办义庄,可以说是缘于范仲淹对维持宗族团结、家族兴旺的关注及"先忧后乐"的社会责任感,同时也是与他终生追求儒家"大同之世"的政治理想有关。

景范中学(范义庄原址)

义庄创办之初,义田岁入稻谷约 800 斛,供养范氏族人贫困者达 90 余口。继范仲淹之后,范纯仁等又在苏州天平山附近为范氏义庄添置了义田 1 000 亩,岁入稻谷增至 2 000 斛。如此大规模的义田使得依靠义庄赡养的范氏族人在生活上有了比较稳定可靠的保障。南宋理宗嘉熙四年（1240年），朝廷给范氏义庄豁免了部分田赋，使范氏义庄在歉收之年也能维持族人的生计。

但范氏义庄在运营过程中也经常遇到困难和干扰。从范纯仁等的《续定义庄规矩》可知，即使在义庄开办初始，已需要上奏给当时的皇帝宋英宗，请求支持。宋英宗准奏后，还下令苏州地方官予以备案，防止和惩处损害义庄利益的行为。南宋庆元年间（1195—1200年），苏州城内的义庄、义宅、义学多毁于兵燹，义庄还陷入了“颛利废约，渔入蠹出，岁计大乏，邦族愤叹”的局面（孙应时《范氏义庄题名》），范仲淹第五世孙范良器“独奋然请于官，至闻于朝，为尽逐僦者，以宅还范，则出私钱筑垣百有八十寻，大起岁寒堂，峙廪其旁，且为列屋芘其族之无贫者焉。于是义庄岿然复兴”（孙应时《范氏义庄题名》）。这时义庄的供养人口已达450人。

到元代时，地方官对范氏义田除收纳正常田税外，又欲增收其他杂税，经义庄提管范士贵向朝廷陈告，才“一切差役科折，并行蠲免”。范士贵任义庄提管有38年之久，在他的努力下，义庄义学又有了很大发展。

明代时，朝廷对义庄实行重赋，加之范氏义庄内家族人口倍增，义庄族人的生活又趋于贫困，特别从明代中叶起，土豪恃势侵占义田，族人罔顾“规矩”耕种义庄田地（为了不缴租米）等现象也多了起来。宣德五年（1430年），周忱巡抚苏松，他在整理赋税的同时，与苏州知府况锺一起对范氏义庄进行整顿，清理田亩，置立文簿，重申和严格执行“规矩”。但不久，义庄又面临困境，义田多被侵没，田房多被盗卖，经过范仲淹十六世孙范惟一（曾任浙江按察提学副使）、十七世孙范允临（官至福建参议）的努力经营（范允临先后两次出巨资购田千亩，以助义庄），义庄才得以复生、发展。

清代，范仲淹第二十世孙范弥勋又向义庄捐田1 000余亩，据《范氏家乘》，到清嘉庆二十年（1815年）范氏义庄拥有的义田多达4 892亩。康熙、雍正、乾隆三代，由于范氏义庄在赋税方面获得不少优惠甚至蠲免（如雍正帝时，江南的人丁、匠班两项钱粮均摊入田亩计征，但义庄义田一概免征），而且又增加了义田，义庄收入骤增，再加上朝廷的支持和嘉勉，范氏义庄进入最为昌盛、最有名声的时期。

范仲淹品德高尚，在当时就被公认为“第一流人品”。他创办的义庄更是影响巨大，各地敬慕者纷纷仿效，苏州一带建义庄更是成风。明万历年间（1573—1620年），内阁首辅申时行与其子申用懋在苏州建申氏义庄，置田1 100余亩，其他宗族办义庄散见于记载的，苏州吴县有吴子良、陈仁锡，吴江县有沈琉、沈赞、沈德仁，常熟县有王锦、严氏，松江县有吴炯、宋贤，无锡县有吴情、华云等。

清代从康熙帝开始，对设置义庄予以正式旌表与鼓励，并从法律上予以保障，这些措施对义庄的发展更是起到了推波助澜的作用。据民国《吴县志》记载，清末苏州府所属吴、长洲、元和三县，有义庄62个，其中建于清代的有55个，三县拥有义田的总面积竟达7万多亩。

清代的义庄与之前的义庄相比，有了一些新的特点。例如“记口授粮”这一原先范仲淹首创的简捷救济方法，已被带有较多限制条例的受恤规定所取代。清代之前置办义庄的多是大官僚、大家族，如范仲淹、张浚、徐溥、申时行等，他们都做过朝廷的宰辅，但清中叶起，乡绅、商人和一般中小地主（所谓“寒族”）也争办义庄，有的刚刚开始修理祠堂就打算设义庄了，其动机不外乎炫耀乡里、沽名钓誉，也有纯粹为了逃避或减少捐税的。在这种情势下，义庄的规模也进一步扩大，并显露出了兼并土地的性质。因为义田都是靠收买、搜求农民小块土地来积累，义田要达到较大规模，当然是靠兼并土地而得来。

当然，清代所办的义庄中也还是有出于义举而且运营非常成功的。比如苏州元和县潘氏是康熙时期从安徽歙县迁到苏州发展成的一个大家族，道光十一年（1831年）潘遵祁、潘希甫田1 004亩，设潘氏松鳞义庄，由于经营得法，义庄收入激增；道光十八年至三十六年（1838—1856年），义庄再置田993亩；同治九年至光绪二十九年（1870—1903年），又购田1 006亩。而这些新置义田，基本上是用义庄本身的收入添置的。潘氏家族的代表人物是潘世恩，著名的“状元宰相”，历事乾隆、嘉庆、道光、咸丰四朝，被称为“四朝元老”，他在潘氏家族中地位最高，任官时间最长。潘世恩的孙子就是在清光绪年间任军机大臣的潘祖荫。

潘世恩有两个侄儿，即潘遵祁、潘希甫弟兄，他们的父亲潘世璜、祖父潘奕隽先后逝世于道光九年（1829年）、道光十年（1830年）。潘遵祁、潘希甫根据祖父和父亲的遗命捐田1 000余亩，请叔父潘世恩出面建松鳞义庄。潘氏义庄始建于道光十一年（1831年），道光十七年（1837年）正式竣工，潘遵祁、潘希甫弟兄俩同

潘氏松鳞义庄

掌庄事，但规划皆由潘遵祁手定。松鳞义庄也有“规矩”，称“规条”，经多次订立，共计有80条，内容也无非是“族之人婚丧皆有助”，注重培养人才，对于族中能读书的子弟，延师助读，不能读书的，则帮助解决就业问题。对于读书有成的子弟，还给予奖助。

潘氏乐于赈灾救贫，似乎是有家族传统的。清光绪年间出版的《点石斋画报》中所刊潘氏施舍趣闻的图文为“孳孳为善”（已收入今人王稼句点校的《苏州旧闻》中），其文为：

> 昔吴中潘功甫大善士，每当冬令祁寒之际，躬携银米衣三项票券各若干纸，独行于小街僻巷之中，遇有无告穷民，酌给数票，俾向该铺自行取用，笃志为善，数十年如一日，至今谈轶事者犹津津乐道之，其遗爱之在人，固未尝忘也。
>
> 近者伯寅亦存是心，悯穷黎之失所，慨然思修复先人旧德，于去年冬间，在京师米市胡同府第施放棉衣银米，远近闻风扶老携幼争来领票者，攘攘熙熙，络绎不绝。无不歌功颂德，永矢弗喧。闻所费至万余金，可谓巨矣。
>
> 夫司空文章事业，彪炳一时，论者皆谓其祖德流长，故能臻此，而不知其好善不怠，后先济美。於戏，潘氏之福，其未有艾欤！

潘功甫即潘世恩的长子潘曾沂，嘉庆二十一年（1816年）举人，历内阁中书、国史馆分校等。后弃官退隐苏州20多年，虽不出户，却有利济民物之心，而且多见诸行动，所以被称为“大善士”。他对江南尤其苏州一带赋税之重以及农民失去土地所有权而造成的贫困，有深切感受，曾经说过：“田制之坏，与赋之重，莫甚于吴。”他救济贫困的方法非常独特：散发银票、米票、衣票，让走投无路的穷民到指定地点“自行取用”，而且是“数十年如一日”。近年来，苏州不少社区也设有“爱心超市”，让特困人群凭票到“爱心超市”自行挑选相应面值的生活用品，可谓是异曲同工。

上述引文中提及的伯寅，就是潘世恩之孙潘祖荫，伯寅是他的号。潘祖荫于道光十年(1830 年)出生于北京米市胡同，咸丰二年(1852 年)高中探花，授翰林院编修，光绪年间累官至刑部尚书、军机大臣。他勤于政务，为人谦恭，但秉性直爽，任贤爱才，曾三次鼎力保荐左宗棠，使左宗棠得以发挥才智，为“同治中兴”作出了莫大的贡献。潘祖荫十分体恤民情，时常为民请命。同治二年(1863 年)曾上疏请允减免江苏赋税；在遭遇水涝灾害时，他亲书“告灾乞赈”文书，据说有上千封之多，并想尽办法，力求做到“饥者给食，寒者授衣”。他自己最后也是因赈灾积劳成疾，一病不起。《点石斋画报》中介绍的潘祖荫学习伯父潘曾沂施舍方法，发放银、米、衣三票等事，是作为“趣闻”刊登的，也是作为“新闻”刊登的，这从另一个方面证实，后来潘遵祁、潘希甫置办义庄，与潘氏“孳孳为善”的家风有关。当然，毫无疑问，作为望族，“贵潘”在赈灾、办义庄等善举中，本身也获益匪浅。用今天的话来讲，除了经济效益外，其“社会效益”也是非同一般，苏州民间至今仍喜谈“潘家故事”，就是一个明证。

值得注意的是，由于“义庄”和“义田”是宗族“公田”，与普通的地主家产不同，所以即使受到天灾人祸或战乱的冲击，之后却比较容易清理和恢复，这就是“义庄”和“义田”比较不容易因动乱而“丢失”的优越性。例如：苏州人宋宗元(即乾隆年间在力卷堂废址上修建网师园者)，先以 1 400 亩土地置办义庄，后来为了给子孙分家，只留下 400 亩做义田。宋宗元去世后五六年，其子孙因打官司把家

山塘街鲍传德庄祠

产田地都卖光了，而那四百亩义田还保存着。康熙、雍正时苏州有个叫孙璜的，就总结过义庄的好处是“一以行惠，一以保家”（沈德潜《文学孙古愚传》），可谓名利双收。这种既能使主持者获得“慈善家”名誉，又能保家族长远利益的办法，毫无疑问会受到各类地主的欢迎，也进一步掀起了江南地主设置义庄的热潮。

义庄是封建社会内部自动调节的发生器，它像一个扩大了的家庭或缩小了的社会，以温情脉脉的血缘关系和“乐善好施”的面貌特征，通过顾恤同宗的手段来缓和与消解对立，一定程度上纾缓了一方土地上的民生，也能帮助国家权力机构尽到安抚和保育民众的责任，为一部分人解决了衣食住行和其他生活供给不足的矛盾。在旧时乡学极其缺乏而一般人家又无力延师施教的条件下，大家族所办的义塾又使失学的族人子弟得到了受教育的机会。所以说义庄和义学在当时社会非常具有正面意义。

对处在社会上层的“缙绅”或望族代表人物而言，将部分私有财产包括土地置换成义田，化为家族的公共财产，一方面可以在家族宗法的外衣下继续长期占有土地，另一方面以他们的部分收入顾恤笼络族人，也缓和了族内矛盾，提高了宗族内部的凝聚力以及整个家族在社会上的影响和地位。到了明清时期，江南的宗祠、宗法因种种原因，遭到了一定程度的冷遇；而这一带的民众又热衷于崇信其他神灵，这时候，义庄维护宗法制度的作用就越加突出了。雍正时，有一个叫陈祖范的人就尖锐指出：苏州人“颇忽于祭先祖，恪于祭外神”（光绪《常昭合志稿》卷六）。乾隆时的沈德潜也说过：“吴中富厚之家惟是美居室，饰车马，饮食相征逐，于尊祖敬宗之事略焉不讲”（沈德潜《张氏祭田记》）。这都真实地反映了明清时期的江南由于经济比较发达、思想比较活跃而导致的宗族制度式微的状态。其实就当时的情势而言，无论是国家也好、宗族也好，都需要维护宗族制度，兴修祠堂，举办义塾，整顿族规家范，义庄显然可以就起到挽救和维护宗族制度的作用。

清雍正帝在阐述康熙《圣谕十六条》时，就鼓吹“立家庙以荐烝尝，设家塾以课子弟，置义庄以赡贫乏，修族谱以联疏远”（雍正帝《圣谕广州 · 笃宗族以昭雍穆》）；乾隆帝于十六年（1751 年）南巡到苏州时，曾亲自去范仲淹祠堂查看，并赐其园名“高义”，还赏赐范氏后裔以貂币，他们这么做也正是看到了义庄在维护族权方面对于整个封建政权长治久安的辅助作用。清朝统治者不仅一般地承认包括义庄在内的公田的不可侵犯性，甚至还用祠产“不入官”的措施对之给予特殊照顾。嘉庆四年（1799 年），嘉庆帝下令查抄已故湖广总督毕沅的家产，

天平山高义园牌坊

罪名是毕沅属和（珅）党羽，而且克扣军粮，但是对于毕沅在苏州的灵岩山馆，就因为它是家庙，因此在抄家时“以营兆地，例不入官”，予以保留。

旧时王谢堂前燕：书香门第

尽管动荡不安常常困扰着旧时的中国社会，也影响着中国文化的发展，但构成中国传统社会基石的、以血缘纽带联系起来的家族，始终非常稳固。要说有变化，也只是表现在一个旧家族的灭亡和随之而来的一个新家族的诞生，家族的这种“吐故纳新”使家族制度长盛不衰。经济基础与家族制度的稳固，使上层士族人物对学术文化日渐形成垄断，文化在时间上的流变和空间上的差异，一般都局限在掌握经济命脉的上层士族人物身上。其中，以贵族文化、地主文化为特色的诗文书画技艺，更是掌握在世家大族这些上层人士手中。

门第（张缪波摄）

这些世家大族一般都有众多的人口和较高的社会声望，早先的还有庞大的庄园，甚至还有以保护宗族为核心的武装力量。他们普遍重视族中子弟的文化教育和道德教育，经年累月下来便使家族形成相当的文化优势，从而更有利于家族的发达兴旺。成功经营的世家大族几乎每代都有长于文事的人才，他们相对寒族子弟更能轻松地掌握和运用权力，因而在本家族中具有较强的感召力、凝聚力。

在世袭望族形成的中古时期，即三国两晋南北朝时期，吴地文化（这里主要指吴地的文学艺术）主要通过重视文化的几大家族，即陆氏、张氏、顾氏等家族的文化来体现。唐宋以降，科举制度使文化的流变和发展加快，名门望族对文化的取舍开始出现分化，其中部分世家大族对最具有中国特性的诗文书画文化，一如既往甚至变本加厉地表现出十分浓

厚的兴致，他们对以精致、内趋为主要特征的诗、书、画艺术简直达到了“情有独钟”的程度，经过基本的滋养，最终形成了颇具吴地特色的“书香门第”，其中最有代表性的有：明代以文徵明为首的文氏家族，明末清初的昆山归氏家族，清代的大阜潘氏，晚清民初的吴氏。

中古时期的文艺世家

三国两晋南北朝时期，局势动荡，民生凋敝，吴地即苏州的望族所处环境相对优越安定，他们对于文化的掌握和传承也就比较地有序。从某种意义上讲，这些望族，在当时便是文化特别是文学艺术的重镇或堡垒，呈现出明显的家族群落的特征。由于他们具有相当高的政治和社会地位，又有较高的文化水准和较强的文化传播能力，于是自觉或不自觉地成了文化的“保护神”和“代言人”，文学之士即文人作家也就比较集中地诞生在这些望族之中。吴郡四大家族，除朱氏一脉远离文学以外，其他三家即陆氏、张氏、顾氏，可谓文人辈出。

其中，陆氏家族的著名文人有陆机、陆云、陆慧晓、陆厥、陆倕、陆罩、陆山才、陆玠、陆琼、陆瑜、陆凯、陆景、陆法真、陆澄、陆杲、陆煦、陆云公、陆琰、陆琛等。

张氏家族有张温、张儁、张翰、张嵊、张俨、张凭、张演、张畅、张永、张悦、张融、张率、张种等。

顾氏家族有顾荣、顾和、顾谭、顾宪之、顾越、顾恺之、顾欢、顾秘、顾野王等。

在孙吴时期就非常显赫的吴郡陆氏，本来是以武功知名的。《后汉书·陆康传》载陆康（陆逊的从祖）颇有军事才能：“会庐江贼黄穰等与江夏蛮连结十余万人，攻没四县，拜康庐江太守。康申明赏罚，击破穰等，余党悉降。帝嘉其功，拜康孙尚为郎中。献帝即位，天下大乱，康蒙险遣孝廉计吏奉贡朝廷，诏书策劳，加忠义将军，秩中二千石。”（《后汉书》卷六十一）后来，陆逊、陆抗父子相继担任吴国的军政要职，又建立了很大的勋业。陆抗之后，其子分别领兵，《三国志》卷五十八载：“（抗）卒，子晏嗣。晏及弟景、玄、机、云，分领抗兵。”陆机、陆云兄弟在吴亡入晋后，仍被成都王司马颖委以军事重任。

像陆康、陆逊等陆氏家族中的头面人物，虽以军事著称，但他们同时也有很高的文化修养，即所谓“虽有军事，著述不废”。陆康的儿子陆绩，至死都以“幼敦诗书”傲人。据《隋书·经籍志》载,陆逊的族子陆凯有文集五卷留世。在成为强宗大族后,陆氏家族更是有意识地加强族人的文化修养,陆逊就说过这样的话:“子弟苟有才,不忧不用,不宜私出以要荣利;若其不佳,终为取祸。”(《三国志·陆逊传》)陆抗的几个儿子中,次子陆景虽官拜“偏将军”,担任的是武官职,却“著书数十篇”(《三国志·陆逊传》)。四子陆机、五子陆云在吴国灭亡后退居故里吴郡华亭(今属上海),修文习艺,终于成为中国文学史上一流的文学家。特别值得一提的是陆机,他的才华是多方面的,而且非常杰出,完全可以载入中国历代名人典册之中。

陆机(261—303 年),字士衡,曾任平原内史,世称“陆平原”。他和弟弟陆云一样都很有文才,时人将这兄弟二人并称为“二陆”,又称“机云”,《文心雕龙·时序》称“机云标二俊之采”。

父亲陆抗去世时,陆机才 14 岁,就在这一年他荫袭牙门将。20 岁时,吴国灭亡,他与弟弟陆云退居旧里华亭,闭门勤读达十年之久。

晋太康十年(289 年),陆机与陆云、同乡顾荣被征召来到洛阳,受到司空张华的赏识和器重,不久陆机便名声大噪,先后为祭酒、太子洗马、郎中令、著作郎。永康二年(301 年),赵王司马伦阴谋篡位,任命陆机为中书郎。赵王伦失败后,陆机被收付廷尉,幸而得到成都王司马颖、吴王司马晏等的倾力相救,才免于一死。后入成都王幕,参大将军军事,又为平原内史。太安二年(303年),司马颖举兵伐长沙王司马乂,以陆机为前将军前锋都督,授平原内史,可惜这次征战却遭遇了失败,陆机被谗言构陷,为司马颖所杀。陆机遇害时,年仅 43 岁。

陆机像

陆机在当时就是一位大名人,《世说新语》中记录他的遗闻轶事不下十条。

例如在《世说新语》的“言语”卷中有这么一段记载:

陆机诣王武子,武子前置数斛羊酪,指

以示陆曰:“卿江东何以敌此?”陆云:“有千里莼羹,但未下盐豉耳!”

王武子是谁?他是为司马氏灭吴建过大功的西晋著名将军王浑的儿子,名济,武子是他的字。作为中原贵族子弟,王武子很有些歪才,名望又大,而且嘴巴也从不饶人。有一次晋武帝想煞煞王武子的威风,不料结果反被王武子羞辱了一顿。王武子生活上也很奢侈,他家用于蒸吃的小猪是用人乳喂养的。设宴招待客人时,单单来往托盘递菜的使女就有百把人,而且个个身着绫罗绸缎。王武子是当时大臣和峤的妻舅,因此他与和峤也算是至亲了。和峤家有良种李树,结了好多李子,王武子问他讨些吃,和峤便给了他几十颗。王武子嫌少,就趁和峤去上朝值班时,带着一帮喜欢吃李子的伙伴,拿着斧子到和峤的果园里,把李子摘下尽情享用,吃饱后再把李树砍掉,又给和峤送去一车李树枝,并问和峤道:“这树枝比你家的李树差不差?”和峤知道自己的妻舅是个难缠的主儿,收下树枝后,只是一笑罢了。

以王武子这样的个性,他当然看不起当时诸事都还落后于中原的江南人。所以当陆机慕名拜访王武子时,王武子跟前正好摆着几斛羊奶酪,王就指着羊奶酪问陆机道:“你们江南有什么名菜能和这个相比呢?”面对如此骄横的主人,陆机给了个软钉子作答:“我们那里有千里湖出产的莼菜汤可以与之比美,只是还没有放盐豉呢!”言下之意,如果放入盐豉,羊酪就更比不上了。

陆机对故乡很有感情,常以自己是吴人而自豪,也很注意维护家乡的声誉。当时身居要职的名人张华见到吴地来的褚陶后,对陆机说:“你兄弟俩(指陆机、陆云)像是天河上腾跃的飞龙,而顾彦先(指吴国灭亡后,同陆机兄弟同去洛阳的顾荣,他曾任吴国黄门侍郎,也是一位很有才华的名士)像迎着朝阳鸣叫的凤凰,我以为东南人才已经全在这里了,想不到又见到褚生这样的人!”陆机说:“这是因为您没有看见过不鸣不跃的人才罢了!”(原文见《世说新语·赏誉》)言下之意,吴地未被挖掘的人才多着呢!

陆机兄弟俩还相当善于发现人才、爱惜人才。义兴(今江苏宜兴)人周处年轻时凶强侠气,常为祸乡里,被陆云一番教育和启发后,自新做人,终于成就了大事业。(见《世说新语·自新》)

陆机“调教”戴渊的故事则更有喜剧色彩。当时有个叫戴渊的,是个任侠使气的人,曾在江淮一带干着“绿林好汉”的勾当。一次,陆机度假后乘船回洛阳,所带行李很多，被戴渊盯上了，戴指使一班年轻人上前抢劫，自己则坐在岸边胡床上指挥。陆机在船上见戴指挥有序，不禁感叹戴是个人才，可惜却不走正道，于是就遥对戴渊好声好语地劝道："你有这样的才能，还怕没有用处？干吗要做强盗营生呢？"戴渊闻言深受感动，便扔掉剑投降了。陆机与戴渊一番交谈后，发现他的谈吐果然非同一般，就越加看重，并和他结为朋友，还不避嫌疑地写信推荐他。戴渊后来官至征西将军。（见《世说新语·自新》）

陆机对家乡怀有一种刻骨的思念情怀。后来遭人陷害，临刑时，别无他语，只是叹息道："欲闻华亭鹤唳，可复得乎？"（见《世说新语·尤悔》）陆机的老家是吴郡华亭（今属上海市），当地产鹤。陆机临刑前用"想再听听华亭的鹤鸣，能做到吗？"来表示对故土的怀念和对生平的感慨——应当说他的感慨远不止是懊悔进入仕途。"华亭鹤唳"因而也成了一个著名的文学典故。与陆机相类似的典故还曾经发生在秦朝丞相李斯的身上。秦二世听信赵高的谗言要诛杀李斯，李斯临刑时对一起受刑的儿子说道："吾欲与若复牵黄犬，俱出上蔡东门逐狡兔，岂可得乎？"（上蔡是李斯的老家）意思是说："我和你还能再有牵犬猎兔的日子吗？"同样是感慨生平，懊悔莫及，李斯与陆机的心境自不相同。一思猎兔，一思鹤唳，一为刚劲浩叹，一为婉约哀怨；一是政客的惋惜之语，一是文人的悱恻之思。两相比较，"华亭鹤唳"的文学意味浓一点，也更能引发后人的同情。

在汉语中，还有一个词组叫潘江陆海。潘指晋代的另一个文学家潘岳，"潘江陆海"就是说潘岳的才华如江水，而陆机更是才大如海。王勃《滕王阁序》末云："请洒潘江，各倾陆海云尔。"用的就是这个典故。作为名人，陆机的才华是多方面的，他在史学、艺术方面也多有建树。在史学上，著有《晋纪》《要览》《吴书》《洛阳记》等，但都已散佚。据唐张彦远《历代名画记》记载，陆机还著有画论。

当然，陆机一生中最大的成就还是在文学方面，他的创作力旺盛，诗、赋、文成就都非常高，被公认为西晋文学第一人。他在少年时就有"异才"，文章盖世，是西晋太康、元康间最具声誉的文学家，被后人誉为"太康之英"。就其创作实践而言，他的诗歌"才高词赡，举体华美"（钟嵘《诗品》），注重艺术形式技巧，代表了太康文学的主要倾向；就其文学理论而言，他 20 岁时写的《文赋》，是中国文学批评史上第一篇系统完整的文学论著，对后世的文学创作和理论发展产生了极为深远的影响。据《晋书》记载，陆机所作诗、赋、文共300多篇，存诗104首，其中录入《文选》的就有35首之多。陆机所作《吴趋行》是迄今为止我国古典诗歌中第一首直接描写苏州城的美好诗篇，诗中反映出陆机对家乡风物和历史的热爱，同时寄托了他追慕先贤和祖德的深情厚意。

陆机《平复帖》

陆机还擅长书法，他的《平复帖》（今藏北京故宫博物院）历经1 700年的沧桑，奇迹般地流传下来，成为我国现存名人书法中最古老的墨迹，被誉为天下法帖之祖。《平复帖》的最大艺术特色是斑驳古拙，取章草之精蕴，信笔纵横，成今草之自由。学者把它奉为章草向今草过渡的典范之作，堪称稀世奇珍。

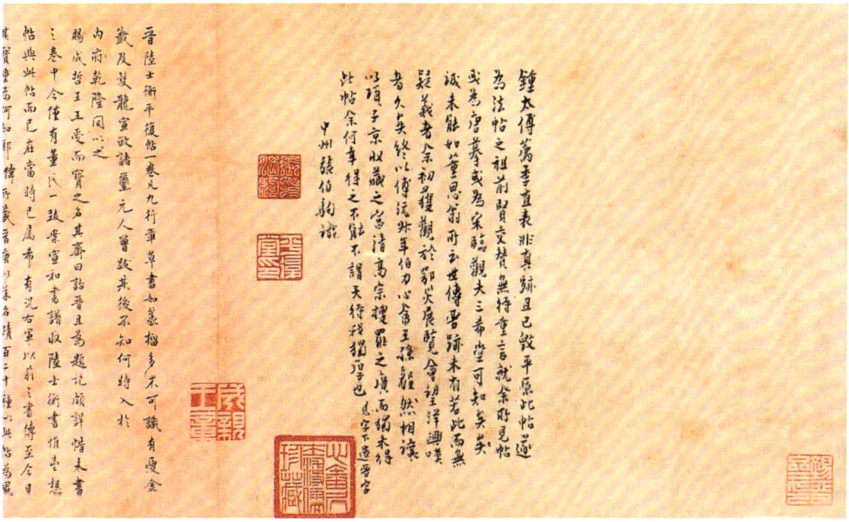

陆云《春节帖》

陆机之弟陆云也取得了很大的文学成就。和哥哥一样，陆云的文学成就也比较全面，诗、赋、文成就都很高，在文学理论上的贡献也很大。

东晋、刘宋时期，陆氏家族的文学成就相对地陷入低潮。齐梁之后，又进入一个新的高潮期。陆澄博学，被王俭称为“书橱”，曾撰地理书及杂传。陆慧晓则以写作赢得了齐高祖的赞赏。《南齐书·陆慧晓传》载：“太祖表禁奢侈，慧晓撰答诏草，为太祖所赏，引为太傅东阁祭酒。”陆慧晓的三个儿子“僚、任、倕并有美名，时人谓之三陆”（《南史》卷四十八）。“三陆”中以陆倕的文学成就最高，他是景陵八友之一。此外，陆杲及其弟陆照、子陆罩，还有陆云公父子几代，也都有一定的文学成就。

吴郡张氏也是很有成就的文学世家。《世说新语·赞誉》载“吴四姓旧目云：‘张文，朱武，陆忠，顾厚。’”可见吴郡张氏原本就是以文著称的江东世家。据《隋书·经籍志》载，三国时期的张俨、张温均有文集传世。张俨还撰有《默记》三卷，张温也撰有《三史略》二十九卷。三国之后，吴郡张氏保持了重视文化和文学的家风，涌现的文人作家有张儁、张翰、张勃、张嵊、张凭、张演、张畅、张永、张悦、张融、张率、张种等。张氏在西晋时出现的作家中，以张翰最为著名。

张翰，字季鹰，吴郡吴（今江苏苏州）人，约生于魏高贵乡公甘露三年（258年）。张翰的父亲张俨曾任吴国大鸿胪（主掌礼宾事务的官）。张翰博学有才，善于作文。他性格放纵不羁，时人比之阮籍（阮籍曾作步兵校尉，世称阮步兵），称张翰为“江东步兵”。《世说新语》有关他的记录有四条。例如，司空贺循赴京都洛阳担任“太孙舍人”之职，途经苏州阊门时，在船中弹琴。张翰原与贺循互不相识，此时正在金阊亭上，听见琴声清朗明澈，便下船寻访贺循，及至相互交谈，竟有一见如故之感。张翰问贺循：“您要往哪里去？”贺循回答：“去洛阳奉命。”张翰随即说道：“我也有事赴京（指洛阳），正好与您同路。”张翰便顺路搭船和贺循一同赴京。不过，他事先并未告知家人，待家里追寻起来，方知他已到了洛阳。（见《世说新语·任诞》）

晋惠帝在任时，齐王司马冏出任大司马，主持国政，张翰被辟为大司马东曹掾。司马冏独揽权柄，日益骄横，致使局势更加动荡。张翰本无求于世，见世道纷乱，早生归退之意。他曾对同乡顾荣说：“天下纷纷，祸难未已，夫有四海之名者，求退良难。吾本山林间人，无望于时。子善以明防前，以智虑后。”顾荣握住他的手，悲戚地说：“吾亦与子采南山蕨，饮三江水耳！”一日，张翰见秋风起，忽然思念起家乡吴中的菰菜、莼羹、鲈鱼来,于是懊悔地说:“人生贵适志,何能羁宦数千里以要名爵乎?”于是挂冠而去,命驾还乡。这一典故后来成为文人隐居的榜样。“莼鲈之思”也成了表达思乡之情的成语。不久,齐王司马冏发起叛乱,兵败后被杀,张翰得以幸免于难。由此观之,他的见秋风思鲈鱼,弃官还乡,其实是审时度势之后作出的明智之举。(见《世说新语·识鉴》)清代张廷式在《纯常子枝语》中评价这一历史故事道:

> 季鹰真可谓明智矣。当乱世,唯名为大忌。既有四海之名而不知退,则虽善于防虑,亦无益也。季鹰、彦先皆吴之大族。彦先知退,反而获免。季鹰则鸿飞冥冥,岂世所能测其深浅哉?

张翰非常孝顺,就在他归乡后不久,母亲便去世了。张翰心中极为哀伤,从此寓居于室,以享天年,约于晋元帝大兴二年(319年)病逝于家中,享年62岁。

张翰自小博学有逸才,善作诗赋,提笔立就。刘勰《文心雕龙·才略》中说:“季鹰辨切于短韵。”称赞他的小诗写得明辨而切实。张翰留下的诗中以《杂诗》三首较出名。其一云:“暮春和气应,白日照园林。青条若总翠,黄花散如金……”“黄花散如金”一句最受后人称赞,钟嵘《诗品》称赞此句是“虬龙片甲,凤凰一毛”。李白在《金陵送张十一再游东吴》诗中也赞道:“张翰黄花句,风流五百年。”

张翰见秋风起而挂冠归乡时,还写下《思吴江歌》一首:

> 秋风起兮佳景时,吴江水兮鲈鱼肥。
> 三千里兮家未归,恨难得兮仰天悲。

秋风飒飒,天高云淡,一派佳丽景色,遥念故乡,此时正是鲈鱼肥美的收获季节吧?诗人念及此处,不禁顿生乡关之思。后两句因“莼鲈之思”而引发心中的“恨”与“悲”。联系写作此诗时的政治处境和动荡局势,其所暗含的政治失望、避祸全身之意相当明显。辛弃疾《水龙吟·登建康赏心亭》词云:“休说鲈鱼堪脍,尽西风,季鹰归未?”可见张翰的“莼鲈之思”对后世文人的影响之深。

《晋书·张翰传》称“其文笔数十篇行于世”。张翰的名言如“人生贵适志,何能羁宦数千里以要名爵乎?”“使我有身后名,不如即时一杯酒”等,成为后世文人

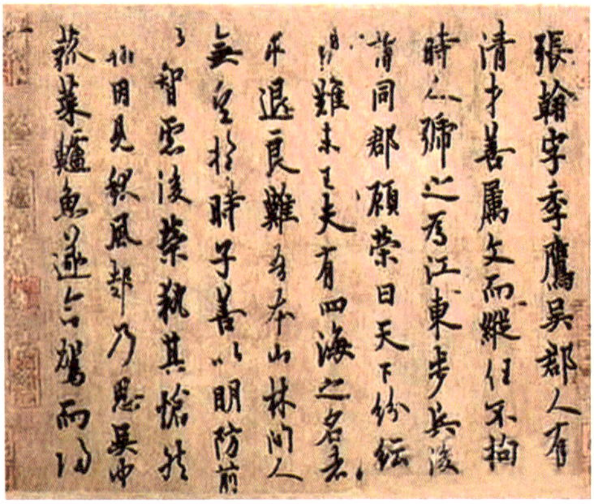

欧阳询《张翰帖》

时常咏叹的主题。

张翰的兄弟张勃著有《吴录》三十卷。张畅，陆机《荐畅表》称其“才思清敏”。张赡，陆云对他的评价是“言敷其藻”“篇章光觌”（《晋书·陆云传》）。张慥、张凭、张玄也都有文集。

同陆氏一样，张氏在东晋时也默默无闻（东晋文坛是侨姓世族的天下），至进入刘宋之后，吴郡张氏家族的文学成就迈上了一个新的高峰。《南齐书》总结南朝张氏家族曰：“张氏知名，前有敷、演、镜、畅，后有充、融、卷、稷。”（卷四十一）

在南朝的张氏子弟中，张融是文学成就最高者。钟嵘《诗品》对其评价为：“思光纡缓诞放，纵有乖文体，然亦捷疾丰饶，差不局促。”张融的代表作品是《海赋》，这是他乘船经由海路去交州的途中所作，《南齐书》本传评价《海赋》“文辞诡激，独与众异”。张融回到京城后，把这篇得意之作呈给镇军将军顾凯之，顾凯之提了一个美中不足之处：“你的这篇赋确实已经超出玄虚之上很多了，可惜的是你没有写到盐啊。”张融立即求笔给赋作注道：“‘漉沙构白，熬波出素。积雪中春，飞霜暑路’这四句已经足矣。”

张融最著名的故事则是他对自己后事的安排，他的临终遗言有着浓重的时代特色，体现了自南朝开始的儒道佛的调和：“三千买棺，无制新衾。左手执《孝经》《老子》，右手执小品《法华经》。”（《南齐书·张融传》）

对于文学创作，张融也有自己独特的见解。永明中，张融在《门律自序》中提出文章创作要师耳以心，追求卓异：“吾文章之体，多为世人所惊，汝可师耳以心，不可使耳为心师也。夫文岂有常体，但以有体为常，政当使常有其体。丈夫当删《诗》《书》，制礼乐，何至因循寄人篱下！”他对自己的文学成就亦非常自负：“吾文体英绝，变而屡奇，既不能远至汉魏，故无取嗟晋宋。”张融有文集数十卷行于世，其集名为《玉海》。

吴郡顾氏也是一个很有成就的文学世家。据孟繁治对见于史籍的顾氏人物梳理，吴郡顾氏有八支，加上与吴郡顾氏有血缘关系的晋陵无锡顾氏共有九支。其中文人作家有顾荣、顾和、顾谭、顾宪之、顾越、顾恺之、顾欢、顾祕、顾野王等。

三国两晋时期，吴郡顾氏的领袖人物是顾雍、顾荣父子。《隋书·经籍志》载顾荣有集五卷。顾荣的侄子顾和有集五卷。两晋时期文学上取得较大成就的是顾恺之。

顾恺之，字长康，小字虎头，生于东晋穆帝初或康帝年间，距今约 1 600 多年。他属吴郡顾氏在无锡的一支。顾恺之应当说是顾氏家族中最具成就的文人之一，他不仅是中国绘画史上最早的卓越理论家，也是中国绘画史上最早遗留有画迹的大画家，在中国绘画发展史上，顾恺之堪称是具有现实主义绘画精神的宗师。关于他的生平事迹，散见于《世说新语》《续晋阳秋》《文章录》《建康实录》《历代名画记》《宣和画谱》等，《晋书》中有传，被人称为“才绝、画绝、痴绝”。

顾恺之的“才绝”，主要表现在聪颖博学、擅长文辞上。他的文集虽已失传，但部分精彩篇章仍多为后人传诵，留传到今的，尚有《虎丘山序》《凤赋》《冰赋》《观涛赋》《笔赋》《水赞》等。特别是他的诗，钟嵘《诗品》将之列为中品，评价颇高，我们现在熟悉的如“春水满四泽，夏云多奇峰，秋月扬明辉，冬岭秀孤松”（《四时诗》），就是顾的诗作。

顾恺之对书法也很有研究。中国的书法，自汉代蔡邕、三国钟繇之后，已成为与绘画并立的艺术门类，广为人们所重视，至两晋时，尤其相沿成风，书家辈出。当时与王羲之、王献之齐名的书法家羊欣，就常与顾恺之讨论书法。

顾恺之的才华，在当时就有很高的知名度。大将军桓温修筑的江陵城（今湖北荆州）非常壮丽，完工后，桓温召集宾客出汉江渡口远赏城景，并悬赏能恰当品评城景者。顾也在客人之列，此时他正在座上，就开口道：“遥望层城，丹楼如霞”，桓温听了非常满意，当即就赏给他两位婢女。（见《世说新语·言语》）顾恺之对会稽山川之美的评语，还成了经典的文学语言，《世说新语·言语》有载：

顾长康从会稽还，人问山川之美，顾云：“千岩竞秀，万壑争流，草木蒙笼其上，若云兴霞蔚。”

《列女仁智图》(顾恺之画作)

顾恺之的“痴绝”,主要表现在他好诙谐、率真通脱、痴黠、好矜夸等方面。《世说新语》中记录了多个例子。但有些事例在今天看来,其实正是顾恺之的聪明处,是“假痴不癫”,装糊涂,顾恺之因之而免去了不少麻烦。顾曾任桓温的参军,并很受桓温的器重。桓温在当时威权过重,颇遭时议,名声欠佳。桓温死后,顾恺之拜谒桓温的陵墓时作诗说:“山崩溟海竭,鱼鸟将何依!”有人问:“你过去倚重桓温才会这样讲,你痛哭桓温的情状难道还可以描写吗?”顾答道:“鼻息像旷野生风,眼泪像瀑布倾泻(鼻如广漠长风,眼如悬河决溜)”,又说是“声如震雷破山,泪如倾河注海”。(见《世说新语·言语》)他答得有些诙谐,甚至“玩世不恭”,那些想责问他阿私附好的人自然也不便作难了。所以《晋书》中说他“好谐谑,人多爱狎之”。即使是一桩生活小事,从顾口中说出,就有些率真通脱的味道,如他吃甘蔗时总是从尾端咬起,人家问其缘故,他就答道:“渐至佳境。”(见《世说新语·排调》)这种回答,当然能引起大家会心的笑声。

桓温的庶子桓玄,自负才华,拥兵自重,权倾内外(后因反叛被诛),生性贪婪,嗜好书画,恨不得将天下所有的名书画全括入囊中。有一次他将顾恺之橱中藏的自己认为画得最好的画卷偷去了,又将顾原先贴上的封条重行贴好。顾见“封题如初”,而画已不存,就喃喃自语道:“妙画通灵,变化而去,如人之登仙。”

（见《续晋阳秋》）其实顾哪里会不知画已被人偷去？之所以说是“好画通灵，变化而去”，显然是装呆，因为若要寻根究底的话（顾的这只柜橱原是寄藏在桓玄处的），桓玄会很尴尬，甚至会恼羞成怒，这对顾恺之就不利了。所以桓温早先就说顾恺之是“痴黠各半”，有的地方是痴，有的地方是黠。《晋书》本传中还有这样的记载，说顾颇信小术，以为求之必得。桓玄曾经采了一片柳树叶子送给顾，骗他道：“这就是蝉借以隐身的‘翳叶’，遮住自己，人家就看不见了。”顾恺之很高兴，把柳叶当宝贝一样藏了起来。一次他手持叶子“引以自蔽”，桓玄故意对着顾的身子撒了一泡尿，顾恺之还以为桓玄确实没有发现他，所以才撒尿。桓玄为什么要骗顾，史无记载，但桓玄是准备谋反的，或许他是借以试探一下顾是否是真痴，是否可引为心腹，而顾在这桩事上的表现显然是“黠”，并不是真的是傻帽，而是为了巧妙地保护自己。桓温是识人的，他当日对顾的器重，是建筑在对顾深刻了解的基础上的。

至于“画绝”，这更是顾的“看家本领”，诸书中多有记载。《世说新语·巧艺》中的相关条目有多款，比如引载了太傅谢安的话：“顾长康画，有苍生来所无。”就是说，顾恺之的画，是自有人类以来所没有的，这样的评价不可谓不高。又如介绍顾恺之画人强调“传神”的一则：

> 顾长康画人，或数年不点目精（睛）。人问其故，顾曰：“四体妍媸，本无关于妙处；传神写照，正在阿堵中。”

这是说，画人像要靠眼睛传神，从顾恺之时代算起，“传神”作为一个汉语词汇，生命力已长达1 600多年，而且看来还会不断沿用下去，也算是顾的一个贡献吧。

就绘画传授而言，据《历代名画记》，后来活跃于宋明帝时的苏州名画家陆探微就是顾恺之的得意门生；而唐朝一代高手吴道子早年也时常临摹顾画而能得其位置笔意。中国画中的“白描”有两种技法，赵松雪出于李龙眠，李龙眠则出于顾恺之，这就是所谓的“铁线描”。虽然吴道子后来创兰叶描并自成系统，但他中年所用莼菜条的描法，也是从顾恺之铁线描中变化而来的。

梁陈时期的顾野王，则是吴地顾氏家族中文学成就最高者，他多才多艺，知识

顾恺之《洛神赋》(局部)

渊博,在中国文学史、绘画史上有一定地位。《陈书》(卷二十六、三十)、《南史》(卷六十九)中对之都有所记载。

顾野王,字休论,又字希冯。自幼好学,7岁读《五经》,略知大旨,9岁能写文章,长而遍观经史,精记默识,天文地理、蓍龟占候、虫篆奇字,无所不通。梁大同四年(538年)为梁太学博士,迁中领军临贺王府记室参军。当时宣成王为扬州刺史,顾野王及王褒并为宾客,宣成王甚爱其才。顾野王又好丹青,善图写,宣成王令他画古贤,命王褒书赞,时人称为二绝。

侯景之乱时,顾野王丁父忧,回归吴郡,招募乡党数百人,随义军支援京邑。他体质一向清羸,居丧期间又过于哀痛,瘦弱得殆不胜衣;但当他杖戈被甲,陈君臣之义、逆顺之理,抗辞作色时,却精神奕奕,见过他的人没有不觉得他形象高大的。平息侯景之乱之后,太尉王僧辩非常欣赏顾野王,便派他到海盐县任职。陈朝时顾野王多次迁转,太建二年(570年),迁国子博士兼东宫管记。太建六年,除太子率更令,后领大著作,掌国史,知梁史事,兼东宫通事舍人。当时他的同僚有江聪、陆琼等,都以才学显著。后顾野王官至黄门侍郎、光禄卿。

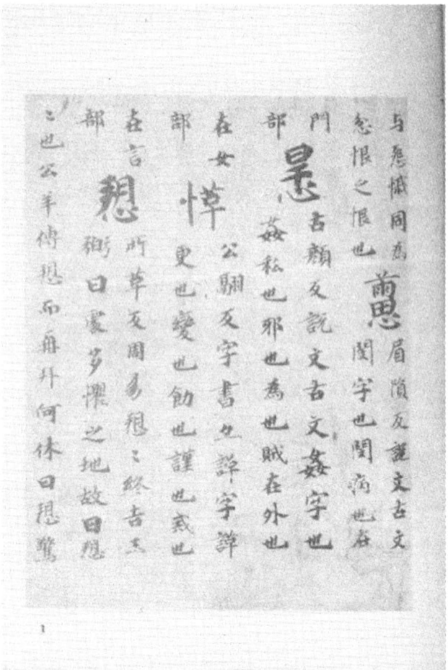

顾野王《玉篇》残卷

顾野王非常关注汉字与社会发展

的内在关联，曾搜罗和考证古今文字的形体并训诂，著《玉篇》三十卷，梁大同九年（543年）成书。《玉篇》体例仿《说文解字》，部目稍有增删，分542部，收字16 917个，每字下先注反切，再引群书训诂，解说颇详；对字形则注重考证篆隶的变迁。《玉篇》也是我国现存最早的一部楷书字典。顾野王版本的《玉篇》在消失多年后，前两年在日本露面。据说日本已将唐代《玉篇》的抄本定为国宝。顾又著《舆地志》三十卷、《符瑞图》十卷、《顾氏谱传》十卷、《分野枢要》一卷、《续洞冥纪》一卷、《玄象表》一卷，并行于世。另有文集二十卷。

苏州光福镇光福寺和塔山，为顾野王的家宅与家山，当年顾野王曾在此绘画、著书，今有遗迹墨泉，又称墨沼、沈砚池，所谓"沼水墨色，如出污渠中"。梁大同中在光福建寺及舍利塔七层，民间有顾野王舍宅为寺的传说，旧时寺中有顾野王祠。

顾野王墓在苏州城西横塘石湖下舟（周）村，即上方山楞伽寺塔南偏东的位置，现已划入苏州职业技术大学校园内，为江苏省文物保护单位。墓冢占地约50平方米，封土高约2米，直径约10米。明高启《顾野王墓》诗曰：

顾野王墓

南朝旧碑倒，墓近樵苏道。
应与读书堆，离离总秋草。

墓前有清钱大昕篆书"陈黄门侍郎顾公之墓"石碣。碣旁有巨石斜倚，长约6米，相传是块陨石，因此当地村民称顾野王墓为"落星坟"，很是珍惜。据《吴门表隐》称，该墓地"从无人侵一草一木"，有谚语云："宁可赤脚奔，莫踏顾公坟。"

从上述可见，中古时期吴地文人文学作品高度集中于陆、张、顾三大世族。因为他们的教育条件和教育要求高于一般家族，家声与文声互相抬高，成就了三大文学家族的辉煌业绩。起初与这三大家族并称的吴郡朱氏，由于一直保持着尚武的特点，基本没有文人作家，文化能力相对落后，整个家族也就较早地衰落了。

明代的文氏家族

有明一代，闪耀于苏州乃至全国文坛的文氏家族，在中国文化史上具有独特的意义。这个家族，英才联翩，对中国文化（诸如文学、书画艺术、园林艺术）贡献甚大，但这个家族，不是以个体明星彪炳于文化史，而是以“集团军”的形式叱咤风云，推动着中国文化的发展。

当然，每个大家族内都会有德高望重的代表人物作为号召，文氏家族的代表人物就是文徵明。

关于文徵明，世人已谈得实在太多，今人王稼句在《吴门四家》（古吴轩出版社2004年2月出版）相关章节中对文氏所作的介绍与分析，堪谓深中肯綮。

文徵明（1470—1559年），名璧，字徵明，以字行，改字徵仲，号衡山，长洲（今江苏苏州）人。他是继吴宽、王鏊、沈周之后领袖苏州文坛、主持风雅长达几十年的宗师。

文徵明像

文徵明的父亲文林是成化八年（1472年）进士，历知永嘉、博平县，迁南京太仆寺丞。弘治十年（1497年）任温州知府，弘治十二年（1499年）卒于任上，时年55岁。文林生前与苏州名绅沈周、吴宽、王鏊等友善，时有诗酒往还，所以文徵明后来与沈、吴、王等人的友谊就带有了“世交”的性质。

文徵明生于长洲县德庆桥西北的曹家巷（今苏州市中街路曹家巷），那一年父亲文林、母亲祁氏均为26岁，叔父文森9岁、文彬3岁，兄文奎2岁。

文徵明幼小时并不聪明，“八九岁语犹不甚了了”（王世贞《文先生传》），但父亲文林对他极有信心，认为他大器晚成，并充满希望地培养他。成化二十一年

(1485年),文徵明与唐寅、都穆订交,文与唐同龄,都穆则长他11岁,文向都穆学习做诗。弘治元年(1488年),19岁的文徵明作为长洲诸生参加岁试,因字写得不好,被置于三等,这次打击激发起了文徵明刻意临摹、精研书法的雄心,于是他又随沈周学画,跟吴宽学古文法,从李应祯学书,王鏊、史鉴、祝允明、杨循吉等都折辈行与他结交。此外,与文徵明为友、时有唱和的还有蔡羽、吴爟、顾璘、徐祯卿、钱同爱、张灵等一二十位文人学子。

成年后的文徵明虽然已有相当名声,但从弘治八年(1495年)起至嘉靖元年(1522年)这27年里,他九次赴顺天(今南京)乡试都未考中,而他少年时的朋友唐寅于弘治十一年(1498年)参加乡试就中了第一名(解元),弘治十二年(1499年)都穆更是中了进士。尽管父亲文林在唐寅中举后还写信安慰文徵明"子畏之才宜发解,然其人轻浮,恐终无成,吾儿他日远到,非所及也",并对儿子的前程作了充分乐观的估计,但在以后的二十多年里,文徵明又七试不中,在科场屡屡失意的打击下,文徵明大病一场。嘉靖三年(1524年),54岁的文徵明由工部尚书李充嗣推荐,至京授翰林院待诏,这是个官阶仅为"从九品"的职务,主要工作是缮写校对章疏文书。身居官僚下层的文徵明尝尽了人情冷暖,也目睹了宦途的险恶。嘉靖五年(1526年)文徵明终于辞职回乡,那一年,他才58岁。文徵明满打满算也就做了三年的从九品官,但在"官本位"的社会里,总比"白身"要风光得多,所以后人多尊称文徵明为文待诏,尽管这个"待诏"还真有点"未入流"。

文徵明回到苏州曹家巷"停云馆",又在舍东筑室,名"玉馨山房",原本就小有园亭之胜的停云馆更多了一份雅致。

文徵明名望日隆,四方来向他求诗文书画者络绎不绝,他也兴之所至,随意就之。但他的这种随意也只是对平民百姓而言,那些豪贵巨富之请则常被婉拒。当时还有外国使者道经苏州,慕其名而登门拜访,文徵明既不受馈,也从不赠送这些人字画。

与文徵明颇多交往的何良俊在《四友斋丛说》卷十五里记载了文徵明晚年的几则逸事。

一是据说文徵明没有回拜客人的习惯,哪怕对方官做得再大也不会破例,权相严嵩为此对他很有意见。有一次,顾东桥(指顾璘)告诉何良俊说,之前一天他跟严介溪(即严嵩)会面,两人谈及文衡山(即文徵明),严嵩甚为不满地说道:"衡山甚好,只是与人没往来,他自言不到河下望客,若不看别个也罢,我路过苏州时特地去拜访他,他竟然也不到河下一看。"何良俊笑着对严嵩道:"此所以为衡山也,若不看别人只看你,成得个文衡山么?"

二是聂豹转托何良俊求文徵明的画,虽然过去文、聂彼此熟识,但如今聂豹功高官大,文徵明反倒懒得理会了。对聂豹求画一事何良俊是这样记载的:何良俊升官后返乡前,聂豹派遣了一兵官护送他南行,并托何良俊给文衡山与王阳湖各带了一封书信,且叮嘱何道:"你回到苏州后,务必替我向衡山先生求得一画,然后还烦请你作一首长歌题在其上,寄给我即可。"何良俊到了苏州后办的第一件事就是见衡山,把聂豹的信交给他。主客二人相见甚欢,聊得也很畅快,不料何良俊刚开口提及聂豹求画一事,文徵明即变色道:"此人没理,以前也不曾听他说起跟我要画,如今做了兵部尚书,便来讨画!"言下之意是他对聂豹这种官做大了就要这要那的行为颇为不满。求画一事也就不了了之,何良俊求画碰壁一事却在文人圈子内传开了。在做官的人当中,文衡山与阳湖王直夫交情最深厚,后来何良俊见到王直夫时便把聂豹仰慕文徵明的拳拳之意告诉了王,且怂恿王代为求画,王直夫紧张得连连摇手道:"这位老先生我可不敢惹他!"从此何良俊再也没有敢提聂豹求画一事,只得把自己辜负聂豹所托的内疚诉诸文字。

三是地方官员来访,文徵明也以平常心待之。王南岷(王廷)在任苏州太守期间是停云馆的常客,一个月里总要拜访文衡山三到四次。他对文徵明相当尊重,每次他一到文家巷口,便立即屏去驺从,到文家门口时便下轿换上日常巾服,直接到衡山书房中,而且一定要坐上一整日。而文徵明也只是以家常饭招待这位太守,虽是蔬食菜羹,王南岷吃得也很满足,他更满足于和文徵明谈文论艺,每每至日暮方才离去。

四是文徵明精于书画,尤长于鉴别,不过他在替人作书画的真伪鉴定时,总是从贫家的生计考虑,哪怕他已经看出对方是在伪托自己的画作,也持宽容的态度,并不较真。何良俊的记载是:"凡吴中收藏书画之家,有以书画求先生鉴定者,虽赝物,先生必曰此真迹也,人问其故,先生曰:'凡买书画者必有余之家,此人贫而卖物,或待此以举火,若因我一言而不成,必举家受困矣。我欲取一时之名,而使

《横塘》(文徵明作)

人举家受困,我何忍焉。'"当时还有拿着假托文徵明之画上门来求他题款的,文徵明当场就随手写给他,并无太多为难之色。文徵明的这种宽容伪作的态度,也给了不少人谋生的机会,当时有不少苏州人甚至就以制售伪托文徵明的赝品为生。这在《明史》本传中也有记载,称其"文笔遍天下,门下士赝作者颇多,徵明亦不禁"。从何良俊所记载的文徵明处世论事,尤其是对待上自高官下至平民百姓的态度上来看,他有着比较明显的平等意识,对待平民也比较平和宽容,这也和明朝市民意识的觉醒有一定的关联。

文徵明一生严谨,他与妻子吴氏同年同月生,小吴氏5天,夫妇情好,白首偕老。王世贞《文先生传》称他"生平无贰色,足无狭邪履";刘凤《续吴先贤赞》卷十一称"徵明与人无不容,而终其身未尝亵近妇女"。《花当阁丛谈》说得更详细了:"太史生平无二色,足不履狎邪。"据《花当阁丛谈》载,文徵明50多岁时即已绝房欲。他看到窈窕女子时目不斜视,遇到妓女时无论如何也要避开;而且他从来不与优伶狎昵。有一次聚会时,有人令优伶(当时优伶多为男子)穿着妇人的衣服给文徵明敬酒，文徵明愤然斥责后便离席而去，从此不再看戏。

吴氏持家谨饬，也确是贤妻良母，有了吴氏的精心料理家务，文徵明得以专心文事。文嘉《先君行略》记道："家务悉委之吴夫人，夫人亦能料理，凡两更三年之丧，及子女婚嫁，筑室置产，毫发不以干公之虑。故公得专意文学，而遂其高尚之志者，夫人实有以助之也。"

文徵明是我国书法艺术史上著名的书法家，他的书法，楷书、行书尤其精好，楷书师承唐各家，结体端庄，笔锋挺秀，小楷清劲秀雅，尤为人叹绝。行书、草书，初学怀素、苏轼、黄庭坚、米芾，后又上融王羲之《圣教序》和智永，苍老秀润，自成一家。就书法史而言，文徵明、祝允明、王宠三家是明代中期江南文人书法的代表，具有强烈的艺术个性，各自以美妙的形式和抒发性灵的书法实现了对台阁体的批判。

文徵明的画，更是独步一时，他与沈周、唐寅、仇英合称"吴门四家"，为中国绘画史开一代风气。文徵明虽师承沈周，但兼有李唐、赵孟頫及"元四家"之体，因此在画坛上的影响并不在沈周之下，其传统功力之深厚、笔墨之精到，自有其独特的魅力。就创作而言，山水、花鸟、人物无所不能。山水作品，可分两类，一类是苍郁茂盛、氤氲淋漓的水墨山水，风格粗放，如《山雨图》《古木寒泉图》等；另一类是秀丽工整、典雅细密的青绿山水，章法严谨，疏密有致，颇具书卷气，如《万壑争流图》《赏斋图》等。而文徵明的花鸟图，史称不让宋元诸家，虽然与沈周接近，但显得特别秀逸自然；他的人物画也多，笔触简练生动，可惜大多已佚。文徵明高寿90以上，老年时，求画者仍每天车马盈门。

文徵明的诗文创作因被其高绝的书画艺术光辉所掩，以前人们关注得并不多。今人周道振辑校的《文徵明集》，汇辑了历代各刊本所收文徵明诗文，删去那些重复的内容之后，计有诗1 071首，词9首，文20卷163篇。

文徵明青年时学诗于大学者都穆，都穆推崇宋诗，所以文早年的诗也出入两宋，但他并不拘泥于宋诗，也学唐人，所以周亮工《印人传》卷一引述张凤翼对文徵明的评价："文太史诗未必上超开元，佳者亦不失大历。"文徵明的诗，以婉约著称，雅饬之中，时饶逸韵，吐属冲和，而意境自高。但他的《文信国公事》四首，不独耿耿有贯虹偃日之气，语格也雄浑典雅，直追老杜。至于那首抨击宋高宗赵构等人阴暗心理、为岳飞鸣冤伸屈张目的《满江红》更是义正词严，忠愤激烈。在杭州岳王庙内，林林总总的题辞碑刻中最能动人心魄的就是这首词了：

拭拂残碑，敕飞字依稀堪读。慨当初，倚飞何重？后来何酷！果是功成身合死，可怜事去言难赎。最无辜堪恨最堪怜，风波狱。

岂不念，靖康辱？岂不恤，中原蹙？但徽钦一返，此身何属？千载休谈南渡错，当时只怕中原复。彼区区一桧有何能？逢其欲！

西子湖畔的岳王庙前，瞻仰岳飞、唾弃秦桧夫妇的游客们熙熙攘攘、络绎不绝，他们读了文徵明的这首词后很少有不感慨万千的。

文徵明的古文得吴宽指授，法度森严，言词典则，颇有大家之风。他一生撰写墓志、祭文、行状甚多，往往高屋建瓴，极具刚正气势，所谓“文取达意，时沿欧阳庐陵”（王世贞《文先生传》），而所作题跋、记叙，则文字生动、趣味盎然。

文氏是个文化大家族，文徵明之后，从长子文彭、次子文嘉起，更是一门风雅，能有如此成就，吴地家族中鲜有出其右者。

文徵明山水图

文彭长子文肇祉，诗文草隶，仿佛其父；次子文元发，以诗书自乐；文嘉子文元善，机颖清悟，善书画，也能诗；文肇祉子文从龙，万历十年（1582年）举人，善画山水，诗以古体擅长；文元发子文震孟、文震亨，更是书画有家风，筑起文氏家族文化又一高峰（详见本书《雕阑玉砌应犹在》）；文元善子文从简，入清不仕，画兼王蒙、倪瓒，书法李邕，深得其神；文从简女文俶（赵均妻），著名女画家；此外，文震孟长子文秉、次子文乘，文从简子文柟，文柟子文掞，文肇祉曾孙文份、文徵明六世孙文含等，也都为能诗善画之人，都是文氏“书香门第”的建设者，对书画艺术都有所贡献。

明末清初的昆山归氏

昆山归氏在昆山县享有极大的权威，民间向来有“县官印不如归家信”之说。但是归氏之有名，至少明代起，还只是诗书传家。在人们的印象中，就科甲仕途而言，除归有光外，几乎无可言者。而在后人心目中，归氏的代表人物也就是归有光。

归有光（1506—1571 年），字熙甫。嘉靖四年（1525 年）以第一名补苏州府学生员，嘉靖十九年（1540 年）一举中了应天府乡试第二名，次年应礼部试，名落孙山，于是退居嘉定安亭，读书讲学 20 余年，人称震川先生。嘉靖四十四年（1565 年）始中进士，授长兴县知县，这时的他已 60 岁了。隆庆二年（1568 年）迁顺德府（今河北邢台）通判，隆庆四年（1570 年）大学士高拱、赵贞吉荐为南京太仆寺丞，留掌内阁制敕房，修《世宗实录》，隆庆五年（1571 年）正月十三日卒于官，时年 66 岁，《明史》有传。

归有光的履历实在太简单了。他 35 岁中举后，每三年一次北上应礼部试，却一次又一次下第南还，直到他 60 岁考中进士。因此，他一生中的大部分时间是在安亭镇（今属上海市）世美堂授课，讲学论道。归有光仕途不达，但他在写作上却获得了很大的成功。他生前就非常有名，为明代古文中坚，与王世贞、唐顺之并称为“嘉靖三大家”，又与宋濂、方孝孺、王守仁及王世贞、唐顺之合称为“明六大家”，并最为后来的桐城派作家所推崇。

归庄《罗汉图》

归有光一生著述丰富，经、史、子、集均有涉及，主要有《易经渊旨》《尚书别解》《读史纂言》《文章指南》《备倭事略》《三吴水利录》《道德南华经评注》《震川文集》《兔园杂抄》等。其中，散文创作是他的主要成就，《项脊轩志》《吴山图记》《沧浪亭记》《寒花葬志》等是他的代表作，也是中国散文史上脍炙人口的名篇。

归有光有子归子祐、归子宁、归子慕。少子归子慕(1563—1606年)，字季思，号陶庵，万历十九年(1591年)举人，试礼部不第，退而授徒为生。与高攀龙、吴志远交往，诗文淡雅，人称“清远先生”。崇祯初经御史祁彪佳推荐，诏赠翰林院待诏。著述有《陶庵集》《归季思陶庵遗稿》，《明史》归有光传附。

归昌世(1573—1644年，或作1574—1645年)，字文休，号假庵，归有光孙，归庄之父。十岁能诗歌，与嘉定李流芳及同里王志坚并称三才子。李、王相继取科第，独归昌世艰于遇合，乃发愤为古文词，中年益放意为诗，晚岁诗律更细。工书法，小楷行草直逼晋唐，尤善画竹。时游历各地，倚弦度曲。崇祯十七年(1644年)征以翰林待诏，不应，时遭明亡，感愤而病卒。

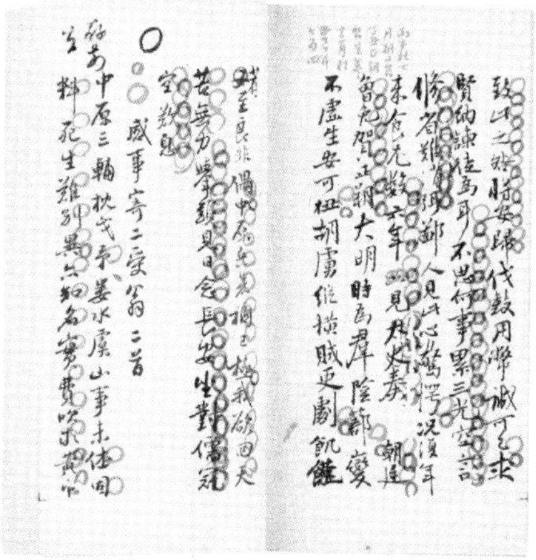

归庄手写诗稿

归庄(1613—1673年)，字尔礼，又字玄恭，号恒轩。明亡后，更名祚明，或自称归藏、归妹、归乎来、悬弓、园公、鏖鏊山人。归有光曾孙，归昌世子。明诸生，明亡后断发僧装，自号普明头陀。几年后，才结庐昆山金潼里归氏祖茔墓侧，课徒鬻书为生。诗、文无不工，擅墨竹，尤工书，为文多愤世嫉俗语。生平与大学者顾炎武最善，因都不谐于俗，合称“归奇顾怪”。著作极多，以《万古愁》曲为最著名，自盘古开天辟地吟起，直至清兵南下，南都陷落，慷慨悲歌，论者或比之《离骚》《天问》。晚年，在钱谦益及远近士大夫支持下，校正曾祖震川文集，持择精赅，惜乎生前未见到全书刻成。

归氏作为昆山望族，自明以来似乎一直在走下坡路，多赖归有光、归庄作为

"文学巨子"而使归氏家族不致过分沉寂。归氏家族,一方面甚少"耀祖光宗"之事,另一方面却多"家道衰落"之象,后人多从归氏衰落中悟得一个时代"盛极必衰"的真谛(详见本书《无可奈何花落去》)。

大阜潘氏——"贵潘"

明代文氏家族成员中的优秀子弟仕途上大多不甚昌达,文林还算可以,成化年间中了进士,官至温州知府,但其子文徵明充其量只是个从九品的"待诏",直至文徵明的孙子文震孟,才发达起来,文震孟不仅中了进士,甚至做到了"一品"高官,可惜的是,由于政坛诡谲,他在大学士的位置上也只待了几个月而已。文氏家族的精英们似乎都把主要精力花在园林和书画艺术及文学创作上了。而明末清初的昆山归氏家族,更是偏于一隅,影响力较弱。与之相反,清代苏州望族中堪称第一"书香门第"的潘氏,却是政治地位相当引人注目的"钟鸣鼎食"之家。

清代苏州(府)吴县望族中以潘姓为最,潘姓中的一支即"大阜潘氏",因在科举仕宦中取胜而成为当时苏州最显赫的门第,民间习惯上称这一支潘姓为"贵潘",以和另一支因经商而发家致富的"富潘"相区别。乾隆以降,"贵潘"族中获得科举功名者,计有状元 1 人,进士 8 人,举人 2 人,为官从政者更多。同治年间,李鸿章抚苏时曾题赠潘氏一匾曰:"祖孙、父子、叔侄、兄弟翰林之家"。在清廷的六部九卿百官(武职除外)中都有潘氏族人,当时的"贵潘"也因此有了"天下无第二家"之誉。

"贵潘"一族原籍安徽歙县南乡大阜村(故后称"大阜潘氏")。明末,大阜潘氏族人经商往来吴中,卜居在城西的南濠,后迁至黄鹂坊桥。第二十九世孙潘奕基家居马医科,嘉庆时迁居到平江路钮家巷,钮家巷故宅至今基本保存完好,所以苏州人又称大阜潘氏为"钮家巷潘家"。

"贵潘"中最贵的是状元宰相潘世恩,他历乾隆、嘉庆、道光、咸丰四朝,被称为"四朝元老",今以其为主轴,将"贵潘"的发展脉络整理如下:

潘奕基(1745—1834 年),潘世恩之父,字汝勤,清乾隆十五年(1750 年)应县试,以幼童名列前茅;20 岁时,以商籍补杭州府学生员,后改为苏州府吴县籍。乾隆四十五年(1780 年),应京兆试不果,返回家中时惊闻父已弃世,肝肠迸裂,痛不欲生，从此便得了心悸之症，不得不放弃科举。后来潘奕基改学老庄，潜心内养，他说：“我并非是见猎心喜、和年轻人竞争科举功名之人。父子兄弟能够在同一屋檐下共同生活，就是一件很美好的事，这已经可以让我很快乐了！”

潘奕基年少时常常梦见自己造了一幢别墅，偃仰在花石水竹间。清嘉庆十五年（1810 年），他见到临顿路钮家巷顾汧的旧居凤池园时，觉得似曾相识，自己恍如梦游，大为惊讶。为了圆父亲之梦，潘世恩便购下了顾汧的旧居，花一年工夫为之修葺，到了次年十一月，潘奕基 66 岁时迁入。潘奕基 80 岁时，孙子潘曾沂在京请好友张深作《临顿新居图》祝寿，图前请大学士英和书“临顿新居图”五字，还请吴嵩梁、陈用光、钱仪吉、董国华、徐松、韩崶、顾莼、鲍桂星、姚学爽等以及曾沂任中书舍人时的同人题贺吟唱，又请王学浩作《临顿新居第二图》。张深所绘《临顿新居图》即第一图，今存苏州博物馆，王学浩的《第二图》久佚，不知流落何处。

潘世恩（1770—1854 年），初名世辅，字槐堂，号芝轩，别署思补老人。生于乾隆三十四年十二月二十一日（1770 年 1 月 17 日）。传说，在他出生前一天，他的祖父曾梦见一只玉麒麟自空而降，落于潘家庭院里，随即化为婴儿。因为这个典故，潘世恩小时候的字便叫“麟”（见《潘文恭公自订年谱》）。

潘世恩故居

潘世恩的两位伯父——潘奕隽与潘奕藻都是进士。潘奕隽（1740—1830 年）字守愚，一字榕皋，号三松居士，乾隆三十四年（1769 年）进士，授内阁中书。乾隆五十一年（1786 年）典试贵州，乾隆五十三年升户部主事，不久乞归，“优游林下逾四十年。工书法，尤擅古隶，嗜吟咏，以诗文名世”。潘奕隽善引后进，曾经参与修建郡学，而且屡屡倡导慈善事务。乾隆五十七年（1792 年），重赴鹿鸣宴时被晋秩副郎。他 90 岁时曾赴京参加恩荣宴，“诏加四品卿衔，海内荣之”（《吴门表隐》卷十八）。道光十年（1830 年）以 91 岁高龄逝世。著有《三松堂诗文集》《说文蠡

纱帽厅（局部）

笺》《居易金箴》等。潘奕藻，字思质，乾隆四十九年（1784年）甲辰科进士，选庶吉士，改刑事主事，历官刑部郎中，精于刑法条例，曾平反多起冤案。乾隆五十三年（1788年），任湖南乡试主考官，不久即因健康原因请求回故乡休养。他天性俭质，平时旧衣羸马如寒素之士；但乐于助人，“急人之急，千金不惜”（顾元熙《墓志铭》，下同）。其文章“文字沈实朴厚，如其为人。专务根本之学，不事矜饰，而期致用”。

潘世恩天资聪颖，器宇端凝。16岁参加童子试时，终日端坐不离席。吴县知县李昶亭（字逢春）见他如此专注觉得很惊异，于是将他的考试名次“拔置前列”，并出了上联来考潘世恩：“范文正以天下自任”，潘世恩立即对出了下联：“韩昌黎为百世之师。”李知县又出上联道：“青云直上。”潘世恩对道：“朱绂方来。”李知县见他反应敏捷，对仗工整，而且透出不凡的抱负，对他赞叹不已，连连说道：“此童子将来必定富贵！”（《清稗类钞》第二册）是年补诸生，就读于紫阳书院。乾隆五十七年（1792年）中乡试举人。次年中癸丑科一甲一名进士，状元及第，授翰林院修撰。历任翰林院侍讲学士，侍读学士，礼部侍郎，工部、户部、吏部尚书，体仁阁大学士，军机大臣。道光十五年（1835年），任翰林院掌院学士、东阁大学士。道光十八年（1838年），晋武英殿大学士，赠太子太保、太傅衔。整个清朝，生前加太傅衔的共有5人，状元出身做官至大学士（宰相）的共有14人，能两次参加琼林宴的有8人，而唯有潘世恩一人能兼而有之。

潘世恩一生做官长达50余年，其中担任清宣宗（即道光皇帝）宰相近20年。道光皇帝两度离京晋谒东陵，都命潘世恩留京代朝，但他“廉得其实，密疏以闻”（《墓志铭》）。潘世恩初入朝时，正值和珅执政炙手可热，和珅多次想将他收为门人，而他则屡招不应。

潘世恩处理问题能做到实事求是，坚持原则而不呆板，“设张举措，务持大体”（《墓志铭》）。黑龙江将军曾请增都尔博特六屯，潘世恩经了解认为黑龙江的草原适宜游牧，不宜开垦毁草种粮，于是坚决不同意。而道光二十四年（1844 年）二月，他根据甘肃、新疆等地的具体情况，与户部尚书敬征等联名上疏请开垦荒地，以裕边储。他还曾就漕河的积弊，提出了五条整顿措施，使令人头痛的漕运有所好转。

鸦片战争时，潘世恩居军机大臣重位，但依违其间，不能与穆彰阿相抗衡，曾为时人所讥。在军机处议论两广总督林则徐奏筹的处理“洋务”的五条章程时，潘世恩则坚决支持林则徐。道光三十年（1850 年）三月，咸丰皇帝即位后诏举人才。潘世恩不顾 82 岁高龄，首先推荐林则徐，称他是“历任封疆，有体有用。所居民乐，所去民思”。潘世恩最为后人称道的是，保举因奋力抵抗英军而遭投降派耆英打击贬官的前福建、台湾道姚莹。此外，他还荐举过邵懿辰、冯桂芬等人。道光朝时汉满四位宰相中三位是潘世恩教习的门生，他们是鹤舫相国穆彰阿、献山相国觉罗宝兴、海帆相国卓文端。潘世恩自己曾有诗纪盛，穆彰阿认为这是两百年来所未有之盛事。

咸丰四年（1854 年）四月二十日，潘世恩病逝于北京官邸，享年 86 岁。

潘世恩生前曾有人赠送他一副对联：“大富贵亦寿考，蓄道德能文章。”此联恰到好处地概括了潘世恩的一生！

潘世恩为学“一本程、朱，而不为门户之见”（《墓志铭》），学识渊博。嘉庆时，他曾参加《四库全书》编纂和缮办工作，曾继任《四库全书》总裁、文颖馆总裁，负责《全唐文》的缮刊。嘉庆十九年（1814 年）六月至道光七年（1827 年）四月，潘世恩归家先丁母忧，后又养父终老及丁父忧。在这 13 年间，他遍读群书，著成《正学编》和《读史镜古编》。其诗文“敦厚温柔，深得唐人三昧”（潘焕龙《卧园诗话》），卓然成家。著作还有《熙朝宰辅录》《思补斋笔记》《思补斋诗集》《有真意斋文集》《读史随笔》《清暑随笔》等。潘世恩亦善书法，书学赵孟頫，圆润秀发，具灵性之态。一度曾仿效乾隆帝承平富丽的书迹。及至晚年，力变原平稳少变风格，用墨注意干湿，落笔随意大度，渐趋豪放。

潘世恩与妻子汪氏感情笃深。他考中举人后结婚，新婚燕尔，形影不离，潘世恩甚至打算放弃进京赶考的机会。潘家父母担心儿子过度沉溺于儿女情长，荒废学业，影响前程，于是暗中说通媳妇，假装反目，遂使潘世恩发奋苦读，全力准备赴京会试。而等到潘世恩乾隆五十八年（1793 年）中状元回来时，其爱妻却因抑郁而死。他在妻子像前号啕大哭，责怪父母逼自己赶考，失去了爱妻。他痛悔欲绝，甚至打算出家做和尚，以示忏悔。后来，他岳父出面另觅一汪氏女子，称是潘妻的妹妹，说服他续娶。开始他信以为真，同意与“阿姨”成婚，后来发现上当，懊悔不已。尽管后来潘世恩有续弦汪氏和侧室，生了五子五女，但数十年如一日，始终不忘结发之妻，每逢发妻忌辰，总要祭奠一番。

潘世恩祖宅在今苏州马医科曲园旁，现存二落五进，大厅结构尚好，有轩、砖雕门楼等。

潘世恩有五个儿子：长子潘曾沂（1792—1852 年），字功甫，嘉庆二十一年（1816 年）举人，官至内阁中书、议叙光禄寺署正。好藏书，善绘图画。二子潘曾献，早逝。三子潘曾莹（1808—1878 年），字申甫，别字星斋。道光二十一年（1841 年）进士，咸丰间官至吏部左侍郎。学有根底，长于史学；工书画；收藏书画甚富，尤精品鉴。四子潘曾绶（1810—1883 年），道光二十年（1840 年）举人，官至内阁侍读，曾赏戴花翎；博学多识。五子潘曾玮（或作四子），字玉泉，由太常博士补刑部郎中。太平天国时，曾在苏州督办团练，协济军饷。潘世恩的五个女儿，全都嫁汪姓女婿，亦为一奇事，不知是否为潘世恩对其妻汪氏的一种寄情与感激？

潘世璜（1764—1829 年），原名世章，字黼堂，号理斋，是潘世恩的堂兄。潘世璜的父亲即为潘奕隽。潘世璜的两位叔叔也是饱学之士，分别是前文所说的潘奕藻和潘奕基。

潘世璜出生于这样一个书香之家，从小耳染目濡，受到父辈的良好教育熏陶，博览群书，研习经史。乾隆五十四年（1789 年）中举人。乾隆六十年（1795 年）殿试一甲第三名进士（探花），授翰林院编修。后以散馆改主事，补户部浙江司，又兼户部云南司主事。不久，继母逝世，潘世璜丁忧回乡，从此不复出。因此，他在政治上无多大建树。

潘世璜以孝顺闻名乡里。父亲潘奕隽是个近视眼，当时还不兴戴眼镜，所以行动很不方便；晚年，又耳聋重听，而且有早起的习惯。继母逝世后，潘世璜即担当起服侍父亲的重任，为父亲洗脸洗脚，只要父亲“有所需，必在侧”，影形不离。春秋季节，他还搀扶着父亲到虎丘、支硎、天平等名胜风景地游览。平时每天晚上，剪灯陪父亲长谈，毫无倦容，直到父亲上床就寝，然后才退出。三十年如一日，不离左右，毫不懈怠。《吴门表隐》卷十九说潘世璜“天性诚孝，为人谦和，动止不苟，绩学好古，尤究心卫养之术”。

潘世璜读书喜欢宋代程颐、程颢的著作及宋、明两代儒学语录，边读边认真作笔记，积久成帙，有《不远复斋遗书》传世。

潘遵祁(1808—1892年)，字觉夫，号顺之，又号西圃。潘奕隽长孙、潘世璜长子。道光十七年(1837年)拔贡，分发试用教谕、内阁中书、国史馆分校、本衙撰文。道光二十三年(1843年)举人、二十五年(1845年)恩科进士，官翰林院庶吉士编修、国史馆协修、加侍读衔。诰授奉直大夫、诰封荣禄大夫、二品顶戴加一级、按察使衔河南彰卫怀道。

清道光九年(1829年)，潘遵祁父潘世璜卒，次年祖父潘奕隽卒。潘遵祁承祖命父命与弟潘希甫谋捐田千亩，请叔父潘世恩建松鳞义庄，于道光十一年(1831年)始建庄，道光十七年(1837年)竣，兄弟两人同掌庄事。庄掌规划皆由潘遵祁手定。于道光十二年(1832年)定《松鳞庄规条》十条，于道光十七年又定《松鳞庄祭祀规条》八条、《松鳞庄赡族规条》二十八条，又于道光二十六年(1846年)定《续增祭祀规条》四条，《续增赡族规条》四条。又于同治七年(1868年)定《松鳞庄增定规条》二十六条。还纂修《大阜潘氏支谱》二十四卷首一卷。主祭皆由潘遵祁昭告。

潘遵祁于道光二十七年(1847年)八月乞假归，自镌小印曰“四十归田”，从此不复出。曾在光福邓尉山筑香雪草堂，在堂西又筑四梅阁。弟潘希甫南归，老屋给弟，他于屋西辟地数弓，筑屋数楹，种蔬莳竹，署曰“西甫”。集同人作消寒会，迭唱和欢。

道光二十九年(1849年)，吴中大水，潘遵祁倡捐救灾。咸丰三年(1853年)，太平军占领苏州，避居上海，主书院讲席，并筹防筹饷于清军，收复苏城，旨赏翰林院侍读衔。曾主讲紫阳书院(今苏州中学)20余年，诸生中得新甲者三人。潘遵祁著作丰富，有《西甫集》《词续》《题画诗》《文集》等。

潘氏家族中，潘世恩之后，最为著名的要算潘祖荫了。

潘祖荫故宅(局部)

潘祖荫(1830—1890年)，字东镛，号伯寅，小字凤笙，状元宰辅潘世恩之孙。其父潘曾绶，官至内阁侍读，封光禄大夫，特赠三品卿衔。

潘祖荫从小颖异机灵，祖父特别喜欢。19岁时，因祖父80岁赐寿恩赏举人。21岁考取国子监学正学录。23岁中咸丰二年(1852年)壬子科会试第九名，殿试一甲第三名(探花)进士及第，授翰林院编修。累迁侍读学士，除大理寺少卿。同治(1862—1874年)时，历任光禄寺卿、都察院左副都御史、工部右侍郎、南书房行走。光绪元年(1875年)，授大理寺卿，补礼部右侍郎，晋任刑部、工部尚书，官至军机大臣。

潘祖荫故宅(局部)

潘祖荫"学问渊通，才猷练达"，"叠索文衡，洊升卿贰"(《清史列传》卷五十八)。他曾典乡试复阅卷13次，会试复试、朝考、散馆阅卷各7次，殿试读卷4次，考试试差、优贡朝考阅卷各4次，拔贡朝考阅卷2次，考试御史阅卷6次。考试学正、学录、汉荫生阅卷各1次，考试汉教习阅卷2次，考试孝廉方正阅卷5次，考试誊录阅卷3次，还任过多次武科主考官。范围之广(全)、次数之多，在历代官吏中是罕见的。一生中担任过许多有关文职的官，如国史馆协修、实录馆纂修、功臣馆纂修、咸安堂总裁、文渊阁校理、日讲起居注官、国子监祭酒、会典馆副总裁，等等。曾主持纂修过《治平宝鉴》《艺文备览》《穆宗毅皇帝全集》《穆宗毅皇帝实录圣训》等典籍。

潘祖荫秉性直爽，敢于直谏，不计祸福。咸丰十年（1860 年）三月，左宗棠在湖南巡抚骆秉章幕府中襄理军务，颇受器重，而为忌恨者所参劾，罪将不测。潘祖荫三次上疏密保，说明左宗棠为人诬陷，并荐其能，“于地形厄塞险要，了如指掌……湖南不可一日无宗棠”。左宗棠因此获起用，随同曾国藩襄理军务，后独领一军，并成为“同治中兴”的名臣。

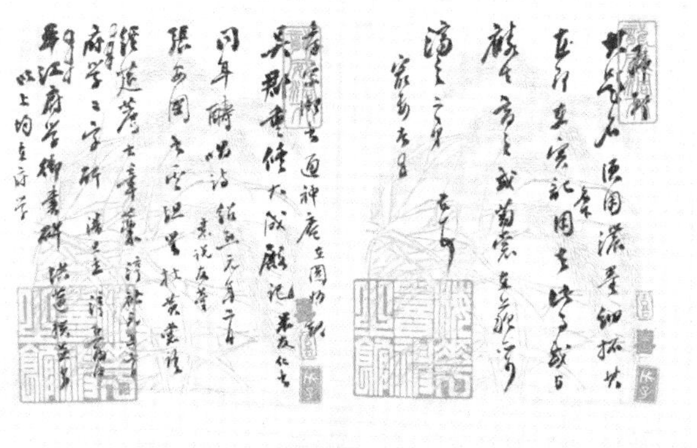

潘祖荫书札

潘祖荫为寻求巩固统治的良方费尽心机，曾上疏拯救之策和团练章程。咸丰十一年（1861 年），他提出“勤圣学”“求人才”“整军务”“裕仓储”“通钱法”等建议；他认为应该让“在廷大小诸臣，各抒所见，各举所知，广开言路，毋拘常例。果有学识超群、名实兼副者，破格录用”（《清史列传》卷五十八）。他还提出“免各省之钱粮，以苏民困；汰厘捐之名目，以纾民力；严行军之纪律，以拯民生；广乡会之中额，以收士心”等时务事。自宋元以来，吴地赋税最重，苏、松、太尤甚。同治二年（1863 年）四月，潘祖荫上疏请减江苏赋额，得旨允行，“千载积痛，一朝而起，四郡欢跃，额手皇仁”（《潘文勤公墓志铭》）。光绪七年（1881 年）中俄《伊犁条约》签订，潘祖荫等条陈善后策：练兵、简器、开矿、造船、筹饷等五事。光绪十六年（1890 年）六月，顺天府二十四个州县遭水灾，他与府尹陈彝筹放义赈，疏请择添设粥厂，以便附近灾民就食；此后，又因“饥民众多，转瞬严寒，生路更窘”，奏请给米拨银，添设粥厂。是年十月，潘祖荫患病，但仍忙于拯灾，还疏请拨银，以备灾民越冬。不久因病情加重请假，仅三天即去世。当时，由于畿辅（即京城附近的地方）遭大灾，饥民流转于京城的有数万人，“皆仰食于公”，闻耗后无不痛哭，声震郊野。李慈铭《潘文勤公墓志铭》中说：“盖近百年来，公卿薨逝未有能得人心如此者也。”

潘祖荫才识高卓，办事干练、勤快，“遇事理解，批牍答简，运笔如风，无不洞中利弊”（《潘文勤公墓志铭》，下同）。任刑部、工部尚书时，“积年百废俱举，官吏秉成，严而不苛”。他为人谦恭，遍交天下士。又爱惜人才，取士不限一格，“有一技之长，终身言之不去口”；“其主文也，务得魁奇、沉博之士”。

潘祖荫自幼涉猎百家，精通经史。“文藻艳发，兼工诗词”，“夙治《说文》，耽嗜汉学”。既工书法，又是位金石家、文字学家，闻有彝器出土，“倾囊购之，至罄衣物不恤”，所得有史颂鼎、盂鼎、克鼎等，都是稀世无价之宝。曾辑有《攀古楼金石款识》二卷。他还是位刻书、藏书家。曾刻书近百种，所藏图书、金石之富，甲于吴下，闻名南北。他每得一书，必加评释，著成《滂喜斋读书记》二卷、《滂喜斋宋元本书目》一卷，曾刊有《滂喜斋丛书》和《功顺堂丛书》。

潘祖荫故居在今苏州市平江路南石子街，占地约 8 000 平方米，坐北朝南，分成三路五进。中路各进均为楼房，两侧有厢房连通。庭院宽敞，呈正方形。第四进楼房面宽三间两厢，通阔 16 米余，进深 14 米，高 9 米，梁架扁作，装饰较精。东路前部原有花园，今已废。

潘达于在潘宅花园留影

潘祖荫在京城去世后，大部分的文物珍品都由其弟潘祖年运回苏州，庋藏在南石子街旧宅内。1937 年抗战爆发前，南石子街潘宅仍有藏品数百件之多。大克鼎、大盂鼎和毛公鼎，是当时最为著名的三件西周青铜重器，前两件就为潘氏收藏，故潘氏曾刻有“天下三宝有其两”印章一枚。两鼎腹内铸有铭文，记载西周土地制度和官制等，是研究西周早期历史的重要资料。

当年朝中向“潘大人”索要两鼎铭文拓本者甚多,然因原件拓本寥寥无几,仅有少数至亲好友才得以如愿。

抗战沦陷时期,曾先后有七批侵华日军闯进潘宅掘地三尺“抢宝”,幸亏潘家早做准备而未遭洗劫。新中国成立初期,潘氏后人潘达于女士,即潘祖荫、潘祖年的孙媳妇才让当年深埋于地下的稀世珍宝大克鼎和大盂鼎重见天日,并无私捐赠给国家收藏——大克鼎今收藏在上海博物馆,大盂鼎藏于北京中国历史博物馆(今国家博物馆)。

2004 年 2 月 28 日,国家文物局、国家博物馆、上海博物馆曾以最高礼遇为潘达于的百岁寿诞祝寿。当这位满头银发、精神矍铄的老人健步走入上海博物馆大厅时,人们用热烈的掌声表达了对她的敬意。与此同时,在上海博物馆四楼“百岁寿星潘达于捐赠大盂鼎、大克鼎回顾特展”展厅里,从苏州南石子街老宅献赠国家,在祖国南北各镇一方、分别了五十余年,又遥相呼应了半个多世纪的两座宝鼎——大盂鼎、大克鼎正静静地并立着,准备接受人们超时代的礼遇。

大克鼎

大盂鼎

潘承弼(1907—2003 年),字良甫,号景郑,潘世恩玄孙、潘曾莹重孙、潘祖同孙。幼年失怙,少有鸿志。幼习经,长而学词曲并有造诣,后随曲学大师吴梅游。再由李根源先生介绍,从国学大师章太炎研讨国学。太炎先生在苏州锦帆路创章氏国学讲习会后,潘承弼任教席,并兼任国学讲习会会刊《制言》主编。抗战烽火起，太炎先生的夫人汤国梨于上海创办太炎文学院，聘潘承弼任教，并掌学院教务主任兼图书室主任。由于汪伪政府的干预，学院被迫停办。潘承弼晚年曾任华东师范大学教授，上海图书馆研究员。

晚清民初的吴氏

晚清民初时期，苏州望族中的文化世家，以吴氏一族最为显眼，代表人物有吴大澂及其嗣孙吴湖帆。

吴大澂

吴大澂（1835—1902 年），字清卿，号恒轩，晚号愙斋。出生于苏州双林巷祖宅，原名大淳，因避同治帝载淳讳，后改名大澂。

吴大澂关心政治，热心国事，同治六年（1867 年）入京应试时，就上书陈言："致治之本，在兴俭举廉，不言理财而财自裕。若专务掊克，罔恤民艰，其国必敝。"中进士授翰林院编修时，适逢同治帝大婚，他就上疏请求裁减婚礼费用。离京在外任官期间，又"数上封章论时事"。当他得知慈禧太后不顾时事艰难，准备耗巨资重建被英法联军烧毁的圆明园时，立即上疏吁请停工。他的这些行为得到了潘祖荫、翁同龢和左宗棠等大臣的赞许。

光绪六年（1880 年），吴大澂奉命随吉林将军铭安赴吉林办理东北边防。他实地勘察边防要隘，努力修筑炮垒，创设机器局，制造新式枪炮，改编训练边防军，使防务得到加强。光绪十一年（1885 年），吴大澂再次奉诏赴吉林，与沙俄使臣在珲春合勘边界。在最后谈判时，他义正词严，据理力争，积极主动，在双方签订的《珲春条约》内，终于使中国收回了被沙俄侵占的黑顶子要隘地区，同时保证了中国船只出入图们江口通行无阻。

《珲春条约》是鸦片战争以后清政府唯一收回失地的条约，谈判的成功使吴大澂十分兴奋，他当即挥笔写下"龙虎"两个巨篆，命人摹刻于山岩上，作为永久的纪念。除立界碑五座外，吴大澂还建一铜柱于中俄交界处，亲自篆书铭文"疆域有表国有维，此柱可立不可移”，表明了他维护国家主权的决心。

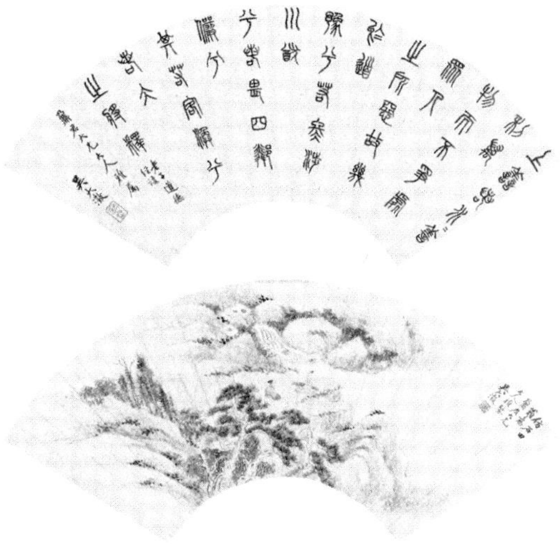

吴大澂《春山对句图》书画扇面

光绪十二年（1886 年），吴大澂升任广东巡抚。在此期间他发现葡萄牙侵占与澳门毗连的香山县土地，而清政府总理各国事务衙门，恰恰于此时和葡国使臣签订澳门归属葡萄牙管辖的条约，于是上疏坚决表示反对。光绪二十年（1894 年）中日甲午战争爆发时，在湖南巡抚任上的吴大澂报国心切，慷慨奏闻，自请从军，获准后，即率湘军三万星夜兼程奔赴前线，先至山海关，后渡过辽河驻守牛庄、田庄台一线，不幸于次年三月为日军所败，损失惨重。吴大澂自请处分，军机处拟予革职，“得旨改为留任，令还湘”。光绪二十四年（1898 年）戊戌变法失败后，慈禧视吴大澂为翁同龢的同党，重新追究他当年兵败之事，最后吴被“革职，永不叙用”。忧愤交加的吴大澂回到苏州 4 年后，即于光绪二十八年（1902）病卒，终年 68 岁。

吴大澂为晚清一代金石学大师，著名书画家，对鉴赏古物、书画研究都有很深的造诣。他在近二十余年的繁忙公务之余，仍孜孜不倦地从事编纂金石学方面的著作，是乾嘉学派的又一位卓然有成的大学者。

吴大澂少年时，曾经师从陈硕甫学篆书，中年后参以古籀文，书法益显精工；行楷方正流丽，独树一帜；兼长刻印，亦擅绘画，所作山水、花卉，用笔秀逸，有恽南田遗韵。他一生主要从事金石、碑版及青铜彝器、铭文的收藏与研究，在小学（即金石、古文字学）领域，颇有独特见解，尤能审释古文奇字，对先秦籀文（即大篆）之篆识、书写，为行家所赞赏。其学术著作有《说文古籀补》《恒轩所见所藏吉金录》《愙斋集古录》《古字说》《古玉图考》《权衡度量实验考》《十六金府斋印丰》，

吴大澂故居

另有《愙斋诗文集》等传世。

吴大澂故居在今苏州市十梓街，原大门朝南，相传原为康熙年间江苏巡抚故居，吴大澂任湖南巡抚时购置，重修为三落三进大宅，后退居终老于此。大门内原有雕刻精致的砖门楼一座。因拓宽凤凰街北段，吴大澂故居东部和南部先后被拆，所余部分在“文革”时期一度曾为居民杂居，由于年久失修，多有损毁破败，有关部门在街坊改造时，决定对吴大澂故居进行彻底的整修。经多方论证，广泛听取意见，反复讨论施工方案，将其主要建筑大厅三间和堂楼三间两厢移建至北部原堂楼处，并改坐北朝南为坐西朝东。改造后的故居粉墙黛瓦，屏门花窗，基本保持了原有的建筑风貌。

吴湖帆（1894—1968 年），初名翼燕，后更名万，字遹逡，又字东庄，别署有丑簃、嵩山居士、梅景书屋主人等。作画时署名湖帆，妻潘静淑过世后，还常署名倩庵等。嫡祖吴大根，乃清代大臣吴大澂之兄，因大澂之子夭折，乏嗣无后，便将吴湖帆过继给吴大澂为嗣孙。

前文已述，吴大澂系晚清大臣，雅好文艺，于鉴赏、诗文、书画皆有深研，为晚清金石书画名家，在近代、现代产生过重大影响。吴大澂为官近 20 年，视学赈灾，治河巡边，筹顿戎马，可以说是未尝一日有闲，却仍然编撰了大量论著，其中大多为古文字和书法方面的重要著作。

吴湖帆生活在这样的书香门第，自小就受到良好的教育。吴大澂晚年在苏州的几年，恰值吴湖帆的童年时代，他对吴湖帆的启蒙与引导作用是非常巨大的。吴湖帆起初在生父吴本善指导下学书，已初具形制，吴大澂见了，认为“笔性特佳，他日必有所成”，就时常把自己收藏的古物名器拿给他看，他大多能过目不忘，而且对钟鼎彝器上的文字情有独钟，多作临摹。吴湖帆学篆书，又临习青铜铭文，后习汉魏碑刻，学唐宋楷书、行书，特别崇尚欧体，也习过薛曜并瘦金书以及赵孟頫、董其昌等。学董其昌楷书，既得徐季海笔法，又有欧、颜精神，章法上错落有致，别有神韵；行书又得米氏笔意，有收有放，运笔洒脱，时出新意。吴湖帆通过长期的研习，融合前人书法精髓的奥秘，更掌握了书法与中国画笔墨的关系。吴湖帆学书十分刻苦，后来他的外甥朱梅邨在苏州故里整理旧物时，曾发现一老屋中有半房多稿纸，展开一看，竟全部是吴湖帆早年临习董其昌的墨迹，可见其用力之勤。

吴湖帆早岁习画，还受到吴大澂幕客、清末名画家陆廉夫的指点。他学画先从"四王"作品入手，后又学"明四家"，进而学习"元四大家"和宋代米芾等。

1902年，吴大澂病故，吴湖帆小学读完后，去上海中国公学读书，第二年东渡日本，不久归苏，进苏州草桥学舍。草桥学舍，这所曾由他父亲主持过的学校，是非常有名的，培养了不少人才。以吴湖帆同辈学友计，后来知名的达数十人，如江小鹣、范烟桥、叶圣陶、蒋吟秋、王伯祥、顾颉刚、颜文樑、陈子清、郑逸梅等，吴湖帆均与之友善，切磋砥砺，互有教益。

1909年草桥中学合影（前排右四为吴湖帆）

吴湖帆家收藏本就巨富，吴湖帆生母沈静研夫人原为川沙名门之后，家中也好收藏。1915年，吴湖帆与潘静淑（潘树春）结婚。潘出身豪门，雅善文墨，她的曾祖父就是状元宰相潘世恩，伯父是光绪年间的军机大臣潘祖荫。作为三吴望族的吴、潘两家联姻后，收藏自然越加丰富。单是由吴湖帆与潘静淑共同校定的家藏金石书画就达 1 400 多种，吴氏夫妇并一一为之序录，藏在“梅景书屋”。1966 年吴家受冲击时，吴湖帆家中被抄没的各种青铜器、书籍、字画、瓷器等，就有 10 卡车之多！

吴湖帆 21 岁起开始悬格鬻画，且已“名动乡里”。他在《画业》中称自己自 1918 年 25 岁时正式开始“画业”后，即以绘画为自己的终生事业。1924 年起，开始向上海发展，常租住在上海嵩山路。上海异人辐辏，名流荟萃，为吴湖帆的交往、开拓提供了极为有利的条件和场所。1929 年起，吴湖帆任教育部全国美展常委。1930 年起，他的画风为之一变，融合南北，兼取百家，开始自成一家。1933 年又在苏州凤凰街与陈子清、潘博山、彭恭甫发起组织“正社书画会”。

与此同时，吴湖帆已成为鉴赏名家，在书画鉴定方面甚至有了“一只眼”之称，能“触目立判真伪”。古代书画，真伪混杂，吴湖帆在鉴别过程中也有过沉痛的教训，为此，他穷本溯源，苦心孤诣，终于在鉴别、分析、考证等方面摸索、总结出了一系列经验。1934 年，吴湖帆以上海博物馆筹备委员会委员及董事的身份接受故宫之邀，前往北京鉴定文物并担任故宫文物评审委员，他以审查委员的身份负责整理大内所藏书画，那些书画竟被他看出一半以上是赝品，而且吴湖帆能指出某画是某人伪作，某画经某人所补，所下断语，皆有根据，参与者无不折服。

之后，吴湖帆将饱览和鉴定故宫珍藏历代书画作品所作的笔记，整理撰写成《目击编》与《烛奸录》。这是两部非常重要的鉴定书画的著作，特别是在《烛奸录》中，吴湖帆把在故宫鉴定精品时审查出的一批伪作记录在案，为后人辨别真伪留下了最直观、最权威、最有参考价值的档案资料。

1936 年，吴湖帆完成了彩色巨幛《云表奇峰》的创作。作品一经在《美术生活》杂志封面发表，就震动了当时画坛。但见图上群峰列岫，远峰一抹直入云中，山谷白云弥漫；中景是松杉簇拥，楼阁掩映；近景则为溪流，整个画面极尽丘壑之美，观者无不啧啧惊叹。此画一出，模仿者特多，赝品四出。据吴湖帆的儿媳许厚娟回忆，上世纪 80 年代，“文革”结束落实政策时，她去上海大场认领“文革”期间被抄物资，单是《云表奇峰》就有 28 张之多，但均是赝品，而这时，相距发表《云表奇峰》已有四十多年之久！《云表奇峰》可说是吴湖帆的成名作，此后，他的名作迭现，如山水画《晓云碧嶂》《海野云冈》《秋岭横云》，秀丽丰腴，清新雅逸；没骨荷花《雾障青罗》、竹《双清图》等，潇洒劲爽，都堪称是他的代表作。

吴湖帆在上海结识了许多名宿前辈，这些人后来大多与他成了“忘年交”。对吴湖帆一生影响和帮助较大的还有叶恭绰等人。而吴湖帆与张大千的交谊，也被传为佳话。上世纪30年代初，张大千从北京南来，到上海首先过访了吴湖帆。两人先在上海吴湖帆的画室“梅景书屋”、后又到苏州网师园进行了长时间的交流。双方相逢恨晚，每至兴浓，便“解衣盘礴”，各出绝学，挥毫作画。这段日子里，两人互相交换了十几件作品，并互赠了著名藏物。此后十多年里，吴、张一直并驾齐驱于海上画坛，友谊日增。识者谓吴画含蓄渊深，以凝练见长，如拳家之太极；张画纵横劲健，才气横溢，如拳家之少林。

张大千寓居海外后，尽管关山阻隔，鱼雁难通，但每逢吴湖帆寿诞之际，他总是托人辗转带来问候和祝寿力作，而吴湖帆也总是乘海外友人回国之便，请他们将自己的得意之作转交给张大千。张大千非常钦佩吴湖帆的人品和画作，说：“识湖帆先生，其人渊博宏肆，作画熔铸宋、元而自成一家，甚服我心。”他还说：“画家画当以吴湖帆为第一。”

往后数十年，张大千成为有世界影响力的画坛巨擘，而出于各种原因，吴湖帆则一度声誉杳然。但在1981年的一次国际性的中国画研究会上，张大千仍将吴湖帆推许为现代山水画领域中最杰出的代表。

吴湖帆在上海的最初十五年，可说是一帆风顺的。但到了1939年，吴湖帆的夫人潘静淑不幸病故；两年后，他的母亲又逝世，使他受到很大打击，情绪一度十分低落。1942年，吴湖帆与原夫人的使女顾抱贞结婚后，才慢慢从悲痛中解脱出来，生活趋于正常。1943年，他虚龄50岁，在上海与艺术界名流梅兰芳、周信芳、汪亚尘、范烟桥、郑午昌等20位名流以“甲午同庚会”为名相聚，合20人的岁数，饮“千岁酒”，期望民富国强。消息传出，轰动一时。

1949年后，吴湖帆参加中国农工民主党，曾任上海市政协委员、上海市文物保管会委员、文物鉴定收购委员会委员、上海文史馆馆员、华东美协副主席、上海中国画院画师、苏州市文物保管会顾问等职。

1965 年 9 月,吴湖帆不幸中风,住进了华东医院。吴湖帆的外甥朱梅邨之子朱大霖特意从苏州赶去,陪伴他三个月之久。“文革”开始,作为一代名画家,吴湖帆也在劫难逃。这时他的身体已极度虚弱,靠插入导管维持生命,但造反派竟在他病榻之侧开起了“批斗会”,顾抱贞也同时挨斗。吴湖帆此刻万念俱灰,自己拔掉插在喉头的导管,离开了人世。不久,顾抱贞也含恨去世。

一代国画大师,在其弥留期间,没有任何遗言。就在逝世前几天,他为前来探视的外甥、学生朱梅邨留下了绝笔:“情中明事体,理外见天机。”其时,正值“文革”高潮,吴湖帆的遗体火化后,竟连骨灰也未能保存。

吴湖帆书法

1978 年 10 月,上海市文化局等有关部门为吴湖帆平反昭雪,恢复名誉,并举行了追悼大会。1991 年 6 月,“梅景书屋”弟子在吴湖帆故乡苏州吴县小王山建成了吴湖帆的衣冠冢,作为后人对中国一代艺术大师,名震中外的画家、书法家、鉴赏家、收藏家吴湖帆先生的永久纪念。

吴湖帆是我国现代少有的“复合型”艺术家,他能取得如此高的艺术成就,除了因为他自小在祖父吴大澂的指导下赏析琢磨秘笈古玩、名人真迹外,还与他对艺术涉猎的广度和深度的追求以及独创精神分不开。吴湖帆幼年时,苏州怡园主人顾麟士(字鹤逸)与吴大澂过从甚密。吴湖帆后来知道顾家过云楼藏有北宋名家巨然和尚的真迹《海野图》,是稀世珍宝,很想一睹为快,但顾家中的传世精品并不轻易示人。一天,吴湖帆带了礼物,郑重到顾家登门求见,并虚心说明来意,顾麟士见是老友之孙,不便回绝,就虚与委蛇道:“此画真假一时难分,我拿给外地名家鉴定去了,下次有便再请来吧。”吴湖帆不甘心,他从熟悉顾家内情的老画家处得知,每年黄梅天后,顾家总要把秘笈名画拿出来透透风、照照光,祛除霉湿。吴湖帆一直将此事默记在心。这年初夏出梅后两天，阳光灿烂，吴湖帆径直上顾家去拜访。顾家果然将藏品铺在院中透风照光，见吴湖帆前来，大吃一惊，同时又被其热诚感动，于是主动展示家藏名卷，吴湖帆终于得以大饱眼福。据说，吴湖帆当天凝神审视《海野图》，竟“玩味半日”。

机遇总是青睐素有准备的人。有一次，上门求售的掮客带来一捆书画，吴湖帆感觉到那张破旧的包装纸有些异样，便特意留下，待夜深人静后，他展开包装纸仔细研究，发现竟然是黄公望《富春山居图》的首段，于是出重金购下，又重新装裱成卷，正是经他抢救，这幅名画才得以保存。吴还在画卷的卷前与卷后详记了得画始末，感慨地赞为“惟我天相许”。这幅画也是吴湖帆“梅景书屋”的镇山之宝，新中国成立后让藏于浙江省博物馆。

吴湖帆鉴定作品十分认真，而且非常注意细节。在故宫藏品赴伦敦展出前的上海预展期间，有一幅赵千里的青绿山水因年久破损而掉下了指甲盖大小的一块碎片，吴湖帆即将碎片视为珍宝，原来他觉得这一碎片色层极其丰富，把它放在显微镜下观察，发现这碎片的色层竟有七层之多，那是以石绿与石青交替烘染而成，而且其背后还覆盖着一层石绿。由此及彼，吴湖帆随之在宋元其他名家的绘画中也不断看到相类似的现象与内容，从而揭开了宋元青绿山水画独特艺术魅力的秘密。

吴湖帆还有很高的文学艺术修养，尤善于填词。他学词是受了叶恭绰的影响，而其词学则得到了当代词宗朱孝臧的指正。朱孝臧过世后，吴湖帆又同夫人潘静淑一起问词学于吴梅及冒广生。吴湖帆感情丰富，善于抒怀，状物寄情既形象又深刻。值得提出的是，他有相当一部分词作是吟咏金石书画的，这在以前的词坛中还不多见。1954 年，吴湖帆将其近三十年所填的词结集出版，由于他心仪宋词，故将词集取名《佞宋词痕》，合 5 卷，收词 200 多首，全书系吴湖帆以特别秀丽挺拔的小楷誊写。2002 年 6 月，上海书店新版的《佞宋词痕》，收词 400 多首，其中第六卷到第九卷为吴湖帆 1945 年后的新作，遗稿是由其孙吴元京整理补充收入。

吴湖帆不仅喜欢字画古玩，还善于装帧与保存。在他上海梅景书屋室内壁上曾并排挂着四幅图画，这四幅画乃“四王”真迹，其大小形制几乎一模一样，显然是经过他精心装帧的，但画面又丝毫未见损坏，俨然定做的一般。冯超然曾为之对人叹道:吴湖帆是画家中的郎中,是医术高明的外科医生,会动手术啊!

吴湖帆对书画珍品都有精心题签、题跋。2004 年 8 月,在上海举办的吴湖帆诞生一百一十周年纪念会上,朱梅邨之子、书画家朱大霖深情地回忆了 37 年前吴湖帆给他观赏题跋作品的情景。

1965 年,朱大霖从苏州来到在上海的父母家,经常往返于朱梅邨的端居室和吴湖帆的梅景书屋之间。9 月下旬的一个星期天上午,朱梅邨带朱大霖到上海博物馆观摩苏东坡书"祭黄几道文"真迹,惜乎上博闭馆,致使朱未能如愿。回到嵩山路梅景书屋,吴湖帆问:"怎么来得这样晚?"朱梅邨讲出原委,吴湖帆就对朱大霖说:"不要紧,我给你看件好东西。"接着他特意领朱进了他的藏宝室,搬轴移册开箱拿出了用老青布套套好的一本册页,这是 1945 年他从常熟邵氏处收到的"米南宫多景楼诗"真迹,回到画室,吴湖帆细心打开,把它交到朱手中,耐心地指导朱如何向前人学习。

朱大霖把米南宫真迹捧在手中看了整整一下午,临了问是否要放回去,吴说:"不要,就放在台上。"原来吴湖帆午休时已在酝酿要在宝册上锦上添花了。重阳(阳历 10 月3 日)那天,吴湖帆在册首完成了"取南宫意境写北固江山"图。朱在册尾还清楚看到了吴的这么一段题跋:"多景楼为天下有数名胜,米襄阳此书为天下有数名迹,在北宋时蔡元度席上何伯通以三绝誉之,阅今八百余载完美如故,得而藏之,岂非神灵默护,应有吉祥云覆我处也。"

吴湖帆在书画名迹上留下的词、文题跋,实际上是他为后人留下的一份重要文化遗产。这不仅与他的家学和艺术的造诣、收藏、考据、鉴定密不可分,还在于他的才思机敏灵活,见解独特,应用得当,既言之有物,又切中题意,既合乎理法,又时出创见,词文书画之理浑然一体。收藏、鉴定的文物字画,一经吴湖帆题跋、装潢,作品的文化内涵获得进一步升华,显得更为高雅完整。

吴湖帆还善于教学。他教授画图,反对机械地摹仿他本人的作品,更反对学生只攻画而不顾其他。他认为学画者"要把精力花于三分书,三分诗,三分画上。如专门一心作画,没有其他修养,未免总有缺陷之感"。他遵循"因材施教"的原则,观察各人的特点,再教以相应方法。"每人要发挥每人的特长,可站住脚。"他的弟子中,有朱梅邨、王季迁、徐邦达、陆抑非、俞子才、张守成、宋文治、陆一飞等,他们都各有特长，分别在鉴赏理论、山水画、花卉画、人物仕女画等方面取得了很高的成就。

吴湖帆对家乡苏州有很深的感情，今苏州博物馆收藏的清代状元书扇 70 家 71 幅，就是他积 30 余年收集之功，在 1959 年无偿捐献给苏州的。

客来吴地星霜久：与望族渊源相关的地名风流

崇拜英雄、崇拜名士，是人类的通性。在中国，几千年的专制统治和腥风血雨，致使草莽英雄和布衣名士寥若晨星。虽然有不以成败论英雄的理念在作最后的支撑，但毕竟人少势单，免不了雨打风吹去；因此，能够传世的英雄和金榜题名的名士，实际上都是叱咤风云的权势人物，用时尚的话来说，就是“成功人士”。所以，从某种意义上说，在中国，崇拜英雄、崇拜名士，实际上就是崇拜成功，向往成功。于是，体现在我们的文化上、理念上，表现在我们社会生活的各方面，都能找到和发现崇拜英雄、名士的痕迹。

苏州自三国孙吴以后，越来越远离政治中心，但经济与文化建设却是与日俱进，因为少有政治风波，少有铁骑蹂躏，成为名副其实的中国“后花园”。苏州城有一个特点，打自公元前 514 年伍子胥象天法地、设计规划建造苏州城以来，历经 2 500 多年的风雨沧桑，苏州城仍旧坐落在伍子胥时代的城址上，而且依旧保持着水陆平行、河街相邻的双棋盘格局，苏州人的生产方式、生活方式，甚至风俗语言，虽然不断受到冲击，但传统未断，传承未息。苏州本土上的英雄和名士，是时代的弄潮儿，得意的成功之士；毫无疑问，他们大多数都来自于雄霸一方政治、经济、文化的名门望族，他们对地方的影响（包括生活时尚、文化娱乐），也表现在各个方面。于是，在苏州，从城市街坊到里弄，无论是街巷命名，还是民间语言，风俗习惯，都流传着他们的故事，都或多或少留下了他们的足迹。

街坊故事

苏州是个古城，虽未做过全国性的都城，但当初是作为吴国都城来建设的，所以它在历史上同其他全国性都城一样，也曾盛行过坊巷制。所谓坊巷(又称坊市)制度,即在都城中央皇宫的四周划分为若干地块,称作"坊",坊与坊之间隔以道路,分作居住或市肆,每坊都有名称,坊名即为地名,四周都筑坊墙,开有坊门,定时启闭,这种"坊"类似于近年兴起的封闭性居民"小区"。宋刻《平江图》上已详细刻绘了苏州城内的65坊,说明当时苏州全城居住或成市肆的小区有65个。范成大《吴郡志》卷二引载叶梦得《石林避暑录》所记的苏州坊巷情况为:

平江路联萼坊

吴下全盛时,衣冠所聚,士风笃厚,尊事耆老。来为守者,多前辈名人,亦能因其习俗以成美意。旧通衢皆立表揭(碣)为坊名,凡士大夫名德在人者,所居往往以名坊曲:元参政绛所居,名衮绣坊;富秘监严所居,名德寿坊;蒋密学堂家产芝草,名芝草坊;范侍御师道所居,名豸冠坊;卢龙图秉奉其亲八十余,名德庆坊;朱光禄所居有园池,号乐圃,名乐圃坊……此风惟吴邦见之。

当然,苏州城建的坊巷制度起于何时,今已难详。朱长文《吴郡图经续记》云:"《图经》坊市之名各三十,盖传之远矣……近者坊市多失标榜,民不复称。"《吴郡图经续记》成稿于宋元丰七年(1084年),也就是说,在北宋元丰年间,苏州的坊巷制度已经遭到破坏,城市地名的废立已向街巷体系倾斜。实际上,苏州城内在唐末宋初已开始有街巷名称了。《吴地记》(晚唐陆广微为撰著者之一)虽只收坊名而不列巷名,但书中已明确记有"郡郭三百余巷",原文如下:

罗城,作亚字形,周敬王六年丁亥造,至今唐乾符三年丙申,凡一千八百九十五年……城中有大河,三横四直。苏州,名标十望,地号六雄,七县八门,皆通水陆,郡郭三百余巷,吴、长二县古坊六十,虹桥三百有余。地广人繁，民多殷富，古迹灵踪，实口异事……

（见《吴地记》后旧本原文）

到南宋范成大所著《吴郡志》，其中虽然也还只列坊名，但所注坊名的地望则多用巷名或桥名（苏州河多桥多，有用桥名表地名的），说明南宋时巷名已为人所熟知。如“闾丘坊”，注明在“张马步桥北”；“天宫坊”，注明在“迎春巷”；“灵芝坊”，注明在“侍其巷”；“好礼坊”，注明在“富郎中巷”；“西市坊”，注明在“铁瓶巷”；“吴趋坊”，注明在“皋桥西”；“文正范公之坊”，注明在“范家园”等。明代以后的苏州志书才开始坊、巷并收，其实这时的“坊”已有名无实。清代，苏州街巷增多，乾隆时期《姑苏城图》标绘的全城街巷多达560余条，而其中带“坊”字的名称一共才20条，与《平江图》的65坊相比，不仅数量减少，性质也起了变化，即它们全是作为一定地段的街巷名称而出现的，有的干脆在“坊”之后加一“巷”字，说明坊已失去原有意义，变成普通街巷了。从《姑苏城图》看，由街（路）—巷—里（弄）三个层次所构成的新的街巷体系，已完全替代了旧有的坊巷制，城内自然和人工地理实体都已有了固定的名称，苏州古城的地名已相当完备和周密。

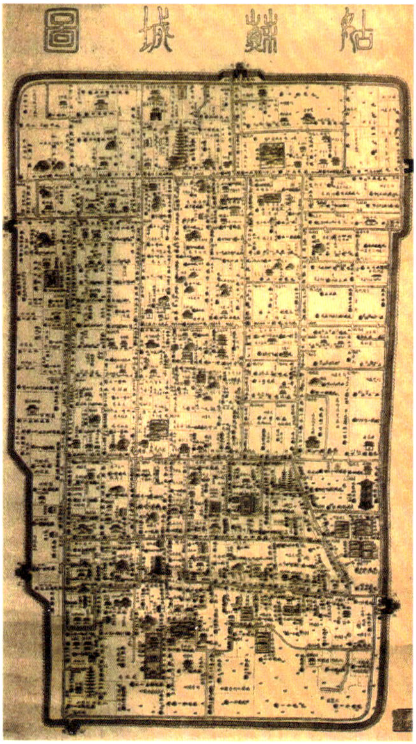

清代姑苏城图

苏州地名，历史悠久，长期相对稳定，名称多样，内涵丰富。许多保留着古老名称的街巷都与苏州的名人、苏州的望族有着或多或少的联系。但地名与宋元以前人物有关的，多为穿凿附会，包括阴错阳差、帝虎成讹的——用苏州话说，叫做“冬瓜缠勒茄门里”（意即把冬瓜当做茄子一类）。

如专诸巷（起止：南起景德路北至西中市）。专诸巷在今苏州阊门内。

专诸刺王僚是吴国历史上的一件大事,《左传》《史记》《吴越春秋》《吴地记》等书都有记载,后来演化成小说、戏剧(剧名“鱼藏剑”)。但考宋代《平江图》中并无此巷名,说明至少到北宋为止,苏州还没有以专诸为名的街巷,但清《吴县志》却说:“专诸宅在阊门内专诸巷,今为石塔庙。”按,今阊门内该地有专诸巷、石塔头、石塔弄等地名。专诸巷在王鏊《姑苏志》中作“钻龟巷”,钻龟,则是上古钻燋龟甲的意思。龟,吴语读如“居”,后误作“穿珠巷”,而“穿珠巷”又讹作“专诸巷”了。据王謇考证,专诸巷近要离墓,“决不以‘专诸’名”(《宋平江城坊考》附录)。因为要离也是吴国当时的大勇士、大功臣。王僚死后,公子光立为吴王,担心王僚之子庆忌报复,命令要离“袖剑杀吴公子庆忌”(《吴地记》),可见要离是以刺杀庆忌而成名的,该巷既近要离墓,却用以纪念专诸,名“专诸巷”,有悖常理,用苏州话说,就叫做“瞎七搭八”了。

要离刺庆忌事,不见于《左传》《史记》,但《战国策·魏策》《博物志·史补》《说苑·奉使》《吕览·忠廉》等书有记载,尤以《吴越春秋》为详。据范成大《吴郡志·冢墓卷》云,要离墓在阊门外金昌(阊)亭。而今所谓“专诸巷”和“石塔庙”等在阊门内城墙边,“近要离墓”之说勉强可通。有意思的是,《会稽先贤传》“贺氏”条曰:

> 贺本庆氏,后稷之裔。太伯始居吴,至王僚遇公子光之祸,王子庆忌挺身奔卫。妻子迸度浙水,隐居会稽上。越人哀之,予湖泽之田,俾擅其利,表其族曰庆氏,名其田曰庆湖。今为镜湖,传讹也。安帝时,避帝本生讳,改贺氏,水亦号贺家湖。

如果《会稽先贤传》之说成立的话,那么唐代诗人贺知章他老人家可是庆忌的后裔了。

总之,不管怎样,即无论今苏州阊门专诸巷其前身是钻龟巷还是穿珠巷,至少从清代开始已定名专诸巷了,但这只是后人对春秋时代名人的一种纪念。苏州相类似的巷名还有伍子胥弄、相王弄、李继忠巷(纪念汉人郦食其,人称郦季子,以音近讹)、干将坊(路)、豆粉园(同治《吴县志》云:“豆粉园,本称巷,或云本称窦废园。”相传为吴王时窦妃墓),以及 2003 年命名的“莫邪路”(莫邪传为干将之妻,两人同为吴国铸剑能手)等。

说到莫邪路,还有一点颇可讨论,“莫邪”作为人名(后又作剑名),邪字不念作“斜(xié)”,应念作“揶(yé)”,但不熟悉吴国历史和故事的人,容易将“莫邪”的“邪”念成“斜”,而读“斜”音的“邪”是个贬义词,意为“不正当、邪恶、奇怪”,苏州人听了,自然感到不舒服,因为“莫邪”在苏州人心目中可是个英雄人物!为此,苏州媒体多次提醒人们要将“邪”字念作“揶”字。其实,地名委员会在取名时,只要将“邪”字改成“耶”字即可。段玉裁注《说文解字》“邪”字时就说过:近人隶书从耳作“耶”,由牙、耳相似。《广韵·麻韵》云:“邪,俗作耶。”莫邪,古人也多写作“莫耶”,而“莫耶”之“耶”,就没有人会把它念作“斜”了。谓予不信,不妨打开《四部丛刊》电子版,全文检索一下,将“莫邪”写作“莫耶”的多达79条,包括《吴越春秋》,包括文章大家苏轼,甚至包括范仲淹,在提到“莫邪”时,都写作“莫耶”。

阊邱坊巷旧宅

话归正传,宋代以还,距今年代相对较短,名人遗迹或有保存,以望族命名、包含较多历史典故的街巷就多起来了。就宋代而言,至今有关的街巷名就有滚绣坊、阊邱坊巷、范庄前、富郎中巷、王枢密巷、丁家巷等。

以官名、姓氏命名的巷名,除前面已谈及的范庄前及在另章中将会谈及的文丞相弄外,比较著名的还有富郎中巷(起止:东接养育巷):旧称德寿坊,以表刑部郎中富严所居。《吴郡志·人物卷》:

富严,宋大中祥符四年进士,以刑部郎中守乡郡。嘉祐中,守秘书监,致仕。未尝一造官府,以耆德称。所居,坊人以德寿目之。富氏本出处之青田,文忠公弼,于富为叔父。严之祖始居吴,葬焉,遂为吴人。子临亦有父名,曾孙钧、洵、元、蘅,皆登科。

原来富严是一代名臣富弼的侄儿，而其子孙多有功名，显系望族。

类似的巷名还有纪念抗金名将麋伯升的“宜都宾巷”——由麋都兵（职务）传讹；闾邱坊巷——宋代朝议大夫闾丘孝终隐居于此，闾丘以耆德著称，并与文学家苏轼交往密切。《中吴纪闻》卷五“闾丘大夫”条云：“闾丘孝终，字公显。东坡谪黄州时，公为太守，与之往来甚密。未几，挂其冠而归，与诸名人为九老之会。东坡过苏必见之，今《苏集》有诗词各二篇，皆为公作也。公后房有懿卿者，颇具才色，诗词俱及之。东坡尝云：‘苏州有二丘，不到虎丘，即到闾丘。’”苏轼所指的虎丘，就是苏州名胜虎丘；所指的闾丘，即是指闾丘孝终，闾丘孝终居住的街坊，今名闾邱坊巷。巷内闾丘大夫宅园，明末清初时名依园，其东又有秀野园，民国时，两园皆废，因遗址内有“妙严公主墓”，俗呼“薛娘坟”，讹为薛家园。1921 年起在其遗址中建电话局，现属苏州电信分公司管辖，业内人至今仍习称巷内电信部门及所在地段为“闾邱坊”。

以一个家族姓氏命名的还有：

叶家弄（起止：南起十梓街北至官太尉桥）：古城内目前尚存的叶家弄，是一条长 450 余米、宽三四米的长巷，宋代翰林学士叶梦得曾居于此，故名。叶梦得（1077—1148 年），字少蕴，号石林居士，是南宋时期有作为的政治家、文学家、经

叶家弄

叶梦得像

济学家，《宋史》中有传，现代许多辞书也有相关条目。叶梦得原籍吴县（今江苏苏州），后居乌程（今浙江湖州），有的史书上只说叶梦得居住乌程，而不提及吴县。

《湖州府志》甚至说“叶元辅居乌程，至梦得已四世”，实误。与叶梦得同时代的范成大就说“叶左丞梦得，居吴下”（《吴郡志·卷五十》）。叶梦得晚年虽居湖州，但次子叶程定居于苏州吴县东山，为东山叶氏始祖，所以旧时东山有叶梦得祠堂。

宝俭堂（叶梦得故居）

叶梦得是宋绍圣四年（1097 年）进士，宋徽宗时为翰林学士。南渡后，任江东安抚制置大使，兼知建康府、行营留守，致力于防备及军饷供应，为抗金作过重要贡献。叶梦得官终知福州，兼福建安抚使。他晚年居湖州卞山，以读书吟咏自乐。叶梦得嗜学早成，学识精博，能诗善文，著作有《建康集》《石林词》《石林诗话》《石林避暑录》《石林燕语》等。

作为一名政治家，叶梦得非常关心国家的命运，不仅屡有建议，且付诸行动，为此，他也得罪了一些权奸。宋徽宗时，丞相蔡京以亲信童贯为宣抚使，令兵取青唐。叶梦得问蔡京说：“童贯已升为宣抚使了，如果取青唐成功，又如何奖他？”童贯取青唐成功后，叶又再次逼问蔡京，蔡京一时不好作答，叶梦得就讽刺道：“‘宣抚使’以上的官衔只有‘开府仪同三司’（意指为丞相的待遇），不知朝廷能给他吗？”蔡京只得表示“恐怕不能这样”。叶梦得接口道：“这就好，不然人家都以为童贯要做丞相了。我为此事已忧愁得夜不能寐。当时升童贯做宣抚使，我不在‘制言’（指替皇上起草诏书）任上，自不便说。现在若提拔他，万一让我‘制言’，我不敢推辞。但后果严重，我也不敢逃避罪责，以后肯定要充军去岭南，如果你相公可怜我，到时安排我去一个好地方就谢天谢地了。”叶梦得话中有话，表达了对蔡京、童贯之流结党营私、胡作非为的不满。蔡京显得十分尴尬：“您老考虑事情总是这样极端，哪里会这样呢？再说，此人怎么能得罪？马马虎虎，自己谦让避祸吧！”叶梦得大义凛然道：“现在讲这话，与以后讲这话，所遭祸害是一样的！”意思是说，对童贯这种人的行径，他始终是反对的，而结果无非是罢官充军，怕什么！

宋高宗赵构定都杭州以后，秦桧擅权，叶梦得受到压制，于绍兴十四年（1144年）被迫上疏告退。

作为一名文学家，叶梦得著述甚多，特别是成书于宋室南渡前的《石林诗话》，见解精深，论述多为后人所重。叶梦得十分留意许多名不见经传的小人物的诗歌，常常记录下来予以褒扬。《吴郡志》记载道：

> 叶左丞梦得，居吴下。一日出阊门，至小寺中。壁间有题诗一绝云：“黄州西陂水漫流，蘧篨风急送扁舟。夕阳暝色来千里，人语鸡声共一丘。”意极嘉之，而不书名氏。寺僧云：“吴县主簿寇国宝所作也。”国宝，徐州人，从陈无己学云。

叶梦得是个诗人，他的词做得尤为出色，《石林词》一卷，刊入汲古阁《宋六十家词》。尤其是他晚年的感怀国事之作，有雄杰之气，常为人所称道。宋人关注在《题石林词》中称赞叶梦得词说：“其词婉丽，绰有温、李之风。晚岁落其华而实之，能于简淡中出雄杰，合处不减靖节（陶渊明）、东坡（苏轼）之妙。”叶梦得前期的词，也有很著名的，《贺新郎·睡起流莺语》就绰有温、李之风，一向脍炙人口。这阕词据传是作者为官后替仪真（今江苏仪征）妓女写的，但他的孙子叶筠证实，叶梦得赋此词时“年方十八”，当时叶梦得尚未中进士，更不用说为官了。

梅家桥弄（起止：东起东大街西至西大街）：原有梅家园，据传为宋诗人梅尧臣（字圣俞）晚年仕处。《宋平江城坊考》引《祝樵野录》：“圣俞晚年谢事，卜筑沧浪之旁，正与子美（即苏舜钦，字子美）相邻。二公一时名胜，日夕往还，酌酒赋诗，相得甚欢。至今称其地为梅家园。”梅尧臣、苏舜钦这两位推动北宋初年诗歌革新、在反对西昆体的斗争与奠定宋诗一些特色方面都起过相当作用的“战友”（两人齐名，人称“梅苏”），晚年竟然都先后隐居在苏州沧浪亭附近，不仅成一文学佳话，也是苏州的荣幸。

关于梅尧臣，似乎有必要多说两句。梅尧臣（1002—1060年），字圣俞，宣城人，世称宛陵先生。从现今保存的资料看，他的创作活动始于1031年，直至逝世，前后整整30年。留下一部60卷的《宛陵先生文集》。他30岁那年,和欧阳修、尹洙发动了声势浩大的诗文革新运动,尽管后来欧阳修得到更大的声望,但在运动发动之初,梅是领头人。欧阳修、王安石、刘敞以及之后的苏轼,都受到梅尧臣的熏陶,都相当崇敬他,欧阳修更是始终称他为"诗老"。南宋大诗人陆游对梅更是佩服得五体投地,他在《读宛陵先生诗》中说:"李杜不复作,梅公真壮哉!岂惟凡骨换,要是顶门开。"他把梅看做李杜之后的第一位作家。在《剑南诗稿》中,陆游自称"学宛陵先生体""效宛陵先生体"者达8处之多。南宋后期的大诗人刘克庄在《后村诗话》里称梅为宋诗的"开山祖师"。

但是元明以后,文学批评家们对梅尧臣的作品就很少像陆游那样肯定了。这是什么原因呢?

原来梅尧臣极有个性,可谓"爱憎分明",他一生经历过三次较大的政治斗争。第一次是在景祐三年(1036年),那时以范仲淹为首的一批官吏与丞相吕夷简政见上多有矛盾,范仲淹认为吕夷简用人徇私,因此提出人事调动必须按正当途径,不能由丞相擅权。吕夷简则反控范仲淹迂阔好进,荐引朋党,离间君臣。由于吕氏得到宋仁宗的支持,范仲淹被出知饶州,他的朋友欧阳修、尹洙、余靖等也相继被罢斥。梅尧臣认为正义在范仲淹一边,就写了多首诗支持范、谴责吕,特别在《猛虎行》一诗中,对当权的吕夷简进行了无情的鞭挞。第二次斗争是在庆历四年(1044年),即范仲淹推行庆历新政时,旧派借陷害苏舜钦进而打击新派(详见本书《雕阑玉砌应犹在》),梅尧臣认为正义在苏舜钦一面,又写了好多首诗歌支持苏和其他新派人士。第三次斗争在皇祐三年(1051年),这一次斗争与前两次不同。当时大臣文彦博由于通过张贵妃的汲引,取巧当上了丞相,殿中侍御史里行唐介因对文彦博提出弹劾,激怒了宋仁宗,被斥为春州别驾。梅尧臣认为正义在唐介一边,就坚决支持唐介,并作诗《书窜》,毫不留情地对宋仁宗、张贵妃、文彦博等作了揭露和指责(正因为诗歌过于辛辣,历代多有人提出怀疑,认为此诗非梅作,后来流传的《宛陵先生集》正统本干脆将该诗删去了)。此外,梅尧臣和范仲淹的友谊后来也转淡了。他俩是老朋友,在范仲淹与吕夷简斗争而失败后,梅是坚决站在范的一边的,但是在范仲淹出任陕西经略安抚副使的时候,两人之间的关系疏远了。范在边事告一段落,进京由枢密副使升参知政事后,与梅的关系进一步恶化。由于范的盛名,后人多从梅尧臣一边考虑原因,似乎过错在梅尧臣。但当代一些专家、学者经过深入研究和慎重考证,最终认为责任应当在范仲淹身上(实际上,《宋史·范仲淹传》中说范"日夜谋虑兴致太平,然更张无渐,规摹阔大,论者以为不可行"已透露了些许消息,不过,历代信奉为"贤者讳",有许多事不便明说而已。详见朱东润《梅尧臣诗选·序》)。

梅尧臣在大是大非面前,态度是鲜明的。他不但对当时掌握大权但受到非议的吕夷简、王拱辰无所畏惧,对当时颇负清誉时望的文彦博、范仲淹也同样有力搏击。当然,梅尧臣的铮铮铁骨也有人理解和欣赏,如欧阳修对梅尧臣始终是友好的。但是欧阳修后来官做大了,阅历深了,为了对梅尧臣给予一定的袒护,在《梅圣俞墓志铭》中说:"圣俞为人,仁厚乐易,未尝忤于物,至其穷愁感愤,有所骂讥笑谑,一发于诗,然用以为欢而不怨怼,可谓君子者也。"这位欧阳先生是出于好心为梅尧臣打掩护,无意中恰恰掩去了梅尧臣作品中的战斗性,使后人不能真正认识梅尧臣作品的精神面貌和鲜明个性,"好事变成了坏事"。

总之,梅尧臣作为被历史尘埃掩埋得较深的一位诗人,在苏州的居住处能作为巷名而传下,多少说明苏州人的宽容和大度。因为范仲淹是有宋一代苏州最负盛名的"乡贤",后来甚至被苏州人当做"神"一样供奉,梅尧臣生前与之不相得,并留下了指责范的诗文《喻乌》和《灵乌后赋》,但苏州人并没有因此怨恨或鄙视梅氏,在近千年"一边倒"的习惯性思维里,梅家弄居然能保存至今(现已并入新市路),实在是不容易。

丁家巷(起止:南起干将路北至大郎桥巷(今建新巷):原名丁晋公巷,即宋宰相丁谓旧居所在地。丁谓是宋代第一个官至宰相的苏州人。他字谓之,年少时与名士孙何友善,人称"孙丁"。曾持自己的文章拜谒名重当世的文学家王禹偁,王禹偁读后大为惊讶,认为自唐韩愈、柳宗元后两百年始有此类文章。淳化三年(992 年)丁谓进士及第,累迁夔州路转运史,曾以和平方式平息过民族纠纷,入为三司盐铁副使,大中祥符五年(1012 年)任参知政事,九年(1016 年)为平江军节度使,知昇州。天禧初,复参政,改枢密使,代寇准拜中书门下平章事,加司空晋国公。宋仁宗即位,进司徒侍中,为山陵使,授太子少保,分司西京,又贬崖州司户参军,后徙兖州,授秘书监致仕,卒年七十有二。丁谓与著名大臣寇准经常意见相左，两人关系很糟，丁谓又陷害过寇准，因而名声欠佳。但正如范成大《吴郡志·人物卷》中所说：“谓机敏有智谋，文学累数千百言，经览辄诵，善谈笑为诗，至图画、博弈、音律，无不洞晓。尝建乡郡节钺，以至宰相……又尝为乡里请于朝，特免丁钱。乡人至今德之，祠于万寿寺。”丁谓是个极富才华的人，除范成大提及的那些才能外，他在统筹学上也颇有建树。沈括《梦溪笔谈》记录了丁谓担任“大内修葺使”修复皇家宫室时的运筹谋略：

平江路建新巷口

> 祥符中禁火，时丁晋公主营复宫室，患取土远，公乃令凿通衢取土，不日皆成巨堑，乃决汴水入堑中，引诸道竹木排筏及船运杂材，尽自堑中入至宫门。事毕，却以斥弃瓦砾灰壤实于堑中，复为街衢。一举而三役济，计省费以亿万计。(《补笔谈》卷二)

这是发生在北宋大中祥符八年(1015年)的一桩大事。这年夏四月，荣王元俨宫失火，延及皇宫殿阁内库，宋真宗命丁谓负责修复失火宫室。京城里本来就拥挤，修缮大型宫殿既需要大量泥沙土石，又需要其他各种建筑材料，运输极成问题。丁谓想了个好点子：先在皇宫面前大道上挖土，以解决取土问题，大道上挖去土，形成沟壑，引入汴河水，就成可通船只的河道，各种建材通过水运木排竹筏进入宫内，宫室造好后，又将废弃砖瓦和垃圾填入沟壑内夯实，复建成通道，“一举三役济”，节约了大量的人力、物力和财力。

但对丁谓，历来多负面评论，如《东轩笔录》所云："丁谓有才智，然多希合上肯，天下目为奸邪。"丁谓有个外号叫做"鹤相"，这是什么意思呢？据《东轩笔录》记载，原来丁谓获得宋真宗信任后，多启迪真宗以神仙之事，又作玉清昭应宫，耗国帑不可胜计。丁谓被任命为"玉清昭应使"后，每遇醮祭，即奏有仙鹤舞于殿庑之间。记录真宗东封一事时，也言宿奉高宫之夕，有仙鹤飞于宫上，及展事，而群鹤迎绕前后，弥望不知其数。至于天书每降，必奏有仙鹤前导。当时寇准在陕西为官，一日坐山亭上，见有乌鸦几十只飞鸣而过，就笑对群僚说："假使丁谓瞧见，当看作为黑鹤了。"因为丁谓每每以丁令威（道教崇奉的古代仙人，成仙后化为仙鹤）后裔自居，好谈仙鹤，故世号"鹤相"。

皇帝喜欢神仙之事，做大臣的就一味逢迎，装神弄鬼，每以仙鹤呈祥行欺骗之实，丁谓品格不可谓不低，但皇帝这么容易上当受骗，本身也有推卸不了的责任。周密《癸辛杂语》中有这么一段记载：

真宗东封回，至兖州回銮驿，酺赐群臣宴于延寿寺。有龟集游童衣袂，大如榆荚，丁谓以献，上命赍示群臣。余为儿童时侍先大夫为建宁漕属，官廨后多草莽，其间多有此物。有甲能飞，其色如金，绝类小龟，小儿多取以为戏，初非难得之物也。鹤相欺君，遽指为瑞，书之史册，可发后世一笑也。

周密所指的"有甲能飞，其色如金，绝类小龟"，其实就是昆虫金龟子，本不足为奇，但丁谓却能以此作为"吉祥龟"讨得皇帝欢心，"可发后世一笑"的应当是皇帝，而不是丁谓。道理很简单，你皇帝先是迷信了，周围宣扬迷信的事物才会"正中下怀"啊！

丁谓还有个丑事，常被人提及，这就是"拍马溜须"的故事。

《宋史·寇准传》（卷二百八十一）：

初，丁谓出准门至参政，事准甚谨。尝会食中书，羹污准须，谓在，徐拂之。准笑曰："参政国之大臣，乃为官长拂须邪？"谓甚愧之，由是倾构日深。及准贬未几，谓亦南窜，道雷州，准遣人以一羔羊逆境上。谓欲见准，准拒绝之。闻名僮谋欲报仇者，乃杜门使纵博，毋得出，伺谓行远，乃罢。

此事其实也大可怀疑，既然说丁谓“出准门至参政”，用现在话讲，丁谓和寇准可说是“哥儿们”了，一个是宰相，一个是副宰相。老哥（宰相）喝汤胡须沾了汤液，做小弟的（副宰相）帮着拂之溜之，其实也不见得就证明老弟是拍马屁高手了。而作为老哥的寇准当了人家面对老弟开了个玩笑，也不致于就使两人成了仇敌。《宋史》将两个政敌间的“倾构”归结于“拍马溜须”、当众羞辱的结果，理由显然并不充分。

汉语中有个词叫做“眼中钉”，也与丁谓有关。因为丁谓在宋仁宗朝擅权，贬贤相寇准于雷州，当时京师就流行谚语云：“欲得天下宁，拔去眼前丁。欲得天下好，不如召寇老。”（见杨慎《古今风谣》）丁指丁谓，但丁又为古“钉”字，此处谐“钉”者。

不过，在对丁谓的一片讨伐声中，也有正面谈论丁谓的，如《邻几杂志》就说：“丁崖州虽险诈，然亦有长者言。真宗尝怒一朝士，再三言之，谓稍退不答。上作色曰：‘如此叵耐，辄问不应？’谓进曰：‘雷霆之下，臣若更进一言，则其人齑粉矣。’真宗欣然嘉纳。”（《谈苑》也有类似记载）在某朝士得罪皇帝，皇帝非常恼怒时，丁谓不仅没有落井下石（按苏州话说就是没有上吊扳脚），而且还巧妙地在皇帝前为之“缓颊”，说明丁谓人情味还挺浓。《东轩笔录》中也记载道：丁谓被贬崖州后，“未尝一日废笔砚”，也就是说精神上没有颓唐，而且贬窜这么多年，“髭鬓无斑白者，人服其量”，病重时“启手足之际，神识不乱，正衣冠，奄然而逝”。实际上，用今人眼光看，丁谓的有些见解还是很独特的，还是很值得肯定或深入探讨的，不宜一味否定。例如，他曾经说过：“古今忠臣孝子事，皆不足信。乃史笔缘饰，欲为后代美谈者。”（《王文正笔录》）他把旧时“正史”上的记载可谓看透了。他又认为“曹操、司马懿为圣人”（《香祖笔记》），在那个时候、那种环境下，能公开表达如此见解，确是不容易的。

因此，苏州人将丁谓家属聚族而居的地方称作丁晋公巷（晋公是丁谓的封号），将丁谓的别墅也称作丁家巷（在苏州阊门外，原称丁家园），或北丁家巷（起止：广济路至义慈巷，现有著名的丁家巷小学），说明苏州人对丁谓的怀念，远远不只是因为他对家乡有恩，大度之外，可能还有其他的考虑，蕴含着另类的理念。

平江路郝长巷

以元代大户姓氏作街巷名的，现存最著名的有郝长巷（起止：东起仓街西至平江路）。郝长巷，原作朱张巷。王謇《宋平江城坊考》卷四“东北隅”援引《吴郡续志稿》，记元代海运事，其首云：“元起海运，朱清、张瑄出焉。两家第宅遍吴中，今朱张巷其故基也。”又引近人笔记谓：“元起海运，朱清、张瑄主之。寓甲一郡，同营广厦于此，故名。”但朱氏、张氏究竟有何故实，已难详考。

明清两朝，距今不过数百载，大户人家故事连篇累牍，屋舍也多所赖存，街巷多袭原名，所以梳理起来，更是流传有序，如大儒巷、潘儒巷、申衙前、申庄前、文衙弄等，其相关望族事迹散见他章，此处不再赘述，惟学士街和怡园里故事，聊补于此。

学士街（起止：南起道前街北至景德路）：这里曾有明代王鏊晚年养老处，因王鏊曾任文渊阁大学士，故名。王鏊（1450—1524 年），字济之，号守溪，晚号拙叟，时人称“震泽先生”。明苏州府吴县（今苏州）洞庭东山陆巷村人。

王鏊 8 岁能读经史，16 岁时跟随父亲到京城太学读书，就能写出一手好文章，每有文章写出，国子监的学子们便争相传诵，一时间名流都与他结为忘年交。明成化十年（1474 年），王鏊中乡试第一名。翌年，会试又是第一名。殿试对策，王鏊本当第一，主考官商辂（明“三元”状元）担心王鏊也成“三元”状元，便有意抑之，将其置于一甲第三，王鏊只得屈居探花，授翰林编修。历任侍讲学士、少詹事。正德元年（1506 年）擢吏部右侍郎、累进户部尚书、文渊阁大学士。次年，加少傅兼太子太傅。逝世后，谥文恪。

弘治十四年（1501 年），王鏊由少詹事升为吏部右侍郎。时值边寇扰境，边疆诸将无人敢当其锋。王鏊即上奏陈述其缘故和利害，显示了他的政治、军事才能。

当时宦官刘瑾专横跋扈、大施淫威，王鏊采用各种办法坚持与宦官势力作斗争。朝廷忠良尚宝卿、崔璿等三人被刘瑾借故毒刑敲打几死，王鏊不顾个人安危，当刘瑾面斥责道:“士可杀,不可辱。”刘瑾又千方百计欲诛杀朝臣韩文、刘健、谢迁,后三人因王鏊“前后力救得免”。刘瑾权倾朝野,气焰日益嚣张,于是王鏊愤然请求告老回乡。正德四年(1509 年),以武英殿大学士致仕。此后,朝廷大臣交相荐举,终不肯复出。

东山王鏊解元牌楼

王鏊居官清廉,全无积蓄,由于“家居不治生产,惟看书著作为娱,旁无所好,兴致古澹,有悠然物外之趣”,被人称为“天下穷阁老”。辞官回乡至逝世,居家 14 年,常与友人结伴优游于湖山胜处,或泛舟太湖,仗剑豪歌;或徒步岩崖,赋诗题铭;或伏案窗下,潜心著述;或为民疾苦,仗言执义。他热爱家乡,重视家乡的文化建设,曾多次亲自实地调查考察,访问村野遗老,著有《震泽编》《姑苏志》等。

王氏是一个大家族,代有才人出世。王鏊的八世孙王世琛为清康熙年间状元,算是补了王鏊的缺憾。他的第十四代嫡孙王己迁(美籍华人),曾拜艺术大师吴湖帆为师,终于成为现代著名书画家、鉴定家、书画收藏家。

东山王鏊会元牌楼

东山王鏊探花牌楼

王鏊故里陆巷有惠和堂及解元、会元、探花牌楼。传说王鏊晚年曾在苏州城西夏驾湖旁筑怡老园，学士街因此得名，实为宋代“药市街”传讹。但申衙前（今景德路黄鹂坊桥东）有王文恪祠，现为江苏省文物保护单位（今由苏绣博物馆管理）。

怡园里（起止：东起人民路西至庆元坊）：有明代状元书法家吴宽住宅处，此处古称修竹巷，因吴宽得中状元后，官至礼部尚书等职，故修竹巷于明弘治年间改称尚书巷，后改巷为里，清代光绪年间顾文彬在吴宽故宅旧址上建起了怡园，为清末苏州一座著名的园林。上个世纪中，尚书里改名为怡园里，改名的原因是十全街已有了“尚书里”地名（彭氏状元府第）。

古代考状元，一是看文章，二是看书法。因书法不佳而名落孙山的不乏其人，状元大多能写得一手好字。然而，真正称得上书法家，并在书坛艺苑中留名垂世的状元还是凤毛麟角，明代吴宽就是一位名副其实的状元书法家。

吴宽像

吴宽（1435—1504年），字原博，号匏庵，又号玉延亭主。苏州府长洲县（今苏州）人。成化八年（1472年），连中会元、状元，授翰林院修撰。

弘治十六年（1503年），吴宽升为礼部尚书，原有的官职仍保留兼任。当时的朝廷大臣中，吴宽名望最高。兵部尚书兼东阁大学士谢迁与吏部尚书、华盖殿大学士刘健商量，准备引吴宽共政，但刘健忌妒不肯，他以为谢迁与吴宽都是江南人，两人之间有私情。谢迁愤怒地对刘健说道：“吴公科第、年纪、名声威望都比我早，比我高，我谢迁实在自愧不如，怎么能说我有私情于吴公呢？”不久，谢迁引退，推举吴宽接替自己，结果由于种种原因没有实现。于是朝廷内外许多人都为吴宽惋惜，而吴宽自己却非常平静，反而安慰人家说：“我本来就没有什么想当大学士的念头！”因此有人说他“于权势荣利，则退避如畏”（《玉堂丛语》），他的为人和广阔胸襟也由此可知。吴宽“宏亮粹夷，无矫矫之行，然遇事慷慨敢言”；“人有寸长，必极道之，赖以成名者甚众。宪孝间，朝野仰垂三十年”（乾隆

《长洲县志》卷二十三）。

吴宽70高龄后，身体多病，几次要求引退回乡，结果都被皇帝挽留，最后竟在任上病故，获赠太子太保衔，谥文定。

吴宽是位大书法家，善写真、行、草书；尤工行书，源出苏东坡。王鏊称其字“滋润中时出奇倔，虽规模于苏，而多所自得”（《震泽集》卷二），一反当时吴中盛行的“纤巧媚美”风格。吴宽学习苏书，心摹手追，神形兼善，更可贵的是其笔法能出新意。他对稍后步入书坛的书法家祝允明、文徵明等人，起到了一个开路先锋的作用。吴宽有时也作草书，喜用狂草体。他常临唐代著名书法家怀素和尚的《自叙帖》，其草书亦写得狂奇豪放，几乎到乱真的妙境。

最为书坛传为佳话的是吴宽为营救著名书画家唐伯虎，甘冒危险，写信为他雪冤求情。此书件名为“为唐寅求情札”，共280字，行书。唐伯虎被冤牵进科场贿赂案后，投入狱中，处境险恶。吴宽得知后，不顾自身安危，主动写此“求情札”给他的一位朋友，为唐伯虎雪冤。吴宽书写此札时真情流露，一气呵成。字写得丰润厚实，雄健庄重，用笔淳朴古拙，深得苏字“藏峰画中，力在字外”的艺术手法。因为是私人笔札，毫无雕琢粉饰之迹，天真自在之趣跃动于字里行间。这封信不仅反映了吴宽仗义执言的高尚品德，同时也是件不可多得的书法珍品。

吴宽的传世书迹较多，如《种竹诗卷》《题赵孟頫重江迭嶂图诗》等都是精品。

吴宽性格温雅和厚，家中有田数顷，大多用来周济亲朋好友中的贫困者。他宽厚慈善，重友义，敢为友人或周围的人仗义执言。除上述已讲到的为唐伯虎求情雪冤外，明王锜《寓圃杂记》（卷第四）中还记载了这样一个故事：吴宽有位朋友叫贺其荣，与吴宽是同科解元，但贺其荣参加会试屡试不第，只身住在京城，因精神负担重，身体虚弱，染上了瘵疾，身边没有钱，旅馆老板又逼迫他搬走。吴宽得知后，毅然将贺其荣接到自己家里，煮药、膳食、床褥都亲自动手张罗，问寒问暖，备加关心。贺其荣病重而亡后，吴宽又拿出自己的钱，为他买棺材、衣衾入殓，并身穿丧服，站在灵柩旁，吊唁的客人至，吴宽必亲自应答回拜，早晚进出都作揖叩头，就像对待自己的长辈一样处置。又将贺其荣的遗物一一收殓，“封识甚密”，并扶柩回到吴中。

《古今谈概》中还记载了吴宽巧助卖扇童的故事。明弘治八年（1495年），时

吴宽书法扇面

任吏部右侍郎的吴宽回乡为其母亲守丧。有一天,他送客出门,见一个卖扇子的小孩在路上号啕大哭,便上前询问。原来那小孩拿了扇子在路边出卖时,不知不觉打起瞌睡来,结果被人趁机偷走了几把扇子。小孩怕回去挨打,因此啼哭不已。吴宽十分同情地拍拍小孩的头说:"我有办法叫你父母不打,你拿了扇子跟我来。"吴宽将小孩带到家里,研墨濡笔,挥毫在每把扇面上题了诗,然后对小孩说道:"你拿去卖,包你能卖个好价钱。"

旁人见小孩手中拿有吴宽题写的扇子,便教小孩叫卖:"吴状元题书的扇子,快来买!"人们一听是当代大书法家吴状元题书的扇子,平时想觅也不容易,于是纷纷出高价购买,不一会儿扇子全部卖光。小孩回到家里,如此长短一说,父母把儿子大大夸奖了一番,马上又拿出一堆扇子,第二天叫儿子再去找吴宽。这回吴宽当然不会再题,他笑着劝小孩离去。这个故事后来被苏州的说书先生搬到了唐伯虎身上。

吴宽家为吴中大族,家中向来丰裕,父亲、兄长要他出门"以鞍马代劳",吴宽却屡次求免;家离学舍较远,"迎送往来,终日徒步,韦布修然,惟一童子背笔札以随"。吴宽中了状元、当了尚书后,回到家里也都"屏驺盖焉"。(明王锜《寓圃杂记》卷第四)

吴宽一生"好古力学,至老不倦"(《玉堂丛语》),"于书无不读,诗文有典则"(《明史》卷一百八十四)。他以文章而领袖馆阁,其诗工稳恬雅。文徵明曾拜他为师,向他学过诗文。他的诗歌风格"尚浑厚,琢句沈着,用事果切,无漫然嘲风弄月之语"(清褚人获《坚瓠集》)。

吴宽还是一位有名的藏书家。他手钞的卷帙,自署"吏部东厢书"字样,都为其晚年手笔,非常珍贵。钞本用红印格,版心有"丛书堂"三字。清朱彝尊书《尊

天赐庄

前集后》云："康熙辛酉冬(1681年——笔者注)，予留吴下，有持吴文定公手钞本告售。书法精楷，卷首识以私印，书肆索直(值)三十金。"吴宽撰有《丛书堂书目》一卷，现在还保存在北京图书馆。

吴宽的老家在葑门内东庄，原为五代时吴越国钱元璙及其子钱文奉所始创，据《须静斋云烟过眼录》称，其地在今天的天赐庄。明代时东庄为吴宽之父吴孟融所居。当时广达60亩，有稻畦、桑洲、振衣岗、折桂桥、续古堂、知乐亭等十景，著名画家沈周曾作"东庄图"共20余幅。

桃花坞望族拾遗

苏州桃花坞，是指苏州古城西北部的一块地盘，原是苏州城内最古老、最著名、最具历史文化传奇色彩的地块。

北园西桃花坞长鱼池、蔡家桥一带

说起苏州桃花坞，便有人会提到明代的唐伯虎。其实，早在元代《烬余录》一书中就这样记载："入阊门河而东，循能仁寺、章家巷河而北，过石塘桥，出齐门，古皆称桃花河。河西北皆桃坞地，广袤所至，赅大云乡全境……杜荀鹤有桃花河诗，邦人皆能诵之。"由此可见，苏州桃花坞，不仅成名在唐伯虎于该地筑别墅之前，地块也较今日之桃花坞广大。《烬余录（乙编）》多记唐宋时苏州城内桃花坞事，作者徐大焯，宋末元初吴县人，宋亡后，自称"城北遗民"，居桃花坞庆云里（今桃花坞大街官库巷），时去唐宋不远，其言可信。唐诗人杜荀鹤对吴地很熟悉，他的《桃花河》诗虽已亡佚，但其《送人游吴》诗却流传下来，历千余年而至今，"人家尽枕河""水巷小桥多"，依然是桃花坞大街沿河一带的主景风光。

据现有资料证实，早在北宋，桃花坞就名盛一时，有不少名公巨族的别墅和庄园。北宋熙宁年间（1068—1078 年），桃花坞内有名园"梅园"。筑园的主人是梅子明父子。梅子明任杭州通判时，与文学家苏轼既为同僚又是朋友。梅父嗜石成癖，苏轼后来把自己收集来的数升白石赠给了已归隐苏州的梅氏。苏轼另有诗《寄题梅宣义园亭》云："仙人子真后，还隐吴市门。不惜十年力，治此五亩园。初期橘为奴，渐见桐有孙。清池压丘虎，异石来湖鼋。"故而梅园又别称"五亩园"。由于苏东坡的名人效应，后来五亩园还成了桃花坞中几个名园的泛称，连晚清洋务派人士谢家福也称自己在桃花坞所治之园为"五亩园"（该园林一部分最后归叶昌炽所有，故又称叶家花园）。至今，家住桃花坞的老人仍称桃花坞腹地（今林机厂、林机新村、铁路新村一带）为"五亩园"或"叶家花园"，尽管现在这里连园子的影子都没有了一丁点儿！

当时梅园（五亩园）南面，又有章楶（音"杰"）营建的"桃花坞别墅"。

章楶，字质夫，治平二年（1065 年）进士，历官吏部郎中、同知枢密院事，北宋抗夏名将。他定居苏州后，在城西北部买田数百亩，营建楼阁，并"广辟池沼，旁植桃李，曲折凡十余里，仍桃坞旧名"（《烬余录》），园名"桃花坞别墅"，人称"章园"。这时，章楶族弟、朝廷大臣章惇也建住宅园林于城南，即著名的"南园"，两家宅第，"屹然轮奂相望，为一州之甲，吴人号南、北章以别之"（龚明之《中吴纪闻》）。

据考证，作为一座别墅，章园的重心在今林机新村（大营弄北侧）的西南面，但它与后来的私家园林并不相同，它充其量只是住宅庄园，园内除建筑外，尚有大片农田。“买田五百亩，任人种植，惟阡陌间，随流屈曲，遍栽桃柳。”（《烬余录》乙编，下同）史载：人在园内主建筑“走马楼”上“俯瞰园景，历历在目。暮春三月，菜花油油，黄金布地，一望无垠”。章园极盛期在北宋绍圣年间（1094—1098 年），当时占地竟然“广七百亩”，园内单是用来种植菱、荷的池塘就有 12 处之多。

关于章楶，似乎还可以多说几句，关心文学的人都知道，章楶也是个诗人，《宋诗纪事》中刊其诗 3 首。但真正让后人熟悉其名的，恐怕还是苏轼的一首词《水龙吟·次韵章质夫杨花词》。该词约作于元祐二年（1087），因为这一年正月到四月，章楶官拜吏部郎中（四月三十日迁知越州），而苏轼这时也正在京城任翰林学士。章楶《水龙吟·杨花词》原唱如下：

燕忙莺懒花残，正堤上柳花飞坠。轻飞乱舞，点画青林，全无才思。闲趁游丝，静临深院，日长门闭。傍珠帘散漫，垂垂欲下，依前被风扶起。
兰帐玉人睡觉，怪春衣，雪沾琼缀。绣床渐满，香毬无数，才圆却碎。时见蜂儿，仰粘轻粉，鱼吞池水。望章台路杳，金鞍游荡，有盈盈泪。

苏轼《水龙吟·次韵章质夫杨花词》则为：

似花还似非花，也无人惜从教坠。抛家傍路，思量却是，无情有思。萦损柔肠，困酣娇眼，欲开还闭。梦随风万里，寻郎去处，又还被莺呼起。
不恨此花飞尽，恨西园，落红难缀。晓来雨过，遗踪何在？一池萍碎。春色三分，二分尘土，一分流水。细看来，不是杨花，点点是离人泪。

苏轼的和词历来评价甚高，为此还引起了苏词和章楶原词相比高下的笔墨官司。朱弁《曲洧旧闻》卷五：“章楶质夫，作《水龙吟·杨花词》，其命意用事，清丽可喜。东坡和之，若豪放不入律吕。徐而视之，声韵谐婉，便觉质夫词有织绣工夫。”王国维《人间词话》卷上：“东坡《水龙吟》咏杨花，和韵而似原唱；章质夫词，原唱而似和韵，才之不可强也如是。”以上皆谓苏词胜于章词。《诗人玉屑》卷二十则谓：“章质夫咏杨花词，东坡和之。晁叔用以为‘东坡如王嫱、西施，净洗却面，与天下妇人斗好，质夫岂可比哉？’是则然矣。余以为质夫词中所谓：‘傍珠帘散漫，垂垂欲下，依前被风扶起。’亦可谓曲尽杨花妙处。东坡所和虽高，恐未能及。诗人议论不公如此！”则认为章词有高出苏词之处。而许昂霄《词综偶评》

云:“与原作均是绝唱,不容妄为轩轾。”《艇斋诗话》既推崇苏词之“夺胎换骨手”,又谓“质夫词亦自佳”,则两不褒贬。

“南北章”虽为同族,但章惇、章楶性情独异。章惇急于进取,章楶淡于名利。章楶虽住桃花坞别墅,只是“当春花发,徒步自娱”(见《烬余录·乙编》,下同);而章惇“构园沧浪亭址,穷极华丽……子厚(章惇)告归焚黄,冠盖云集,游宴无虚日”。两人后来因政见不合,竟互不来往,“质夫先生十年一归,恂恂如寒素,西夏功成后,屡引退不许,及子厚再议开边,奏牍书函力阻不已,竟与子厚绝”。

南北章当时在苏州可谓第一大族,“南章”章惇在朝时高官厚禄,自不必说。“北章”章楶也是大户,据凌泗、谢家福所辑《五亩园志馀》引载:章楶有子七人,长子章綍,仕终户部郎中;《中吴纪闻》“章户部”条云:章綍,字伯成,庄敏公之子,庄敏公教诸子甚严,恐其纵肆,闭置一书室中,故綍与綡皆中第而亦甚有文。……晚年诗律益高,清淳雅健,得唐人之风,有文集三十卷,藏于家。终户部郎中。次子章綡,元祐二年(1087 年)进士,仕终龙图阁直学士;三子章综,通判常州;四子章绾,知丹徒县;五子章綖,签判西安州,一说章綖为章楶次子。据《烬余录》乙编载:蔡京掌权后,倾陷章氏,章綖被诬“盗铸”,定罪后,“文面”,即脸上刺上罪犯印记。后平反昭雪,有人劝他用药消之。章綖戏道:“我正准备在脸上加个注解,云‘太师误笔’。为何要消掉它呢?”六子章縯,签判苏州,七子章缜未详。

除了梅园、章园外,北宋时的苏州桃花坞还有孙园和蔡庄两大住宅庄园。孙园地处桃花坞西北部今石幢新村和东、西四亩田一带,建筑年代更早。诗人元稹寄给好友白居易的一首诗中说,“孙园虎丘随宜看,不必遥遥羡镜湖”,可见在唐代诗人笔下,孙园已与虎丘并提。蔡庄,又称“蔡家花园”,在今桃花坞龙兴桥东北面东、西蔡家桥一带。北宋时,整个桃花坞,大片的小桥流水人家,再加上这几大园林的水石之胜,风光甲于吴中。

北宋末年、南宋初年,金兵不时南侵,江南遭到极大的破坏,苏州桃花坞也遭灭顶之灾。

建炎三年(1129 年),金兵先后攻陷建康(今南京)、临安(今杭州)。次年,处于腹背受敌的金兵退出临安,在兀术带领下,沿运河进犯当时的苏州——平江城。二月廿四日,金兵同时从盘门、胥门、葑门、娄门四城门进攻苏州。后半夜,金兵从

民国时期荒圮的五亩园

盘门攻入苏州，城内兵民退至桃花坞，筑“城北土寨”以守。廿六日凌晨，金兵攻破土寨，被誉为人间乐土的桃花坞顿时成了人间地狱。

据《烬余录》及《沼吴编》等记载，金兵攻破“城北土寨”后，在五亩园“天半楼”设宴庆祝，以凌辱妇女和肆意杀戮平民为乐，并积薪焚尸于寨中，寨内男女老少无一幸免。三月初一日，金兵撤离，一把大火又将苏城烧了五日五夜，城内到处断墙残垣。桃花坞中，“庆云庵（在今官库巷内）”“旃檀庵（处五亩园、章园之间）”“报恩寺（今北寺塔附近）”“杨柳楼台（即名胜‘杨柳堤’上的建筑——遗址在今林机厂、铁路新村北部）”“张家祠（在今西大营门附近）”“刘家祠（‘杨柳堤’北）”“梅园（即五亩园）”“章园”“孙园”等，几乎都毁于火。例如章园主建筑“走马楼”，原极为豪华，单是该楼的一副大字楹联（“画栋朝飞南浦云，珠帘暮卷西山雨”），竟全用翡翠琢成，每字皆费千金。金兵毁园离去，人们在瓦砾中仅捡得完好的一个“云”字，其他全化为灰烬了。

建炎之难，地处桃花坞西北部的蔡庄也遭到极大的破坏，但主人蔡隆兴幸免于难。金兵离去后，蔡隆兴首倡“义瘗”，在庄中让出大片土地，用以埋葬战乱中死亡之10余万军民的遗骸，世称“万忠墓”。蔡庄也从此田荒池废（今只剩“东蔡家桥、西蔡家桥”地名），昔日“膏腴之地”，竟成墓群。风雨萧晦之夕，只见磷火丛丛，出没于菱塘芡池之中。后人在蔡庄南面建隆兴祠以祭祀蔡。“隆”字后讹为“龙”字，隆兴祠改建为龙兴寺。上世纪50年代后期，龙兴寺才散为民居。数年前桃花坞中仍有地名“龙兴桥”，南接桃花桥弄，北接西蔡家桥。2004年，桃花桥弄拓宽，作为“中街路延伸工程”，南接桃花桥，北接平四路，桃花桥弄（包括龙兴桥）易名为桃花桥路。

金兵北撤后，经过几十年的休养生息，苏州桃花坞又有所恢复（蔡庄除外）。南宋大诗人范成大《次韵章秀才北城新圃》中已有“方流桃花坞，窈窕入壶天”“西城如西寨，桃花古来多”等句。疑此“章秀才”即是章楶后裔，而“新圃”恐怕就是金人去后重加经营的章园。

范成大有别墅在苏州城外石湖，但“先以石湖稍远，不能日涉，即城居之南，别营一圃……题曰范村……其北又葺古桃花坞，往来其间”（见周必大所撰范成大《神道碑》）。可见除城内范村外，范成大在桃花坞也有园宅。前述诗中的“北城”和“西城”，均指位于城内西北的桃花坞。范另有《北城为雪所厄》诗，说这一年桃花坞的腊梅花为严寒所勒，“新年犹未有春看”，故而感到遗憾。范成大61岁时作《阊门初泛二十四韵》，诗前序言，有“遂至北城检校桃花坞”之句，俨然是主人口吻；他还有一首《千秋岁·重到桃花坞》词，说：“北城南埭，玉水方流汇。青樾里，红城外，万桃春不老，双竹寒相对……人事改，桃源在，神仙虽可学，功行无过醉。新酒好，就船况有鱼堪买。”对桃花坞的描绘还极有深意呢！

需要指出的是：南北宋之间，反抗金兵铁骑蹂躏时，桃花坞中人都表现得十分英勇，下面几则故事散见于诸家笔记：

章楶子侄辈中有个叫章咏华的，居住在申公功德祠（指章楶祠堂）附近，《烬余录》谓这里“曲室洞房，环列左右，极幽雅之趣”，章咏华“藏娇其中”，一名碧桃，工诗词；一名红豆，擅丝竹。金兵攻寨时，作为富家子弟的章咏华并没有逃走，反而与碧桃一起赴难，而红豆“被辱不能起，火化于楼台一炬中”。

旃檀庵住持云逸和尚，早在苏城刚破时，就自驾“瓜皮艇”，主动接应散失在城墙上的守兵，帮他们渡过内城河，安置于“城北土寨”内。守城裨将赵秉中，退至桃花坞后，与云逸和尚一起担起守寨重任。赵秉中膂力过人，善射箭，面对穷凶极恶的金兵，毫不畏惧，发霹雳弩相抗，“弹石横飞，百发百中”，可惜后来身中流矢，死堕长宁池（又名让渔池，即长鱼池，今苏州扇厂及西面一带），云逸和尚也投双鱼池（也属章园十二池之一，位于今苏州扇厂东面）自尽。

还有个叫徐灵姐的女子，与金兵搏斗时，击伤金兀术头部，被绑于天半楼脔割，不屈而死。另有张采姑等四名女子，被金兵掳至对山阁中，不甘受辱，一起跳楼……

建炎之难，致使桃花坞绝大部分建筑惨遭洗劫，所谓“梅、章园林，鞠为茂草”，但位于今官库巷一带的庆云亭却侥幸以存，原因是当地虽属“桃花坞”范畴，但位置偏东南（很可能划在“城北土寨”之外），所以尽管亭额是岳飞亲笔书写，反

文天祥石像

而未见毁坏，这也可算是个奇迹。

可惜的是，南宋后期，年轻的文天祥路过苏州，游览桃花坞时，庆云亭周围已是一片油菜田，文天祥为此有题亭壁诗云：“一片黄云万顷田，江南父老庆丰年”，但诗中没有提到岳飞。以文天祥的为人，不可能见到岳飞题字而熟视无睹，显见那时庆云亭的题额已经不是岳飞的笔迹了。

文天祥在这次出游中，认识了当时还在军府为吏的张世杰，两人一见如故，互相激励。之后，他们分别率军守过苏州城，又先后成为抗元英雄的“贤相”。而两位首次相遇并结交为友的地方，就是在桃花坞，这不能不说是苏州桃花坞的光荣。

提起文天祥与苏州桃花坞的关系，当然还要谈到地处桃花河南岸的文丞相弄（旧称文山寺前）和文山寺。

文山禅寺山门

桃花坞内，旧时多庙宇，直到民国编《吴县志》时，苏州城内著名的寺庙共 24 所，桃花坞地区还占了 7 所（不包括其他的宫、观、祠堂）。但岁月变迁，至今仍旧正常进行佛事活动的，在桃花坞，就只有文山寺了。

今日文山寺一带，原有潮音庵、云林庵、文山寺三座寺院，其中潮音庵创建年代最早。宋德祐元年（1275 年）十月，因元兵南侵，南宋皇帝急命丞相文天祥改任浙西、江西制置史兼平江知府，在苏州组织指挥抗元事宜，据说文天祥就把家属安排在潮音庵内。但文天祥在苏州只停留了 40 多天，又奉命移守杭州，文离开三天后，苏州就沦陷了！苏州人为了纪念文天祥，就在潮音庵附近建文山寺（文天祥号文山），门前的小巷就称作“文山寺前”。据吴光奇所撰《文山潮音禅寺碑记》及其题额的《云山无恙碑》可知，原潮音庵寺院规模很大（“吴中潮音庵，面临中市，背枕桃坞，左邻文山寺，后与云林庵毗连，南宋以来有名之巨刹也”）。可惜民国初年，不仅潮音庵破败，“文山寺已日就衰落，云林庵亦僧徒星散”，于是就在民国十四年（1925 年），以潮音庵为基础，将三寺庵合并，“以文山寺为前代名刹，未可湮没，爰为集议曰：文山潮音禅寺”，后又简称文山寺。寺庙由和尚住持，原云林庵的尼姑则移居附近小园上（巷名）的“法音庵”。

已故著名书画鉴定家吴雨苍先生，系吴光奇之孙，老家就住文丞相弄花萼里，小时候，常随祖父去文山寺。据他生前证实，文山寺附近，包括原树德小学、老虹村一带，多次出土数量可观的“韩瓶”。韩瓶传为南宋抗金名将韩世忠部队军用水壶，粗砂陶质，作橄榄形，小口尖底，有双耳或四耳，可系绳。小者作随身水壶，大者也可用作井里取水。“韩瓶”又称“陶嵬”，实际上是宋代常见的军用水壶，军队眷属也多使用，并非韩世忠军队专用。这至少可以证明，文山寺一带，曾驻有宋军或宋军家属，文天祥当时率军抗元，在这里安置家属的传说，基本可信。

韩瓶

因为文天祥的缘故，所以文山寺虽建在小巷内，却有很高的知名度，尽管寺院在“文化大革命”中被移作厂房，也未遭多大破坏。改革开放后，苏州的著名寺院大多先后恢复，但均属和尚住持；后来，文山寺经批准成为苏州唯一安置尼姑的庙宇。深厚的人文底蕴和相当的建筑规模，使文山寺也具有了独特的历史文化价值，现为苏州市文物保护单位。

我们还要提一提抗元英雄张世杰及其族子张聿然。公元 1278 年，文天祥在广东潮阳兵败被俘，元军威逼他写信招降张世杰，文天祥严词拒绝，并抄写了自己的《过零丁洋》诗以明志，1283 年文天祥从容就义于大都。张世杰也是好样的，兵败后，仍率水军在广东沿海坚持抗元斗争，第二年被元军张弘范战败于崖山，陆秀夫抱着小皇帝投海，张世杰突围，遇台风溺死，南宋遂亡。

张世杰族子张聿然，原在江南一带组织民众抗元，临安失守，有一位自称当朝“公主”的女子徙避吴兴，与张聿然结为夫妇。宋亡后，抗元斗争趋于低潮，为避元军搜捕，两人一起退隐在苏州桃花坞今西大营门一带。张聿然建采香庵于东荷花池畔，奉祀张世杰像；“公主”结茅于西荷花池畔，画兰竹以明志，号静顺道人。这时，有梅家姐妹二人，被达鲁不花所逼，毁容出逃，张氏夫妇收留了她们，并在原梅园寄茅庐故址上为两姐妹另筑庵堂。达鲁不花侦知张聿然是张世杰的族子，又搜得张世杰像，就令当地恶少反诬张世杰“诱匿民女”，酿成大狱。张聿然等四人被害后，人们在西荷池庵筑“鸳鸯亭”殓葬张聿然等人的遗骸，以志纪念。据《烬余录》，张聿然被捕后是“毙于狱”，张世杰“庵像亦毁”，而静顺道人、梅氏姐妹“未一年同时化去”。《烬余录》成书于元代，对元代政治有所忌讳，但从上述那些闪烁其词的记录中，我们不难想象张氏夫妇、梅氏姐妹被害之惨烈。

元代的苏州桃花坞还是乡村风貌，田野古趣，仍然是城内市民踏青、游览的“后花园”，但桃花坞内居民成分有所变化。

桃花坞“三角湖”一带

苏州桃花坞一带，早在汉代已有大片桑林，蚕农应是苏州桃花坞的第一批居民。唐宋两代，达官贵人纷纷在这里兴建别业、庄园，除园主及眷属外，他们雇佣的杂役、佃户（以菜农、渔民为主）也成了当地居民。我们从刻制于宋绍定二年

(1229 年)的《平江图》和王謇撰写的《宋平江城坊考》中可知,直到宋末元初,桃花坞街(今桃花坞大街)以北的桃花坞腹地,基本没有街面,仍以水网密布的旷野为主。元代当局在城乡遍设甲主,甲主治下居民受到甲主严密的监视与残酷的迫害,其处境几同卖身奴隶。但元人对"舟人不设甲主,舟人向不辱身"(见《烬余录》,下同),所以桃花坞内的靠养鸭、打渔和种植蔬菜、水生作物(菱、藕、芡实、茭白)为生的农民都以"舟民(即船民)"自居,许多"逃避无所,俯仰无资"的女子为免遭迫害,也往往"竟出下策为舟妓"。当时,苏州从城内桃花坞通过阊门到城外虎丘,有一条旅游水道,"春秋佳日,游船集虎丘桃坞者,几成海市",水道上"遂多名妓"。上述"船民",其实都岸居于桃花坞,比较集中居住在鸭栏桥(在东、西蔡家桥之东,原林机厂内)、渔家弄(在长鱼池、占鱼墩东北,后属林机新村)等处。

当时隐居在桃花坞的诗人陈深(宋亡后,闭门著书、教书,人称"宁极先生"),有《次韵子封承之游桃花坞》诗云:

阊门行乐送韶华,闲访城阴野老家。
黄蝶得晴飞菜叶,翠禽隔浦啄桃花。
衡门倒屐临官路,古渡横舟阁浅沙。
亦有诗人时一到,醉吟行尽夕阳斜。

从这首诗中我们可知,桃花坞在元代,除了小桥流水外,油菜花和桃花依然是桃花坞田野风光的主景。

元末明初,张士诚屯军在桃花坞,并建演武场,朱元璋军"捣桃花坞",灭张士诚,苏州桃花坞又遭兵劫。明初大诗人高启有《过城西废坞》诗云:"乱前游最熟,乱后问都迷。园散栽花户,林荒采菊蹊。废泉流圃浅,斜日下云低。惟有烟中鸟,迎人似旧啼。"就是当时的写照。

可是,很快桃花坞就从衰败中苏醒,尤其唐伯虎卜筑桃花坞(今廖家巷准提庵北面唐寅坟一带,旧有唐家园)为桃花坞增添了光彩,更提高了桃花坞的知名度。嘉靖年间(1522—1566 年)的《夏介若碑记》甚至说:"桃花坞,吴门最胜处也。台榭花竹,园林蔬圃,号称极盛。"然而,此时去古已远,两宋名胜及人物故事早已湮没无闻。后人"说古",往往只能从明代开始。所以清代大学者俞樾不无遗憾地

北园景色

吟道："拜石亭连碧藻轩，吴中五亩旧名园。后人来往桃花坞，底事惟知唐解元！"说到"唐寅坟"需要解释一下，唐寅坟现在只是一条巷名，据说唐伯虎去世后，先葬于此，后才在好友祝枝山等主持下被移葬横塘王家村，但唐小妾九娘仍葬桃花坞，所以石问壶《九娘墓》诗云："多情最是解元郎，魂伴桃花冢亦香。可惜鸳鸯终独宿，何年合葬到横塘？"（见《桃坞百绝》）

明、清两代，桃花坞南部，即桃花坞大街及周围民居，鳞次栉比，商店、工艺作坊已比比皆是，成了繁华的居民区，但桃花坞北部的园林胜景却在不断衰落。清光绪年间（1875—1908 年），谢家福修撰《五亩园志》时，桃坞的名胜古迹多半名存实亡，只有东北部的五亩园（叶家花园），尚有亭台建筑及屋宇群落，但也千孔百疮、风雨飘摇了。作为一座园林，五亩园最终消失在上世纪 60 年代。

状元宅园钩沉

苏州是个状元之乡，自唐、宋到明清，共出状元 51 人（文状元 45 人，武状元 6 人）。特别在清代，自顺治三年（1646 年）开科到光绪三十年（1904 年）废科举为止，全国共有状元 114 名，其中苏州就有 26 名，占了五分之一。

从苏州走出的状元大多在京城或外地为官，有的终老外地，有的年老退休后才回乡。他们都是"成功人士"，所以苏州"老家"至今尚有他们遗迹。

抗金名将周虎

苏州现存最早的状元居所，是南宋武状元周虎所住的庆元坊。

周虎（？—1229 年），平江府（今江苏苏州）常熟县人。宋宁宗庆元二年（1196 年），周虎考中丙辰科武状元，授殿司步军同正将。之后他历任武学谕、閤门舍人，曾充金国贺生辰接伴副使，知光州（今河南淮河以南、竹竿河以东地区）和楚州（辖境相当今江苏淮河以南，盱眙以东，宝应、盐城以北地区）；后又任和州（辖境相当于今安徽省和县、含山等地区）知州。

和州为当时宋、金争夺的军事重镇，宋宁宗开禧二年（1206年）十一月，金朝集中数道精兵攻围和州城。和州城中守兵不足两千人，敌强我弱，形势十分险峻危急，有人提议撤兵退保江西。周虎不为所动，誓死守城，他在城楼灵会门上特设置宋太祖、宋太宗神位，面对和州父老慷慨陈词："吾国家守臣，一朝去此，则为奔亡之人。失节败名，生不如死；效死弗去，虽殁犹生。吾计决矣！"（同治《苏州府志》卷九十）

周虎母亲何氏时年已90岁，她原先带了9岁的孙子避难于江南，得知和州险情后，毅然带领小孙子星夜兼程赶到和州，决心与城共存亡。周虎要母亲赶快回去，何氏则对周虎说道："你如果死了，叫娘与你儿子到哪里去？！"于是移居城郭，亲自为将士送水做饭。城中将士无不为之感动，士气大振。守城历时一个月，双方交战达34次之多，杀死金兵骁将10余名，最后还射死金兵右帅石硊跶，金兵受重创败退而去。

和州战役虽称不上是大的战役，但它历时较久，并最终以少胜多，足以和韩世忠黄天荡之役相提并论，在南宋抗金史上占有很重要的地位。它挫败了金兵的锐气，打出了宋兵的威风，由是宋与金的"议和始坚决，而江淮奠枕矣"，江淮一带从此得以安定。

和州战役胜利结束后，周虎母亲何氏肩舆登城，散奁箧以犒劳守城将士，并且说道："城不破，儿不死，诸军之力也！"将士们莫不感动哭泣。朝廷褒奖周虎，周虎则推功归母亲，于是朝廷封其母亲何氏为"永国太夫人"，和州百姓出资建造生祠以祀周虎母子。淳祐中，该祠被赐名忠烈祠。

周虎为人倜傥，轻资财，尚义气，一度因忤权贵被诬，贬谪安徽徽州，后来又官复原职。不久，母亲病逝，丁忧回乡，归居平江（今江苏苏州市区），家居共12年，其间杜门谢客，即使是原来的老部下来看望他也坚决不接见。宋理宗绍定二年（1229年），转为和州防御使（此官无职掌，仅为武臣之寄禄官，位高于团练使而低于观察使）。绍定二年（1229年）于苏州寓所病逝，卒年69岁，赐谥号"忠惠"。

周虎勇敢善战，武艺高强，有杰出的军事指挥才能，并有儒将风度和文人之才。志书称他“有大将器，功在江淮，忠节罕比；而文词赡敏，尤善大字，名重一时”（同治《苏州府志》卷九十八），可见，周虎这位武状元人品高尚，忠孝两全，能文能武，而且还是位书法家。

周虎的苏州住所在城内雍熙寺附近的庆元坊，范成大《吴郡志》云：“庆元二年，周虎为廷魁，以名坊，在雍熙寺之东。”今该巷尚存，南起干将路，北至马医科，古风犹存。

状元书法家吴宽（略，前已述）

状元宰相申时行

明代的申时行，因评弹《玉蜻蜓》的影响而成为苏州人非常熟知的一位状元宰相，前已详述。他是苏州吴县人，字汝墨，号瑶泉，为明世宗嘉靖四十一年（1562年）壬戌科状元，官至吏部、礼部尚书和大学士，继张居正之后为内阁首辅，长达9年。晚年回到苏州故乡闲居，卒后诏赠太师，谥文定，赐葬于吴山之阳。在苏州故乡，有申时行的家宅和祠墓，规模都很宏大。据《吴门表隐》卷五记载：他家的居宅共有8处，分别名为金、石、丝、竹、匏、土、革、木。在申衙前（今苏州城内景德路中段）和百花巷各有4座大宅。东、西均建有跨街牌坊，东坊的题额为“台衡盛世”，西坊的题额为“师柱清朝”。在申衙前南边不远的慕家花园巷内，还建有两座花园住宅，主建筑名赐闲堂（申时行给自己的文集定名为《赐闲堂集》）。旁有旷观楼，前有梅花园，景物十分清幽。

申氏故宅今尚有两处保存完好。一为环秀山庄，原有宝鉴堂、蘧园、来青阁诸构，后归毕沅所有，又为孙士毅宅。清道光末年改为颐园（即环秀山庄）。今天的中医博物馆所在地也是申氏旧宅，清光绪间为珠宝商杨洪元所得，杨购得后并进行了改建。现东、西两落已拆除，其中花厅一座名“拜石轩”，已于1983年移迁至双塔西院内。西落之大厅尚存，名春晖堂，为五开间，宽21.26米，深13.5米，前后有翻轩，檩枋间均设斗拱，规制宏大，可置100桌酒席，故称“百桌厅”，是“苏州两只半大厅”之一。

文震孟药圃

文震孟事详见本书之《雕阑玉砌应犹在》篇。文震孟的曾祖父是明代苏州文坛领袖文徵明，文氏一门数代均为著名的文人学士。文震孟是明熹宗天启二年(1622年)壬戌科状元，授官京城。他秉公执法，不久便因得罪权阉，被削职回苏。阉党覆灭后，文震孟又赴京从政。崇祯八年(1635年)出任礼部左侍郎兼东阁大学士三个月即被罢归，回住阊门内住所药圃之中，药圃即今艺圃的前身。

文氏住宅的入口处在东侧的文衙弄内，宅园面积共5.7亩，建筑基本完整。住宅前后四进，门厅东向，西行经曲折通道，折北有轿厅、大厅和后楼数进，近年均已被整修一新。花园部分位于住宅之西，园内以水池为中心，池南垒石为山，池北水榭五间，临水而筑。北有大厅博雅堂。池侧绕修廊，东南筑乳鱼亭，该亭梁架上的明式彩绘弥足珍贵。艺圃现为姑苏名园之一，四季游人不绝。

文震孟生前为吴中名胜所题写的碑刻，至今尚有迹可寻。著名的山塘街葛贤墓前所立"吴葛贤之墓"碑，就是文震孟所题。又有瑞光塔下的"瑞光塔赞碑"，赞文为朱元璋撰，文震孟手书。此碑虽经数百年风雨侵蚀，至今仍完好无损，巍然屹立，十分引人注目。

祖孙状元"彭家门"

清代苏州长洲县的彭定求、彭启丰祖孙二人，先后状元及第。彭定求是清康熙十五年(1676年)丙辰科状元，彭启丰是清雍正五年(1727年)丁未科状元，中间仅相隔51年。彭氏门阀辉煌，提起"彭家门"，苏州无人不知，详见本书之《簪缨联翩春常在》篇。

彭氏世居苏州葑门内十全街砖桥(今百步桥)附近，今十全街东段的尚书里即为彭氏祖孙状元第的所在地。因彭启丰乾隆年间曾官至兵部尚书，故状元第又称尚书第，今十全街仍有尚书里，也是以此得名。状元第的具体地点东起今振华中学一带，西至相王弄，南临南园。自康熙至道光年间，状元第不断营建修缮，规模很大。其中的标志性建筑系祖宅内始建于明末的衣言堂。彭定求高中状元后，于康熙年间在重修衣言堂的同时，又在宅南构筑南畇草堂和茧园，园中嘉树琼花，四季飘香，最后他留下的一部著作就叫《南畇全集》。乾隆年间，彭启丰再次大规模修整家园，当时园中拥有兰陔草堂、环荫书屋、蝶梦龛、漱玉亭、含青阁、漪涟桥、

文星阁

见山冈、待月坡、疑舫、蔬圃等十景，风光旖旎，引人入胜。尚书第现已散为民居，但轿厅、花厅、堂楼等建筑尚存。西面彭义里，即为清代彭氏义庄的所在地。

彭氏祖孙学识渊博，现苏州大学内有一座钟楼（又名方塔），系明万历三十三年（1605 年）建，阁高四层，上悬“文星宝阁”铭文铁钟，是苏州独具一格的古建筑，至今保存完好。彭定求的父亲彭珑曾在此讲学，彭定求高中状元后，彭氏又出资重修，并在阁下增筑朝元阁、时习堂等建筑，规模愈盛。苏州民间传说文星阁附近的双塔是两枝笔，钟楼则是一锭墨，新学前的池塘是砚池，象征家住苏城东南一隅的彭家出了祖孙状元，文运鼎盛。

连中“三元”的钱棨

苏州古城内人民路沧浪亭北有个三元坊，这里原有石牌坊一座，是为清代乾隆时连中“三元”的钱棨而建立的。

钱棨像

所谓“三元”，即乡试第一名“解元”、会试第一名“会元”和殿试第一名“状元”。连中“三元”自然是件不容易的事，同时也是十分荣耀的事。自隋代开科取士以来，历史上连中“三元”的总共只有14人，他们是唐代的张又新、崔元翰，宋代的王曾、宋庠、冯京、王岩叟、孙何、杨寘，金代的孟宗献，元代的王宗哲，明代的许观（又作黄观）、商辂，清代的钱棨和陈继昌（参见明焦竑《玉堂丛语》与清赵翼《三元诗注》）。而钱棨是明代正统十年（1445年）商辂中“三元”360年后，也是清朝开国140年来的第一位“三元”。

纪念钱棨石刻

钱棨（1742—1799年），原名起，因与唐代钱起同名，遂改名为“棨”，字振威，一字湘舲（或作“湘灵”）。苏州府长洲县人。

钱棨出身书香门第，曾祖父钱中谐，字宫声，号庸亭，居住在苏州东郊外唯亭澱泾镇（今苏州相城区阳澄湖镇），是顺治十五年（1658年）进士，康熙十八年（1679年）参加博学鸿词科考试，名列一甲第十四名，授官翰林院编修。钱中谐“学问淹贯，诗文雄赡”，曾参加纂修《明史》。另著有《中吴文献》60册、《三吴水利》3卷。钱棨的祖父和父亲也是颇有学问的读书人。

在父辈的熏陶下，钱棨从小研习八股文，专心笃志科举业，学习十分刻苦用功，夜读常常到五更天。但是尽管如此，在考取“解元”之前，他的文运并不顺畅。据《吴县志》（卷七十一）记载，少年时的钱棨曾多次参加童子试，但都落榜了。至乾隆三十一年（1766年），终于以第一名考中生员，成为长洲县秀才的“案首”。接着参加乡试，又一连六次落榜，至乾隆四十四年（1779年）第七次参加乡试时才交上好运。相传主考官谢墉（一说翁方纲）深夜阅卷时做了个梦，梦见有一位神仙授他一支巨笔，笔上刻有“经天纬地”四字，笔端饰以孔雀毛，光焰夺目。一觉梦醒时，案上正好放着钱棨的试卷，谢墉想梦中神仙所授“经天纬地”之笔必定就是此人，便把钱棨的试卷放置“解首”，于是钱棨便成了第一名——“解元”。

但据清顾震涛《吴门表隐》（附集）载，钱棨不仅是“三元”，而且还是个“六元”呢，云：“长洲钱阁学棨，乾隆乙酉（1765年）县、府试皆取案元，学院梁国治科试，取入长庠泮元。已亥乡试解元，辛丑会试会元、殿试状元。六中皆元，自古未有。”由此记载足以看出钱棨应试科举的高超技能。

钱棨连中“三元”确实是很不容易的幸运大事。他连中“三元”的消息传出，首先惊动的是乾隆皇帝。乾隆帝认为这是清开国以来的大喜事，更是“太平盛世”的瑞兆，所以在传胪之日，乾隆帝甚至亲自作了《御制三元诗》庆贺纪念。其诗云：

龙虎传胪唱，太和晓日暾。
国朝经百载，春榜得三元。
文运风云壮，清时礼乐蕃。
载咨申四义，敷奏近千言。
讵止求端楷，所期进谠论。
王曾如何继，违弼我心存。

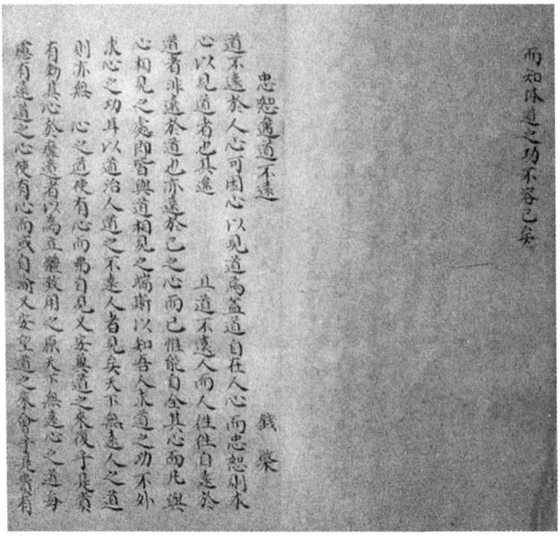
而知体道之功不容已矣
忠恕違道不遠　錢棨
道不遠於人心可因心以見道而益道自在人心而忠恕則本
心以見道者也其遠　且道不遠人而人往往自遠於
道者非遠於道也亦遠於己之心而已惟能自全其心而凡與
心相見之處即皆與道相見之端斯以知吾人求道之功不外
求心之功耳以道治人道之不遠人者見矣天下無遠人之道
則亦無　心之道使有心而弗自見又安與道之來復乎是貴
有勤其心於應遠者以為立體致用之原天下無遠心之道每
慮有違道之心使有心而或自[illegible]又安望道之來會乎是貴有

钱棨手稿

在诗中乾隆不仅赞赏钱棨的殿试对策好，文章虽只“近千言”，而内容切实，表述完整，而且还夸赞钱棨书法亦端正，清秀有力。看来钱棨连中“三元”凭的是实力，而非像昭梿所说：“钱三元棨登第时，为谢金圃所援，故人多轻之。学问肤浅，不识古今事”（见《啸亭续录》卷四）。在京的士大夫及四方诗人也纷纷赋诗祝贺，“和者数百家”。仅翁方纲一人就曾作有《三元花歌》《三元喜宴》诗等四首。后来，翁方纲还特地将这些诗搜集起来，汇编成《三元诗集》，并付梓传世（《清稗类钞》第二册)。

钱棨中状元后,授职翰林院修撰。不久,父亲病逝,丁忧回乡。乾隆五十一年(1786 年)八月,充顺天乡试同考官。翌年九月,奉命在上书房行走,很快充三通馆纂修、武英殿分校。后又兼任太子师傅,负责教习皇子皇孙。

乾隆五十四年(1789 年)三月的一天,乾隆皇帝来到上书房,想看看钱状元是怎样教皇子皇孙的。可是,当他走进书房却惊讶地发现屋内竟空无一人;再查看上书房的入值门单(考勤表),发现从二月三十日至三月初六,钱棨等师傅“竟全行未到,殊出情理之外”。乾隆又把皇十七子和军机大臣刘墉等人找来,当面询问其中原因。皇十七子答道:“阿哥等每天都到书房,而师傅们则往往有不到者。”乾隆听了非常生气,结果钱棨被“革职留任”。据说乾隆还表示必须再考验八年,倘若这八年间钱棨没有出错,才有可能复职。

其实,钱棨官场受挫的原因也许并非这样简单。书房缺席之事,很可能是和珅精心设计的阴谋。后来的事也似乎可以证明这一点。事发四年后(即乾隆五十八年),乾隆皇帝便擢升钱棨为右赞善,并没有“八年无过,方准开复”;翌年,又任命他为广东乡试副考官。乾隆六十年(1795 年),又擢升钱棨为中允,不久再提升为侍读,充任日讲起居注官。钱棨的连续提拔也似乎表明乾隆皇帝已看出了问题的症结并不是钱棨不敬业,只是皇帝金口不便随意改变,于是只能在时过境迁后用种种方法来补救自己的错误决定。后来,和珅败倒,许多人受到牵连,而钱棨则“悠然事外,时论高之”。

嘉庆二年(1797 年),钱棨被擢为右庶子,不久又转为左庶子。翌年三月,被擢为侍讲学士,不久升为侍读学士。同年五月,充任云南乡试正考官。七月乡试结束后,即被任命为云南学政。嘉庆四年(1799 年)三月,被提升为内阁学士兼礼部侍郎,但仍留任云南学政。

钱棨提督云南学政期间,忠于职守,认真负责。他克服交通闭塞等困难,经常到云南各地视察和讲学,曾按试澄江、临安等府。深知举业艰辛的他每次主持考试都能“拔取公平”,因而“舆论翕服”,对他的评价很高,可见钱棨确实为发展云南边疆地区的文化教育事业作出了一定的贡献。在视学按试时,钱棨不幸触受瘴湿(虐疾),但他仍然带病坚持工作。嘉庆四年八月,病逝于云南任上,年仅 58 岁。

他只身一人到云南提督学政，亲属家人都没有带在身边。钱棨病逝后，云南总督富纲为之料理后事，并扶柩护送回苏州。

钱棨自幼以孝敬闻名于乡里，母亲高夫人病笃时，他曾割大腿上的肉放到药中煎煮，给母亲服用。中状元后，他不游权贵之门，“人皆重其品”（《吴县志》卷七十一）。应该说钱棨是个洁身自爱、耿介孝亲的官吏。对他的不幸早逝，嘉庆皇帝也感到十分惋惜。

清廉谨正的石韫玉

在苏州状元中，有一位曾掌管潼关之税务，官至山东按察使、山东布政使，先后为官 18 年的状元，此人就是清代乾隆庚戌恩科状元石韫玉。

石韫玉（1756—1837 年），字执如，号琢堂，晚年自称独学老人，别署花韵庵主人。祖籍江苏丹阳，其四世祖从丹阳迁至苏州府吴县。

石韫玉

石韫玉从小聪睿，笃志好学。早年为躲避城市喧闹，曾寓居唯亭镇（今属苏州工业园区）一个名叫顾凤梧的亲戚家，并在镇上的延福寺读书。他遍读群书，学识渊博，与《浮生六记》的作者沈三白友情弥笃。

年轻时，石韫玉曾以“辟邪说，挟名教”为己任。据《清朝野史大观》（卷十艺苑）等书记载，他见到淫词小说等一切得罪名教的书籍，“辄拉杂摧烧之”。还在家中特地置有一纸库，题名为“孽海”，先后曾收集烧毁此类书籍几万卷。有一天，石韫玉翻阅《四朝闻见录》，突然看到书中有弹劾宋代朱熹的疏章，“诬诋极丑秽”，于是拍案大怒，他马上脱下妻子手臂上的金镯头，当得钱五十千，遍搜东南坊肆，共搜买到 340 余部，全部烧毁。

石韫玉读书卓荦有特识，18 岁补吴县学博士弟子员。乾隆五十五年（1790 年）庚戌恩科进士，殿试进呈卷第二甲一名，乾隆帝特拔置一甲一名状元，授翰林院修撰。乾隆五十七年(1792年),特命典试福建,充当乡试正考官。考试结束,石韫玉便奉命提督湖南学政。嘉庆元年(1796年),充日讲起居注官。嘉庆三年(1798年)入值上书房。不久,出任四川重庆府知府,兼护川东道,前后达七年,后历任陕西潼商道、山东按察使,三署山东布政使。

嘉庆年间,四川、湖北、陕西等地发生了白莲教起义。在镇压农民起义的斗争中,石韫玉显得颇有军事才能。

嘉庆十年(1805年),石韫玉因安抚难民和治政有功,升任陕西潼商道,掌管潼关税务。不久又被擢为山东按察使,兼任山东布政使,后因事被弹劾革职。清仁宗念他当年"军营劳绩",赏给他一个翰林院编修、国史馆行走。嘉庆十二年(1807年),石韫玉因足疾乞归回乡。

石韫玉为官清廉,生活俭朴,甘贫乐道。他自35岁及第入朝,至52岁辞官回乡,在朝内朝外共做官18年,但"无寸田尺宅"(石韫玉《城南老屋记》,下同),以致回到家乡后原先抵质于他人的祖上旧屋也无法拿钱赎回,只得将家安到长子石同福为官的浙江紫阳山。

石韫玉出身平素之家,故能关心和体察民间百姓疾苦,乐于济贫赈灾之事。当年在重庆当太守时,他曾收养因战乱而失散的儿童、妇女数千人,并想方设法帮助他们寻找家人,使之骨肉团圆。在陕西任潼商道时,正值陕西、山西闹灾荒,山西尤为厉害,米价暴涨,每石涨到白银十七两。石韫玉毅然开官仓出售粮食,赈济山西灾民。

道光三年(1823年),吴地遭受水灾,百姓无米可炊,忍饥挨饿。石韫玉力请当政者免除米税,通商贩以应急,并劝助赈济。道光十一年(1831年),淮北遭灾,大批难民流到苏州,石韫玉力劝当政者先收容留养,然后分批资助这些难民让他们回乡。道光十四年(1834年),吴地又遭水灾,他不顾年迈有病,再次捐劝赈饥。

嘉庆十二年(1807年)辞官后,石韫玉先掌杭州紫阳书院,金陵尊经书院,后入扬州书局,校勘《全唐文》。嘉庆二十一年(1816年)回到家乡,主讲苏州紫阳书院达22年,"文风丕振",培育弟子众多,为吴地的文化教育事业作出了很大的贡献。他身体强健,年近80时,仍精神矍铄,健谈豪饮。道光初,主修《苏州府志》,全志共160卷,"援古论今,义例赅备;图表志传,有条不紊"(宋如林《苏州府志》

序)，与乾隆《苏州府志》并称为善志。道光七年(1827 年)，石韫玉与吴廷琛等倡修沧浪亭五百名贤祠，并亲自撰写像赞。同时他还热心乡里公益，“凡乡中有善举，公必出为领袖，始终无倦”(陶澍《琢堂石公墓志铭》)。道光十六年(1836 年)，他倡修吴县学宫。其他如善堂、义局，修桥梁、寺观等，他也是“必竭力成之”(《吴门表隐》，下同)。

石韫玉学识博洽，他才思敏捷，作诗“破除唐、宋门户，风发泉涌，援笔立成”(陶澍《琢堂石公墓志铭》)，其文章“贯串古今，尤长于经世之学”(《清史列传》卷七十二)，为后人所推崇。国学大师钱仲联在《乾嘉诗坛点将录》中将他列为“步军协理头二十六员”之一，称他是“金钱豹子”。其著有《独学庐诗文集》、《竹堂类稿》16 卷、《竹堂文类》8 卷、《花韵庵诗余》等；并校勘《全唐文》，选刻明八家古文、清十家古文等。石韫玉还是位戏曲作家，曾著有《伏生授经》、《罗敷采桑》、《桃源渔父》、《贾岛祭诗》、《对山救友》、《琴操参禅》等 9 部杂剧，合称为《花间九奏》，这些剧目均取材于古代文人故事。其中《对山救友》是写明代状元康海(别号对山)为救李梦阳往见刘瑾，遭清议痛责的故事，剧中主要人物和主要事件都有史实根据。石韫玉写此剧的目的是为康海辩诬。此外，他于书画琴棋亦无所不精；又好篆刻，承顾苓“塔影园泥”风格，端庄稳健，有《古香林印稿》行世。石韫玉还是位著名的藏书家，曾建有“独学庐”、“凌波阁”等，藏书四万余卷。

石韫玉第宅在苏州经史巷(今金狮巷)，此宅系其父亲石熙载(字韬山)购得何焯“赉砚斋”后扩建而成。嘉庆十九年(1815 年)，石韫玉“藉朋旧草堂之资，铢积而累”重修。咸丰间，俞樾曾侨寓于此。

道光十七年(1837 年)五月五日，石韫玉无疾卒于经史巷家中，享年 82 岁。石韫玉为人平易近人，性格和善，深受吴地人民尊敬和爱戴。他去世时，弟子无不失声痛哭，乡里百姓亦都掉泪哭泣。巡抚陈銮将他列祀名贤祠。石韫玉的墓葬在吴县光福西迹山，门人湖广总督陶澍为之撰写墓志铭。墓前牌坊柱上刻着“有地在心，不求风水好；无田亦祭，只要子孙贤”的对联。

石韫玉生有四子八女，长子石同福，官至浙江台州府同知；次子石嘉禄，殇；三子石介礽，官至安徽按察使照磨；四子石延禧，早卒。

苏州桃花坞诸多园林，无论是梅园、章园，还是孙园、蔡庄，实际上都是庄园式的园林，它们与明、清两代出现的第宅园林不是一个概念。庄园式园林中，有屋舍，甚至亭台楼阁，但更多的是田地、河流、池塘。庄园式园林中拥有大量可供农业生产的土地、果树和水田、渔池，园主通常另有住宅，园林只是他的“别墅”；而第宅园林，则是住宅与园子合一，不拥有或很少拥有可供农业生产的土地和水面。换句话说，桃花坞中的园林，充其量，只是后来大量出现的第宅园林的滥觞。

宋元以后，苏州地区的经济发展和财富积累，使苏州成了人们衣、食、住、行的天堂，“开门而出仕，则跬步市朝之上；闭门而归隐，则俯仰山林之下”（苏轼《灵壁张氏园亭记》）第宅园林，从庄园式园林中脱胎而出了，苏舜钦的沧浪亭及其附近的南园就是较早出现的第宅园林。这种园林的出现，也是适应了封建官僚、士大夫中流行的“隐逸”理念。长达几千年的封建社会中，从不缺乏“隐逸文化”因子，它体现在封建社会的士大夫最爱自我标榜的一句话中，这就是“达则兼济天下，穷则独善其身”。姑且不论那些居庙堂之高的达官贵人，究竟有几个能惠济天下，也暂且不论处江河之远的下野官吏，“三省吾身”的虚伪性和欺骗性，就他们自身生活而言，他们确实都能做到“独善其身”，因为他们大多有足够的财力、足够的势力，在家乡过着无忧无虑的生活。这里独善其身的“身”并非指一人，而往往是指一个家族（或整个宗族）。家族中因为族人当官而兴旺，当官的隐退了，表面上有些煞风景，其实整个家族“全面罢退”的情况是不多的，他们“朝中有人”的背景一般是不会消失的，师友姻亲、门生故吏，都是他们赖以继续雄踞一方或东山再起的有力支持者，这就是隐逸的本质。而退归的族人，由

南园风光

于都是在外当过官、见过世面的人，很自然地被乡里簇拥着推为家族的代表，这些代表，常常反令整个家族体面风光了。

这些隐退者便是合住宅与园子于一体的第宅园林（即典型的私家园林）的主人。实际上许多大官僚在自己还处于仕途巅峰时，便已在设计隐退后的逍遥生活。《中吴纪闻》"南园诗"条云：南园，乃广陵王旧圃，中有流杯旋螺亭，亚于沧浪之景。王黄州（王禹偁）为长洲时，无日不携客醉饮。尝赋诗云："他年我若功成后，乞取南园作醉乡。"今园中大堂，遂以"醉乡"名之。大观末年，蔡京罢相，欲东还，诏以其园赐之。蔡京即以诗赠亲党，云："八年帷幄竟何为，更赐南园宠太师。堪笑当时王学士，功名未有便吟诗。"

蔡京居相位二十年，又处师垣之尊，退归后占得南园，其得意之态，尽见于诗中。王禹偁"乞取南园作醉乡"，只是寓意欣赏赞美南园，未必真的有觊觎之心，而一代奸相蔡京占得南园后，却真的得意忘形了。不过，从另一个角度可见，当时的苏州南园已是权势人物眼中的尤物，有"必欲得之而快"的诱惑力了。

明清以还，苏州的望族在深宅大院之中，大多有自己的"后花园"。其中财势显赫或秉性喜爱"山林之趣"的，更是会斥巨资营造一个"不出城廓而获山水之怡，身居闹市而有林泉之致"的园林，在其营造、发展、修葺、改换门庭的历史过程中，也常常包含着某个家族兴衰或望族之间的兴替，因而也就有了异样的光彩，异样的故事。

沧浪亭风波

沧浪亭地处苏州古城南郊、人民路东侧，与苏州府学、文庙隔路相望，现有面积1.1万平方米，该处原为五代时中吴军节度使孙承祐（吴越王钱俶的妻弟）池馆，到北宋时已废弃。庆历年间（1041—1048年），由诗人苏舜钦建成沧浪亭园林。

苏舜钦（1008—1048年），字子美，祖籍梓州桐山（今四川中江县），北宋诗人。

苏舜钦出生在开封一个有较高文化素养且锐意进取的家庭，他自小慷慨有大志，人又长得英俊，所以很受时人注目。宋景祐元年（1034年），苏舜钦考中进士，先后任蒙城、长垣等县县令，任职期间有善政，还多次上书议论国家大事，并且“敢道人之所难言”。

庆历三年（1043年）四月，主张革新的范仲淹升任枢密副使，苏舜钦被范推荐召试，授集贤校理、监进奏院（进奏院的职能是上下转发各种文件）。八月，范升任参知政事，苏舜钦的岳父杜衍为枢密使（后又升为丞相），富弼为枢密副使。范、杜、富等人延揽人才，开始实行新政，但遭到守旧派夏竦、王拱辰等人的反对。当时京城里的官署，每年春秋两季进行祭神后，通常“各以本司余物贸易以具酒食”。庆历四年（1044年）九月，正逢秋季祭神，苏舜钦按惯例用所拆的奏封废纸换钱置酒宴客。御史中丞王拱辰指使他的属员趁机控告苏舜钦，十一月，苏舜钦被判以“监主自盗”之罪，削职为民，参与宴会的其他十多人同时遭贬逐。其实，这一事件的真实背景是守旧派通过迫害苏舜钦进而打击新政。就在苏舜钦遭贬后的第二年正月，范仲淹便被免去参知政事，富弼被免去枢密副使，杜衍被罢去相位。二月，又罢磨勘、荫子

沧浪亭看山楼

新法,“庆历新政”遂告失败。

苏舜钦被废后流寓江南,庆历五年(1045 年)四月定居于苏州,他见城南这块曾是孙承祐池馆的废园“崇阜广水,不类乎城中”,便花四万钱买下,略加修葺,并筑亭水边,取《孟子》“沧浪之水清兮,可以濯吾缨;沧浪之水浊兮,可以濯吾足”句意,名亭为“沧浪”,以示避世隐居。三年后,苏被起用为湖州长史,可惜未及赴任,便撇下妻子杜氏和三子两女,病逝于苏州。三年后,杜氏携子女离开苏州,赴南京投靠自己的父亲杜衍,大约就是在这个时候沧浪亭改易主人。叶梦得《石林诗话》提及沧浪亭时云:“子美既死,其后不能保,遂屡易主,今为章仆射子厚家所有”。叶梦得(1077—1148 年)是苏州人,与徙居苏州的章惇(1035—1105 年)不仅是同时代人,而且还曾经同朝共事,因此他的记载有较高的可信度。也就是说,沧浪亭在苏舜钦去世后只几十年时间内已换了几位主人。但叶梦得说得还不全面,因为实际上当时的沧浪亭为章惇与龚明之所共有,两家各得其半。龚明之即《中吴纪闻》的作者,他虽是官宦之后,但一生以教书授徒为业,生活清贫,实在算不得望族,可章惇却是个大有来头的人物。章惇是新党,积极参与王安石变法,元丰三年(1080 年)为参知政事,但很快就被免职。绍圣元年(1094 年)宋哲宗亲政后,又被起用,任尚书左仆射,蔡京等助其倡“绍述”之说,恢复青苗、免役等法。宋徽宗赵佶即位后,章再遭贬谪。但因宋徽宗不久即重用蔡京,故而章氏在苏州的家产并没有受到冲击,章惇卒后被追赠观文殿大学士。南宋初年,政治又为之一变,宋高宗又追论章惇之罪,并下诏令其“子孙不得仕于朝”,章氏一族几乎声名狼藉。就在这时抗金名将韩世忠屯兵苏州,他看中并占领了沧浪亭。

关于韩世忠抢占沧浪亭的事,清代徐崧、张大纯纂辑的《百城烟水》卷一有明确的记载:“韩蕲王府,俗称韩家园,即章氏园也。绍兴初,韩蕲王提兵过吴,意甚欲之,章殊不悟,即以随军转运檄之,章窘迫,急以为献,其家百口,一日散居。”韩世忠当时军权在握,章惇是已故罪臣,韩世忠下令证调章氏子孙担任“随军转运”,逼得章家急忙献出沧浪亭以免其役。韩世忠的这种以权谋私、以势压人的不光彩行为当时无人敢于揭露,只因韩世忠是抗金名将,而后人又“为贤者讳”,也多不提及,倒是韩氏后裔在一篇碑文里有个欲盖弥彰的说法。上世纪 80 年代,在苏州西山镇横山山南蛇口湾原韩氏宗祠遗址出土了南宋淳祐九年

(1249年)三月“太师韩蕲王府功德灵岩禅寺木渎施水白塔下院碑”一方，据碑文所记：韩世忠被削兵权任枢密使后，不愿再居临安，而欲改居苏州，宋高宗便赐庙(木渎灵岩禅寺)、赐宅(沧浪亭园宅，原为罪臣章惇所有)给韩，韩世忠于是在绍兴年间移居苏州，绍兴二十一年(1151年)韩去世，被追封为蕲王，葬于木渎灵岩山西麓(今其墓尚在)。白塔下院为韩氏家庙的一部分，宋末时为避元军，韩氏子孙携家庙碑至横山隐居。不过，碑文中只提到沧浪亭章惇所有的一部分亭园，未提到龚氏的那部分。韩世忠对龚明之所拥有的那部分园亭是怎样处理的，史无记载。但龚明之是一介书生，财力、权势远在章氏之下，韩要占其家园，可说更不费吹灰之力。《中吴纪闻》中隐约透露了一点玄机：“沧浪亭，在郡学之东，中吴军节度使孙承祐之池馆。其后苏子美得之，为钱不过四万。欧公诗所谓‘清风明月本无价，可惜只卖四万钱’也。予家旧与章庄敏(指章惇)俱有其半，今尽为韩王所得矣。”末句多有感慨，似不便明说，但显然也不太愿意将家园拱手交出，只是“韩王”权势熏天，交也得交，不交也得交，“今尽为韩王所得矣”，字里行间，几多无奈，不难读出。

沧浪亭楹联

当年韩世忠占据沧浪亭后，对园景予以了扩建。其后，韩世忠次子韩彦古（周氏所生）于淳熙元年（1174 年）、淳熙二年（1175 年）两次任平江（苏州）知府，应当说这时的沧浪亭一定还属于韩家。从南宋绍定二年（1229 年）所刻的《平江图》碑来看，沧浪亭也一直是完整的。但到元代，沧浪亭废为僧居，延祐年间（1314—1320 年）僧宗敬在沧浪亭遗址建妙隐庵，至正年间（1341—1368 年），又有僧善庆在东侧建大云庵，又名结草庵，为南禅集云寺之别院。明洪武二十四年（1391 年），诏以宝昙和尚居南禅集云寺，将妙隐、大云二庵并入。嘉靖十三年（1534 年），郡守胡缵宗将妙隐庵改筑为韩蕲王祠，以纪念韩世忠，大云庵也屡毁屡建。至明嘉靖二十五年（1546 年）僧人文瑛复建沧浪亭，文瑛也因之而被称为“沧浪僧”。

面水轩

明末，沧浪亭又逐渐荒废，“竹树丛邃，极类村落”。清朝康熙三十四年（1695 年），江苏巡抚宋荦寻访沧浪亭遗迹，这里已是光影无遗，只有“野水潆洄，巨石颓仆，小山蘩翳于荒烟蔓草间，人迹罕至”（宋荦《重修沧浪亭记》），几乎没有任何建筑物了。就在这一年，宋荦开始了重修沧浪亭园的工程，他重修沧浪亭的一个显著标志就是，把临水的沧浪亭亭子移建于园中土山之上，又得文徵明隶书“沧浪亭”三字揭之于楣，还临池造石桥作为入口处，这次改建成就了今日沧浪亭的布局基础。

移亭到山上后，宋荦又命工匠在园内环山建厅、堂、轩、廊，大致是：从碑记厅起，经走廊到面水轩，循走廊先后有观鱼处、闲吟亭、闻妙香室、明道堂、清香馆、步碕亭、御碑亭，这些建筑都是环山而立，形成了以山为中心的布局，充分表现了“高山仰止，景行行止”的主题。

沧浪亭重建之后，由僧人管理。宋荦捐出自己的部分俸禄，置田产以供养僧人，多余的租米则作为修葺亭祠之费。

清道光七年（1827 年），布政使梁章钜又对沧浪亭进行了修建，并分集欧阳修、苏舜钦诗，组成沧浪亭的楹联“清风明月本无价，近水远山皆有情”，由著名学者俞樾书联。从此，这副名联成了沧浪亭最好的广告词。梁又同巡抚陶澍共同捐俸，在园内建造了著名的五百名贤祠。

道光年间先后在苏州为官的梁章钜、陶澍、林则徐等人经常与有交谊的前辈、后生、同好聚会于沧浪亭，或议政，或发现和选拔人才，留下了忠君、忧民、清廉、勤政的美名。

沧浪亭早先虽曾是大户人家的私园，但宋代以后，先为大云庵的一部分，后又逐步演变为由地方官府管理的公共名胜，它既不同于皇家园林，又不同于私家第宅园林，可以说是具有公共性质的园林。明清时期，沧浪亭成为官绅文士聚会议事的地方，特别是清代，沧浪亭周围有行宫、行馆、文庙、衙门等，沧浪亭处于其中，园内政事频繁，是到苏或在苏的大臣官员必访必祭之地。平常，官员文人也多爱聚乐于这里，而众多历史人物演示的历史事件，以及为之留下的诗文，也从各个方面证实了沧浪亭的公共园林性质，有人称其为“邑园”，就是暗示沧浪亭较强的政治色彩和公共名胜色彩。这一点，从沧浪亭内部建筑功能上也可看出一斑，如当时祭祀苏舜钦的苏公祠、祭祀韩世忠的韩蕲王庙，明清时为文人讲学及清末曾作戏院的沧浪亭主厅明道堂，受人祭祠并带有博物馆性质的五百名贤祠等等，从结构、规模和功能上看，都与通常私家第宅园林中的建筑大不相同。不过，沧浪亭的这一独特性还是源于它几代园主的望族身份。可以说，是名门望族的高层次社会交际方式成就了沧浪亭的特色。

沧浪亭不仅是中国现存园林历史最悠久的一个，且从建园至今近千年来，地方史志文献代有记载，从不间断，这在我国也仅此一家。沧浪亭在其发展变迁中涉及的苏州以至全国性的历史事件和历史人物，也是苏州其他园林所无法比拟的，而由著名文人学者包括宋代苏舜钦、欧阳修、梅尧臣，明代文徵明、沈周，清代朱彝尊、阮元、尤侗、王士禛、高凤翰、石韫玉、梁章钜、袁学澜、林则徐、陶澍及近代颜文樑、刘敦桢、陈从周等人所留下的难得的历史文化资料，以及所具有的深厚文化意蕴和独特的美学见解，也为其他园林望尘莫及。

拙政园骊歌

拙政园大门

拙政园位于苏州古城东北部，东北街178号，西临东北街，北接平家巷。此处旧称临顿里，地势低洼，唐以前人烟稀少，虽在城内，竟有乡村风貌。东晋时高士戴颙曾隐居于此。晚唐诗人陆龟蒙亦居于该处，皮日休题为："临顿为吴中偏胜之地，陆鲁望居之，不出郛郭，旷若郊墅。"

到北宋时，山阴主簿胡稷言在陆龟蒙旧址上建五柳堂。胡稷言之子胡峄取杜甫诗"宅舍如荒村"，命其所居为"如村"，可见这时其地仍是非常冷清。建炎之难后，该处更见荒凉，元大德年间（1297—1307年）该处建为寺院，延祐年间（1314—1320年）曾赐额"大弘寺"，又另建东斋，元末时大弘寺毁于兵燹，而东斋（今拙政园东部天泉亭一带）独存。

明正德四年（1509年）御史王献臣买下大弘寺废址，五年丁父忧归苏，见大弘寺废地一带林木绝胜，就着手拓建拙政园。

王献臣，字敬止，号槐雨，祖先系吴人，隶籍锦衣卫。为造拙政园王献臣不避寒暑，不赴庆吊，可谓是殚心竭虑，不遗余力。但王献臣去世后，其子一夜豪赌，就把园子输与了徐氏。之后，王氏子没有从中吸取教训，不知收敛，越发潦倒，以至于一败涂地，据说到了王献臣的孙子一辈已穷到以吊丧为业。

拙政园既归徐氏，历经五世，值清军南下，苏城内外一片混乱，拙政园也成了清军驻扎的地方。园主没有办法，与其让花木糟蹋、家人惊恐，不如将园子卖了；与其卖给毫不相干的他姓，不如卖给有点姻亲关系、降清不久的陈之遴，因为陈之遴继室徐灿也是徐氏族人。徐家是个大族，徐灿曾祖一代的徐泰时就是花步里东园(今留园)主人;祖姑徐媛嫁给范仲淹之后裔范允临,也就是天平山庄的女主人。

陈之遴(1605—1666年),字彦升,号素庵,明末清初著名诗人,浙江海宁人。崇祯十年(1637年)进士(一甲二名),顺治二年(1645年)降清,开始时颇获清廷信任,九年(1652年)授弘文学大学士,人称“海宁相国”。但后来却屡遭贬谪,康熙五年(1666年)病死于贬所,享年61岁。

陈之遴买下拙政园时正值官场得意,很舍得斥重金予以修葺,重修后的拙政园备极奢华。但他自己一天也没有入住过拙政园,先是在京城忙于做官,后遭贬,最后又被流徙,家破人亡,未曾享受过一天拙政园的风光。正如阮葵生《茶余客话》卷一所说:“然主人身居政府,十载未归,图绘咏歌,目未睹园中一树一石。及穷老投荒穹庐绝域,黄榆白草,父子茕茕,而此园已籍没县官,为驻防将军得矣。”

但在陈之遴“遥做”拙政园主这段时期内,有人在拙政园里“风花雪月”了一阵——先后曾有两位美人在此中逗留。其中一位是嫁与钱谦益的秦淮名妓柳如是,另一位就是徐家闺阁才子徐灿。

顺治五年(1648年)三月,钱谦益因黄毓祺案被捕,解押南京,多亏柳如是冒死从行,又多方疏通关节,四十余天后,钱谦益才被开释。出狱后的钱谦益由于尚在管制中,便与柳来到苏州。当时的江苏巡抚是土国宝,而陈之遴亲家吴伟业正在土国宝幕中,吴又与钱交谊深厚,钱、柳也正是靠了这层关系才住进了拙政园。就在拙政园里,柳如是生下了女儿,钱谦益此时狱案虽尚未终结,但面对他与柳如是婚后七年方得的宁馨儿,自是感到慰藉。不过钱、柳两人都没有留下关于拙政园的任何题咏和记载,这是颇令后人奇怪的事。或许是钱担心由于自己的入住和歌咏会影响拙政园有关主人的仕途;也或许寄人篱下,又待罪候结,确实有太多的禁忌不便。总之,对于当时的拙政园,钱、柳都没有留下片言只语。或许钱、柳当时多有题咏,但陈之遴后来官场多有沉浮,为避嫌,钱、柳自己隐去相关记载,也是极有可能的。

与柳如是相比,徐灿为拙政园留下了不少诗篇,但她的后半世个人生活还不如柳如是。

徐灿(1628?—1681?),一名粲,字湘蘋,又字深明、明霞,晚号紫X,吴县(今苏州)人,明末清初著名女词人,光禄丞徐子懋之女,嫁给陈之遴为继室,后获封一品夫人。

徐嫁与陈之遴时正值明崇祯初年，这时的陈尚未考中进士，更不要说做高官了，而徐子懋竟愿意让女儿嫁给陈做“填房”，这让外人颇多猜测，于是就有了类似于陈其元《庸闲斋笔记》（卷一）中记载的相关传说：“少保素庵相国未第时，以丧偶故，薄游苏台，遇骤雨，入徐氏园（当为拙政园）中避之。凭栏观鱼，久而假寐。园主徐翁夜梦一龙卧栏上，见之，惊梦合，询知为中丞之子，且孝廉也，遂以女字之，所谓湘蘋夫人是也。”

徐灿可以说是位知书达理的奇女子，她出身名门，又工诗善画，但其身世却极为坎坷，生平资料流传并不多，后人主要是从其诗词中了解她的。

徐灿是个极有才华的知识女性，更是个贤妻良母。她对陈之遴的父母竭尽孝敬，陈元龙（陈之遴的侄儿）在《家传》中就称徐“既结缡，事舅中丞公、姑吴夫人至孝”。徐灿对于丈夫陈之遴自然也情深意笃，哪怕陈有了新欢，徐也只是在愁诗忧词中轻轻带过，对陈，她是矢志相随的，即便后来随丈夫在戍所过着凄楚的生活，也未减少对他的情谊。当然，作为明遗民徐灿对丈夫以明朝故吏出仕清朝是深感不安的，但作为降臣之妻，她无法掌握自己的命运，只能在深爱丈夫、热恋故园的心境下，以诗词抒发内心的沉痛与抑郁。徐灿是个诗人，《拙政园诗集》收录了她的古体和今体诗 246 首。相较诗而言，她的词写得更为出色，《拙政园诗余》收其词 99 首，陈维崧《妇人集》中说她“生平著小词绝佳，盖南宋以来闺房之秀一人而已”。陈廷焯也对她极为推崇，甚至将其与李清照并论，云：“闺秀工为词者，前则李易安，后侧徐湘蘋。”（《白雨斋词话》）在徐灿的 99 首词中，以“雨”牵“愁”的描写竟占了 40 首以上，这是非常突出的，美丽的江南没有给她带来太多的快乐，却让她如此的触物生愁，更令人觉得凄婉幽约。例如，她在北方戍所忆述拙政园所作的《一斛珠 · 有怀故园》中就流露出了忧愁拂郁之思：

小飞虹

恁般便过，元宵了，踏歌声杳。二月燕台犹白草。风雨寒闺，何处邀春好。　　吴侬只合江南老，雪里枝枝红意早。窗俯碧河云半裊。绣幕才牵，一枕梅香绕。

康熙五年（1666年），陈之遴卒于戍所，几个儿子也先后去世，徐灿饱受了家破人亡的痛苦，但她坚持活了下来。康熙十年（1671年），徐灿趁康熙帝谒先陵之机拜见了玄烨，获准携陈遗骸归葬故乡。但此时拙政园早已遭籍没，她只得来到夫家海宁，卜居小桐溪上，布衣练裳，长斋绣佛，度过了最后的岁月。

狮子林趣话

狮子林石舫

狮子林在初创时是佛教丛林，园中假山毫无疑问一开始就被赋予了佛家色彩。到黄氏涉园的时候，在园中建有洞穴，可能又被赋予了道家修炼在“洞天福地”的思想。1911年，上海人李钟珏购得荒废的狮子林，不过未加修缮，七年后（1918）即转让给颜料巨商贝润生。贝氏在修复狮子林时，局部用了西方建筑特色的水泥、铁栏杆，这在当时有抢救和保存狮子林原貌的积极意义，而且新添假山增加了全园假山的总面积，特别是将西部假山池岸改建为曲折多变的岩壁石矶，远胜过原先狮子林水池西部笔直的石驳岸和围墙。贝润生重修狮子林，还新建了与当时风格相符的园林构筑物，使狮子林最终成了“苏州园林中最年轻的古典园林”。

现存的狮子林，实际上是宗祠与“后花园”相结合的一个园林，它的东部是贝氏祠堂，南北一直线，长约120米左右；西部是花园，由一条曲廊把厅、堂、楼、阁、亭等串联起来，形成一个封闭的环，周长约620米左右，这一条直线与一个环和谐地组合成了一个完整的古建筑群。

狮子林现入口处原为贝氏祠堂大门，坐北朝南，门厅面阔三间，宽12米，黑漆大门，门槛高达94厘米，两旁有砷石又称抱鼓石、门枕石，用青石凿制而成。

狮子林门口的这一对砷石，可不一般，它高约140厘米，上部作圆鼓形（所以俗称"盘陀石"），直径60厘米左右，厚30厘米左右，下部为长方形的石座，称"砷座"。砷石鼓面外侧雕有莲花图案，内侧各雕盘狮3只，内侧鼓面后紧接砷座的部分还各有浮雕"刘海戏金蟾"一幅，图案比一般雕刻要精细得多。砷石上雕有"刘海戏金蟾"，是狮子林独有的。

狮子林刘海戏金蟾石雕

刘海戏金蟾是中国古代的神话传说中的物象，苏州一带也很早就流传了。这个故事的原型是辽代刘海蟾成仙传说，原传说宣扬看破红尘的虚无思想，但是发展到"戏金蟾""钓金蟾"故事时，已掺入了追求长命富贵的意识。明清时期，苏州的商品经济非常发达，"戏金蟾"故事更受到市民的欢迎，蓬头跣足、嬉笑不羁的刘海是逢凶化吉、兴旺发达的象征；而金钱和金蟾，则又是财富的象征——苏州旧时玉器业公所（因供奉周宣王，故设在阊门周王庙内）的镇所之宝也是用碧玉雕成的三足蟾蜍，甚至连苏州阊门外西园寺"罗汉堂"五百罗汉塑像中的第四十六尊罗汉（婆阇提婆尊者）身上也赫然爬着一只三足蟾蜍！而刘海以金钱戏钓三足金蟾，并用做坐骑的故事，也越传越神。巧合的是，这个时期也是苏州古典园林建筑最为成熟发展的时期，在造园过程中留下刘海戏金蟾的印痕也就不足为奇了。

有意思的是，在清代康熙初年，苏州又产生了新的戏金蟾故事：那时，阊门地段（明清时，苏州阊门地区最为富庶，曹雪芹在《红楼梦》中说它是"红尘中一二等富贵风流之地"）有个富户，户主姓贝。一天，有个自称阿保的男子上门向贝家自荐为仆。阿保言行多有神奇之处，比如他替主人洗器皿，能把瓮、甏等陶器的内壁翻到外面来洗，他还能将乌黑的木炭洗成白色。这时正逢元宵节，阿保抱贝家小主人上街看灯，突然不见了踪影。三更后，阿保又抱了小主人归来，并说："今年天下花灯数福建省城的最壮丽，刚才我抱公子去看了一会。"说毕，还让小主人从怀中掏出十数颗闽产鲜荔枝来，众人都惊奇不已。几个月后，阿保从贝家井里打水，捉得三足蟾蜍一只，高兴地对人说："它逃走已整整一年，今天终于被我逮住了。"说毕，便骑在已变大的蟾蜍身上，冉冉升天而去。人们这才知道贝家的阿保原来就是仙人刘海。（见孟籁甫《丰暇笔谈》）

仙苑停云

到乾隆末年，苏州阊门外东园（即今留园）为刘恕所有，刘有石癖，爱置假山怪石于园中，也许因为自己也是姓刘的缘故吧，他把一块外形极像戏曲绘画中刘海形象的太湖石，安置了在园中土石假山山顶"可亭"之前。为了附会刘海戏金蟾的故事，他又命工匠在山道上到处铺设外圆内方的钱币图案（用卵石、砖瓦碎片镶拼），在山下小道上用鹅卵石及杂色碎陶片、碎瓷片拼组成三足蟾蜍的形象，在蟾蜍嘴前，还有系上三枚钱币的绳索图像。这种设计的用意是很明显的：园主是借此比喻刘海戏金蟾故事，以祈富贵。

关于"三足蟾蜍"有没有什么历史根据和科学依据呢？

古代视蟾蜍与蛙为同类，上世纪20年代，在甘肃马家窑出土的彩陶器已有三足蛙图案，距今约7 000年；古人还有以三足石蛙作陪葬品的，说明古人都把它看做呈祥避邪之物。民间故事“嫦娥奔月”中也有三足蟾蜍的形象。三足蟾蜍之所以被认为是避邪物和财富的象征，源于远古人对蛙的崇拜，因为蛙类繁殖方式独特（蛙类在水草间产卵，不断演化为拖着长尾巴游动的蝌蚪），在生长过程中形态多变（开始一点，继而生出尾巴，随之长有四脚，最后脱尾而成蛙），它们的繁殖能力又极旺盛，多子多孙，生命力也很强，水陆两栖，阴阳双具，又专吃虫子，能减轻虫害，使五谷丰登，对初入农耕阶段的先民来说尤为重要，是庄稼的保护神——先民把蛙类视为吉祥、瑞气，能除五毒（五种毒虫）的灵物，加以崇拜极为自然。至于由现实中的四足演化为“三足”，是为了突出它不同于一般四足的蟾蜍，以示其仙。

古画中的刘海戏金蟾

三足蟾蜍在古代文学作品中也多有出现，小说《金瓶梅》第八十七回（“王婆子贪财忘祸，武都头杀嫂祭兄”）中就写道：“这周忠就恼了，分付李安把银子包了。说道：三脚蟾便没处寻，两脚老婆愁寻不出来！……”

“物以稀为贵”，古代的一些器物如砚台、盛水器等，也多有做成三足蟾蜍状者，除了表示求富求吉祥的意义外，还因为其形状比较奇特神秘。

直到现代，许多地方还将一些摆设品雕制成三足蟾蜍样，以满足人们的求富和祛邪心理。例如，1990年5月19日的《新民晚报》就刊登了一位旅美作者的文章，说三脚蟾蜍是中国最灵的财神爷，因为蟾蜍的发音与闽南语“招财”之音相同，意思是发了。据说尽管每只蟾蜍摆设售价高达188美元，可购买的人还是很多。

“言归正传”，刘海戏金蟾故事既然是富贵发达的象征，贝家购得狮子林后，当然不会漠视贝氏家族故事中“富户贝家”的事实。贝家也确实十分富有，居然又觅得形状与三足蟾蜍相像的湖石，于是便把它放置在狮子林立雪堂的庭院中，铺地也多作金钱状。民间还传说，贝家这么做除了示富外，还澄清了一个事实，即刘海戏金蟾故事原本就发生在贝家，所以金蟾在贝家，留园没有金蟾，只能用铺地图案来冒充。金蟾为什么就是富贵的象征呢？原来传说中的金蟾最爱躲在有钱人家，它白天到处衔金钱，晚上回来，就把金钱吐出来，放在藏身处。哪一家财产多，金钱多，它就去哪一家，拥有金蟾的人家当然就会越来越富贵了。据说贝家还用刘海戏金蟾图案作为贝氏家族的标志呢，这就是为什么狮子林门前的砷石（抱鼓石）上也雕有刘海戏金蟾图案的缘故。

艺圃秘闻

艺圃在苏州古城阊门内文衙弄，东部是住宅区，西部为园林。艺圃之闻名于世，很大程度上与明清时期的三位旧园主——袁祖庚、文震孟和姜埰的高风亮节有关。

艺圃原名醉颖堂，由袁祖庚建于1561年前后。袁祖庚（1519—1590年），字绳之，长洲人（今江苏苏州市），嘉靖二十年（1541年）进士，绍兴府推官事。由于他虚心学习司法，认真审理案件，被民间誉为“袁青天”。四年后袁祖庚应召入京，任礼部客司主事，后来才逐步升精膳司员外郎，再升为郎中。他与徐学谟等几位好友从不趋炎附势，常聚谈天下大事，为担任清闲职务不能利民济世而叹惋。上司得知后有意为难袁祖庚，派他任荆州知府，那里的藩王骄悍异常，地方官员竟被迫避至郊外寺庙中办理公务。袁祖庚到任后就先惩恶吏，对朱明宗室不卑不亢，且为政清廉，经过三年的治理，荆

芹庐

州一方民众终得平安。后袁祖庚又任浙江按察司副使，到浙江南部抗击倭寇。袁祖庚仅带兵三千，而倭寇竟有万人，在危急之中他亲自乘船去接应戚继光带领的援军。袁祖庚还设计火烧倭船，歼敌数百，终于保全了地方。

嘉靖四十年（1561 年），袁祖庚和俞大猷、戚继光等抗倭名将一起浴血奋战，刚取得台州大胜不久，厄运就猝不及防地降临到他头上。起因是一件并不太大的事情。据《明浙江按察司副使袁公墓志铭》载，温州保卫战中，为及时摸清盘踞在瓯江口沿海小岛上的倭寇敌情，袁祖庚麾下的佥事（分领各道的军事参谋长）、当地人王德主动请缨前去侦察。化装出发前，袁祖庚再三叮嘱早去早回，不得延误战机。谁知王德是个孝子，在侦察任务完成后返回的途中，因实在放心不下身处敌占区的 70 岁孤母，竟擅自归家探望，结果被倭寇抓住，不幸惨遭杀害。因王德犯有违令违纪之过，袁祖庚便仅以一般阵亡将士的待遇为其处理后事，未加彰显。谁知当地的地方士绅错认为袁祖庚是有意抹杀王德的功绩，便以“佥事奋勇殉难，主将副使临阵犹豫，营救不力”为由联名将袁祖庚告到了朝廷。朝廷中严嵩一派的余党本就对袁祖庚抗倭立功忌恨异常，一直想伺机找碴排挤他，立即抓住这一机会，便小题大做地派员勘问查调，准备弹劾袁祖庚。急于要洗清自己不白之冤的袁祖庚，这时却干了一件蠢事，犯了一个显而易见的低级错误：他居然派人带上重金，向南京的监察御史送礼行贿，希望御史能为他斡旋说情。没想到该御史将此事抖落出来，使袁祖庚更加有理讲不清。袁祖庚本来已厌倦了官场中尔虞我诈的权谋之术，此时更彻底地失望了，于是便主动辞职。

回到家乡后，袁在阊门内将一片荒烟废沼、疏柳杂木、地广十亩的废墟改造为有池台花竹之胜的宅园，并杜门坚志，颜其楣曰“城市山林”；居家三十年，常与好友袁抑之、陈之兼觞咏其中。每天在问视父母之后就在厅中陈博局，若有客人来访，袁祖庚必定与之赌酒，不醉不止；有时还带着食品和柴火外出，徜徉在山水间，酒尽而返。袁氏宅园中主建筑名为醉颖堂，“醉颖”即醉笔之意，醉颖堂为饮酒作诗之堂，表达了园主要避世娱志之意。

万历十八年（1590 年），袁氏过世，醉颖堂“风去台空”，很快就废圮败落，直至园归文震孟，才得以修葺，文震孟将之改名为“药圃”。

文震孟是苏州历史上的大人物。20 世纪 30 年代，李根源曾与章太炎谈及苏州历代名人，一致认为“吴中明清两代人物，武功当推韩襄毅（即韩雍），相业则推文文肃（即文震孟）”。当然，若要谈到艺圃，不能孤立地只提文震孟，还要提及他的兄弟文震亨。

文震孟像

文震孟（1574—1638 年），字文起；文震亨（1585—1645 年），字启美。兄弟俩出身于世代簪缨之家，自小就受到良好的教育及艺术熏陶，而且都操持清介，很受时人赞誉。万历二十二年（1594 年），21 岁的文震孟乡试中举后，连续十次参加会试不中，天启二年（1622 年）49 岁时才以“殿试第一人”（即状元）授翰林院修撰；文震亨于天启元年（1621 年），以诸生卒业于南京国子监，五年（1625 年）举恩贡。

文氏兄弟两人年龄相差 11 岁，但情谊甚笃。当震孟罢官待罪家中后，震亨立即从外地赶回来安慰和陪伴他；震亨编著《长物志》时，震孟也协助参与；两人各有宅园（震孟宅园名药圃，震亨宅园名香草垞），相距不远，造园风格也相似。这都说明这对兄弟的情谊十分深厚，艺术情趣也很接近。

文震孟和文震亨的政治立场也是相同的，特别在大是大非问题上。当时，皇帝昏庸，宦官魏忠贤专权，广植党羽，残害忠良，欺压百姓。江南士大夫以东林党人为代表，反对阉党，文氏兄弟坚决站在东林党一边。文震孟中状元后，即上疏力劝皇帝“勤政讲学”，魏忠贤乘机进谗，文氏竟被罢斥。

文震亨像

天启六年（1626 年），魏忠贤又兴大狱，遣缇骑逮捕东林党人周起元、高攀龙、周顺昌、缪昌期等。苏州巡抚毛一鹭与专程从北京赶来的锦衣卫缇骑，在逮捕为官清廉、刚正不阿的周顺昌时，遭到苏州

随驾的锦衣卫

市民的反对。颜佩韦、杨念如、马杰、沈扬、周文元五人挺身而出，仗义执言，带领百姓与锦衣卫、东厂特务进行了面对面的斗争。史载，当时为周顺昌鸣冤聚集的苏州士民达数万人，而文震亨、杨廷枢、王节等人也都参与其列，颜佩韦等带头反击，"毙一缇卒，众卒惊窜"。毛一鹭上奏朝廷称苏州人民造反，并指文震亨、杨廷枢等是事变之首，应予惩办。颜、杨、沈、马、周五位义士为了不连累别人，挺身投案，慷慨就义。文氏等人因是江南名士，朝中有人为之援手，才幸免于难。第二年，明熹宗朱由校驾崩，朱由检即位(即崇祯帝)，他下令剪除阉党，为东林党人平反昭雪。苏州人民为纪念颜、杨、沈、马、周五位勇士，将毛一鹭献媚魏忠贤所建的普惠生祠拆毁，收五勇士遗骨合葬于此，这就是著名的五人墓(墓址在今虎丘山塘街青山桥旁)，文震孟在修墓过程中起了很大的作用。

阉党覆灭后，文震孟重被起用，于崇祯元年(1628 年)赴京为官，官至东阁大学士。但进京才三个月，就被挤出内阁，凄然回到了苏州。崇祯九年(1636 年)，归住药圃不满一年的文震孟在忧郁中去世。文震孟辞世后，文震亨才北上从政，任中书舍人，协理校正书籍事务。崇祯十五年(1642 年)，文震亨奉命劳军蓟州，给假归里，本拟在 1644 年回京销假，因崇祯帝于当年三月十九日自缢身亡，未及北上。南明弘光元年(1645 年)五月，清兵攻陷南京，六月，又攻占了苏州城。文震亨避地阳澄湖畔，闻清廷剃发令下，即投水自杀，被人救起，但坚持绝食六天，最终吐血而死。

文氏可以说是一门忠烈，文震孟的长子文秉于明亡后避居城西天池山后的竺坞，自号"竺坞遗民"，曾与徐枋、周茂兰、黄宗羲等反清复明的志士在灵岩山纵谈七昼不休。次子文乘，后来过继给文震亨，也在山中避世居住。顺治三年(1645年)，吴江人吴易率兵民3 000余人攻入苏州，终因寡不敌众而告失败。文乘被指与吴易内外勾通，被捕入狱。身陷囹圄的文乘并不为自己辩解，而是慷慨地说："不敢辱我父，愿就死。"他的妻子周氏(就是周顺昌之女)也殉难。之后药圃终于废圮。

需要指出的是，文氏家族作为苏州的望族，既是书画世家、文学世家，又是园林世家。就"园林世家"而言，自文徵明曾祖开始，就有钟情园林的传统。据统计，文氏自迁长洲始祖文惠起至雍正时十二世中，长洲文氏各世自有园馆一一如下：

第三世：文林(徵明父)，有停云馆。屋西有圃，奇石杂花。

第四世：文徵明，亦居停云馆三楹，前一壁山，大梧一枝，后竹百余竿，中有玉兰堂、玉磬山房、歌斯楼(文徵明还曾为徐氏筹划布置紫芝园，并数度为拙政园作画，精心设计该园诸景)。

第五世：文嘉(徵明次子)，仍居停云馆，后筑荫日堂。

第六世：文肇祉(徵明长子文彭之子)，在虎丘之麓建塔影园。塔影园"碧梧修竹，清池白石，极园林之胜"，又名海涌山庄，今为虎丘胜景之一。

文元发(肇祉弟)有衡山草堂、兰雪斋、云驭阁、桐花院。

第七世：文震孟(元发长子)有药圃、竺坞考槃。文家在石湖畔有采芝堂，文震孟最爱此地，那里"群山黛围，一湖如镜，菰蒲欸乃，声在枕簟"(《姑苏名贤续记》)。

文震亨(震孟弟)，"所居香草垞，水木清华，房栊窈窕，阛阓中称名胜地"(顾苓《塔影园集》)。《塔影园集》中还说他"西郊构碧浪园，南郊置水嬉堂，皆位置得法，人在画图"。

文从简(文嘉之孙)，晚年居桃花坞，仍沿袭先世堂名曰"玉兰"，又旁辟小圃二亩，名半庾园，中有烟月台、涤砚池、凤尾冈等。

第八世：文谦光(肇祉孙)，有竹袜斋，前后广庭，有古桂数株。

文宠光(谦光弟)，有晴雪斋。

文柟(从简子)，书斋名"一笠庵"(文含《云岑杂著》)。

第九世：文掞（音"扇"，文柟子），居徵明旧馆之旁，名"小停云"。

文然（震孟长孙），居石湖山庄（《云岑杂著》）。

文熊（震孟幼孙），居苏州城外西郊横山之麓，有老屋数楹，庭植梅竹数十本（《云岑杂著》）。

艺圃爱莲窝

综计文氏七世自营园馆17处左右，由于文氏家族儒雅重文，并非豪富，除药圃、塔影园、文震亨所营园林等数处外，其余大多规模不大，属于小型庭园性质，少数尚缺乏园貌记述。但文氏毕竟是世家大族，其堂构前后的庭院也都极有情致。如文从简的玉兰堂，"庭广亩许，前植木奴数本，后竹百竿，清荫袭人"。更重要的是由于文家深厚的艺术根底与学养，即使小小庭院亦布置雅洁，情趣盎然，如文掞《小停云馆》："老屋数楹，纤埃不入，庭植古松一株，幽兰丛其下，窗牖靓明，几榻古雅，图书彝鼎陈列左右。"又蓄宋砚十二，名其斋曰"十二研（同砚）斋"。记述尽管简略，其中映射出来的幽雅景观与文化气息，已够令人神往了。这种文化氛围浓郁、书卷气息醇厚是文氏园馆最显著的一个特点，也是苏州古典园林长期以来的特色与优势。

如前所述，文氏家族不仅有园亭实例，还有关于造园的理论专著——文震亨所著《长物志》。他提出的室庐"居山水间为上，村居次之，郊区又次之……要须门庭雅洁，室庐清靓"，"中庭稍广，可种花木，列盆景"，"园林水石，最不可无"，"蓄池自亩及顷，愈广愈胜，最广者中可置台榭之属"等治园理念都可在药圃和文氏诸园，甚至其他名人园林中找到印证。

在中国的封建社会里，常盛不衰的家族是很难出现的。文氏家族的衰落，还带有明清易代之际刀光剑影的烙印。文震孟次子因聚兵抗清被杀，以致其子"家门破败，身无立锥"之地。长子文乘之孙投灵岩山弘储座下出家。文震亨绝食死后"家贫无籍"，次子文果后来也投到灵岩山削发为僧，虽然因诗文得到康熙帝的赏识，但毕竟是做了和尚，不能重振家业了。文乘的另一孙子文坤嗜赌，一掷千金，竟致倾家荡产、老贫无嗣。文震孟长孙这一支遂就此灭绝。族中人或逃禅，或隐居，再没有做大官的，"家门凌替，族姓凋零，其存者饘粥不继，皆糊口四方"，"其不宦不游者又多戕贼败坏之人"（《云岩杂著》），甚至倒卖文林墓树以百计，宅园的败落自然也就可想而知。可以说，文氏园林的兴衰，是园林与政治、经济、文化、社会变化密切相关的深刻反映，是研究园林史、艺术史、家族史等的可贵资料。

姜埰像

药圃废圮后，直到清顺治十六年，方才为姜埰所购，姜埰将之修葺后改名为颐圃。姜埰（1607—1673 年），字如农，号敬亭山人，山东莱阳人，万历三十五年（1607 年）生，崇祯四年（1631 年）中进士，授仪真知县，任职十年中勤政清廉，造福地方。崇祯十四年（1641 年）调京任礼部仪制制司主事，明年升礼科给事中，五个月间上疏三十条皆被采纳。后来因与刘宗周、熊开元等疏纠首辅周延儒贪婪等罪，反被崇祯廷杖。姜埰受杖后昏厥，他的弟弟姜垓口含童尿喂他才苏醒。甲申（1644 年）二月，姜埰谪戍宣州卫，行至山东时，李自成已攻入北京，姜埰只得继续南行。弘光帝立，即赦姜埰，九月，姜埰初次寓苏州，租住在上津桥吴宅。第二年阮大铖欲抓捕姜氏兄弟，姜埰兄弟只得避往钱塘，又移居天台。1647 年，姜埰亡命徽州，削发于黄山（后终身穿僧服）两年后客居真州，名借居之屋为"芦花草

东莱草堂

堂”，表“满地芦花和我老”之意（取自文天祥诗句），又自号敬亭山人。之后姜埰往来于莱阳、湖州、宣州、苏州各地，又过了十年，在清顺治十六年（1659 年）夏到苏州，先寓居山塘街，后从周茂兰弟兄（周顺昌之子）处购得药圃，改名为颐圃。1673 年，姜埰卒于苏州，家人按其遗志将之埋于宣州敬亭山，以示永在谪戍之地。

姜埰得药圃时已 54 岁，文氏所营世纶堂等建筑荡然无存，仅存古柳四五棵，依稀为文氏旧物。康熙十一年（1672 年），姜氏又在世纶堂的地基上架屋五楹，称念祖堂。

姜埰亡故后，长子姜安节赴宣州守坟，次子姜实节在苏州守祠。此时颐圃已改名艺圃，姜埰《颐圃记》的标题下有小字“后复改名艺圃”，姜埰《敬亭集》中有诗《艺圃》，云：“画角江城北，青莲古寺西。晴川孤鹜下，杂木乱峰迷。野望频敷席，山行但杖藜。竹关终日掩，无事此幽栖。”由此可以看出是姜埰自己把颐圃改为艺圃的，“艺圃”可理解为读书著文之园。

艺圃园貌初具规模于明末文氏家族之手，但其文化内涵的充实却在姜氏父子。值得注意的是，在园主转手之际，姜氏除将园名由药圃改为敬亭山房以及稍后的艺圃之外，还对最能体现文化精神的厅堂楼阁、廊榭亭台之名悉数加以改易，从而实现了真正意义上的脱胎换骨。药圃旧构生云墅、世纶堂、五狮峰、浴碧亭、青瑶屿、猛省斋、石经堂、凝远斋、岩扉等入清以后已无迹可求；而康熙年间汪琬作《艺圃记》所举述的延光阁、旸谷书堂、香草居、响月廊、思嗜轩、渡香桥、乳鱼亭等，虽历经改建或移建，其名称却大多沿用至今。这些名称所包含的思想内容，有的比较显豁，如东莱草堂、念祖堂、爱莲窝、香草居、敬亭山房、改过轩、思嗜轩、谏草楼等，直接表现了姜氏园主的人生经历、志趣情操和品格修养。另一些则较为隐晦难解，如池东的旸谷书堂、池西的响月廊、池南的延光阁、池北的朝爽台，它们都处于园中的重要部位，园主的命名当然是有深意的。从字面上看，这些命名都与日月之光有关，其中隐含着园主终生奋斗、至死不渝的政治理想。“旸谷”，指日出之处；“响”，指响应。日出而应之以月，合为一“明”字，是为已亡之朝代之名。“延”，迎候；“光”，复兴。延光阁坐南朝北，园主大明遗民的身份、光复明室的心志，于此昭然若揭。至于在全园至高点的山顶上构筑朝爽台，用心更是良苦。“朝爽”去掉那些几近斧凿创伤的笔画“＋”“×”后就是“大明”二字，志同道合者一望便知，心照不宣。园主俨然已把艺圃视为崇祯日月、大明江山，这在当时需要多大的胆略和勇气啊！在园主崇高的人格魅力的吸引下，“马蹄车辙，日夜到门，高贤胜景，交相为重”，一时间艺圃成了文人聚会活动的中心。考之文献，清初30年间，以姜氏父子为纽带，先后光临艺圃的名人计有大诗人施国章、宋琬（与王士禛、朱彝尊、查慎行、赵执信齐名，并称清初六家），大古文家汪琬、魏僖（与侯方域齐名，并称古文三大家），大画家王翚（与王时敏、王鉴、王原祁、吴历、恽寿平合称清六家），大学者毛奇龄、黄宗羲（清初三大儒之一），大名士归庄（与顾炎武并称“归奇顾怪”）等，他们大多在艺圃留下了光照千古的诗文书画作品。一座小小的园林，在短时期内受到那么多一流名家的青睐光顾，这在苏州园林史上是绝无仅有的。这不仅是艺圃能跻身于名园之林的关键所在，而且也使苏州园林平添了几分身价和几多光彩。

艺圃延光阁

在艺圃诸景中，最值得一提的还有思嗜轩，艺圃原来就有思嗜轩。汪琬《艺圃后记》云：“山之西南，主人尝植枣数株，翼之以轩，曰思嗜，伯子构之以思其亲者也。”就是说，思嗜轩应在园中堆山的西南部。园主姜埰嗜枣，在那里种了几棵枣树，其子姜安节后来就在树荫下筑思嗜轩，以纪念父亲。但姜安节筑的思嗜轩早就圮毁，上世纪80年代修复艺圃时，选择在乳鱼亭东南围墙西边空闲地上新筑了一所小

思嗜轩

轩,袭用“思嗜”旧名。新筑的思嗜轩,单面卷棚顶,面阔三间,长约5.5米,进深3.3米,西立面和南立面均设槛窗,于北墙西端辟门,显得相当小巧。

姜埰是山东人,喜食枣,故在园中植枣树,这都是很自然的事。但是姜埰本人的忠烈及其儿子的孝顺,给思嗜轩带来了声誉。当时,凡去艺圃的文人学士,很少不为之留下诗篇的,后人也常为思嗜轩洒一掬清泪,甚至直接以思嗜轩指代艺圃。清人徐崧、张大纯所著《百城烟水》就专设“思嗜轩”条目,并附录施图章等人的诗词共九首。

也许有人会表示不解,姜埰为什么这么喜欢枣树?喜欢吃枣也并非一定要种枣树啊!艺圃是个“奇花珍卉,幽泉怪石,相与晻霭乎几席之下”的“城市山林”,种几棵枣树,本也不足为奇,姜埰之子筑思嗜轩,以纪念乃父,也在情理之中。问题是又请人赋诗,又请人作画,后人又屡屡为前人之赋诗作画而感慨激动,这是不是有点小题大做了?原来,里面还果真有寓意。

枣树,落叶乔木,原产我国,北方为多。树有刺,果供食用,亦入药。木材坚硬,可供雕刻或作车船和家具。人们很早就发现,枣既可代粮,又富有营养,多食能“延年益寿”。在神话中,枣子常被说成仙果;在民间,甚至在达官贵人家里,枣子也是常吃的果品之一。枣子很早就成为文人咏哦的对象。后秦赵整有五言古诗云:

北园有枣树,布叶垂重阴。
外虽多棘刺,内实有赤心。

唐人白居易有《杏园中枣树》,诗曰:

人言百果中,惟枣凡且鄙。皮皴似龟手,叶小如鼠耳。
胡为不自知,生花此园里。岂宜遇攀玩,幸免遭伤毁。
二月曲江头,杂英红旖旎。枣亦在其间,如嫫对西子。
东风不择木,吹煦长未已。眼看欲合抱,得尽生生理。
寄言游春客,乞君一回视。君爱绕指柔,从君怜柳杞。
君求悦目艳,不敢争桃李。君若作大车,轮轴材须此。

白居易诗中的杏园是在今西安市曲江之西、慈恩寺北的一个园林。唐时的新进士多游宴于此。白居易见园中有枣树，便借诗“比兴”了：百果中，枣是既平凡又卑微的，枣子皮像手上冻裂的皮肤，叶子又小得像老鼠耳朵，可谓其貌不扬，为什么这样没有自知之明，竟长在杏园这个贵人来往的园林里呢？与桃、李、柳、杞那柔媚动人的枝叶花朵相比，前者就像美人西施，枣树就像貌丑的嫫母。如果爱柔媚，固然有柳杞；爱美艳，固然有桃李；而若要制作车辆，做轮，做轴，就得需要枣树这种大材啊！

宋人王安石《赋枣》诗中也说：“种桃昔所传，种枣予所欲。在实为美果，论材又良木……愿此赤心投，皇明倘予烛。”

枣树既然被人赋予这么多的象征意义，爱食枣子的姜埰种枣树于园中，借此表达自己对国家对民族的赤诚，并以栋梁之材自勉和勉人，也就有了情与理的依据。而思嗜轩作为纪念性建筑，作为姜氏后裔祭祀先人、文人雅士歌颂和敬仰忠义的活动场所，更是得其所哉！

明清时期，苏州望族的形成和壮大多赖以科举相继、仕途联翩，这就进一步刺激了望族子弟对于仕举的热衷追求。“万般皆下品，惟有读书高”，读书与文化修养，是望族子弟的惟一正途，就像阮元《潘氏科名草序》中所说，这些望族“子弟除读书无旁务”，导致了家族内读书诉求不断提高，文化积累日益丰厚，从而为人才的培养提供了丰富的资源。当然，家族文化发达的表现形式也不尽一致，比如除仕举以外，明代文氏的家族文化比较突出地表现在文学、书画和园林艺术上。而清代潘氏、顾氏的家族文化，除同样重视书画文物收藏外，还另有特色。潘氏的家族文化，重点表现在“词”这个文学形式的创作和研究上；顾氏还为建筑第宅园林不遗余力。吴江叶氏的“家门集”《午梦堂集》，则又从另一个方面演绎了家族文化的兴旺发达。

潘氏词人及其创作

“贵潘”一族特别重视仕举，这当然对潘氏家族文化品格的形成起到了重大作用。阮元所谓“苏州潘氏由歙而杭而苏，百余年来，为吴会巨族，好行其善，子弟余读书无旁务”（《潘氏科名草序》）。除了与仕途有关的“读书文化”外，其他的爱好都可撇在一旁。在这样一个相对自足的文化环境里，家族成员之间彼此往来，兄弟之间的相互唱和，长辈对后辈的奖誉，形成了良好的文化氛围。潘曾莹对此曾有生动的记述，他在《功甫伯兄诗文集序》中说：

> 忆予十四五岁时，即喜为诗古文辞。一日坐东轩，得句云：“残雪点松明。”伯兄见而赏之，因举杜少陵“蒹葭离披去，天水相与永”二语，谓细味之当有神悟。予亦恍然若有所

得。嗣是每作诗文，兄辄为评点。

《小鸥波馆词钞》中就有潘曾莹、潘曾绶兄弟的联句之作。潘诚贵《听香室遗稿》里，亦有父辈潘曾玮、潘遵璈、潘遵祁、潘曾莹、潘曾绶等人的题词和评语，从中可见父辈对潘诚贵的殷切关爱与奖掖之情。父辈们有时还直接指导子侄的创作，如潘曾玮对潘祖荫学词的指引等。

潘氏家族的文化成就是多方面的，除了大量的诗文词创作外，还兼擅书画、藏书与刻书等。但潘氏家族最突出的还是对词学和词创作的贡献。

潘奕隽像

潘氏词人群的创作十分丰富，词集刊刻者颇多。潘奕隽有《水云词》二卷，嘉庆三年刊三松堂集本；《水云笛谱》一卷，光绪十三年潘氏刻本。潘曾沂有《船庵词》一卷，光绪五年八喜斋刻本。潘曾莹有《小鸥波馆词钞》二卷，道光二十三年刊小鸥波馆诗钞本；《花间笛谱》一卷，民国二十九年潘氏影印本；《鹦鹉帘栊词钞》二卷，道光刻本。潘曾绶有《陔兰书屋词》六卷，为《睡香花室词》《秋碧词》《同心室词》《忆佩居词》《蝶园词》《花好月圆室词》各一卷，同治七年刻陔兰书屋本。潘希甫(潘世璜次子)，有《花隐庵词》一卷，光绪刻花隐庵遗稿本。潘曾玮有《咏花词》一卷，咸丰刊本；《玉淦词》一卷，道光刊同声集本。潘钟瑞有《香禅词》四卷，又名《百不如人室词草》，分别名以《逍遥馀趣》《寻鸥闲语》《偪瑟音》《听风听水谱》，光绪家刻本。潘遵祁有《西圃词》一卷，《西圃词续》一卷，《西圃词三续》一卷，道光二十三年刊西圃集本。潘遵祁有《西圃词》一卷，《西圃词续》一卷，《西圃词三续》一卷，道光二十三年刊西圃集本。潘遵璈有《香隐庵词》，先刻成四卷，战后版毁，潘钟瑞选存四十一阕，附刻于《香禅精舍集》后，又有咸丰八年刻《香隐庵词》二卷本。

潘观保(潘遵祁子)有《鹊泉山馆词》一卷,同治十一年刻本。潘介繁(潘希甫长子)有《晓梦春红词》一卷,同治八年刻本。潘诚贵(潘希甫次子)有《翦红词》二卷,咸丰刻本。潘祖同(潘曾莹长子)有《竹山堂词稿》一卷,民国七年刊竹山堂诗稿本。潘祖荫有《芬陀利室词》一卷,光绪二十四年刻本。潘志万有《笏庵词》一卷,民国三十二至三十四年石印潘承弼陟冈楼丛书本。潘承谋(潘观保嗣孙)有《瘦叶词》一卷,民国二十三年石印本。

以上所录仅为有词集刊刻者,还不包括有词未刊或有刊刻而未及见者,潘氏词学创作之盛况由此可见。

家族文化虽具有相对的独立性,但并不是一个封闭的群体,其文学观念与创作必然会受到当时文坛风气的影响。潘氏的创作就受到了吴中、常州词派两个方面的影响;同时,潘氏家族也以其文化上的强势地位与文化高门的传统影响,推动了吴中、常州词学的发展。

潘氏家族与吴中词派有密切的关系,是吴中词人群体中的重要组成部分。潘氏一族文学人才累叶继承,绵延几代,与吴中词派相始终。潘曾沂、潘曾莹、潘曾绶、潘曾玮、潘希甫、潘遵祁等与吴中七子的年辈大致相仿,相互间多有往还,彼此诗词唱酬,使吴中词坛蔚然壮观。吴中词派发展至后期,吴中七子先后辞世,潘钟瑞逐渐成为吴中词坛的领袖人物,与族叔潘遵璈继戈载(字顺卿)之后于吴中重开词社,倡导严审韵律的主张,使严审韵律的观念得以延续,在一定程度上推动了吴中词派的发展。直至同治八年(1896 年),潘氏家族词人中的潘承谋还与吴中张茂炯、吴曾源、高德馨结词社,倡举“严审韵律”的创作观念。

潘氏词人创作上虽然重视声韵,但又不为律韵所束缚,如潘曾莹就“多清丽芊绵之作,不为律缚,与同里戈顺卿、朱酉生相唱酬,深得宋人三昧”,潘曾莹词不为声律所束缚,在一定意义上是为了尚意的要求。而尚意也正是常州词学的重要思想,由此可见常州词学在潘氏文学创作中的痕迹。这也从一个侧面反映了潘氏词人博采融通的词学观念。

潘氏家族的词学思想虽源于吴中与常州两个词派,与两者都有一些关联,但在处理两者的关系时,他们没有将立意与声律对立,而是采取了调和的方式,从而在一定程度上弥补了两者的不足。潘曾玮《与小珊论词》说:“意内而言外,妙在比兴先。(中略)声律背古初,门户昧当前。”将词之立意与韵律并重,即体现了合其两长的特征。

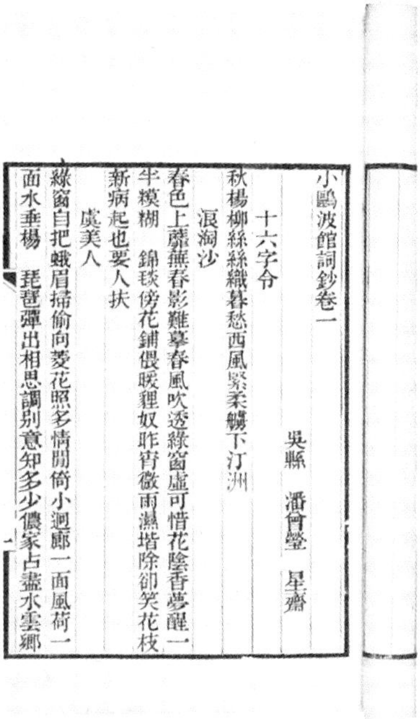
小鷗波館詞鈔卷一
吳縣　潘曾瑩　星齋
十六字令
秋楊柳絲絲織暮愁西風緊柔艣下汀洲
浪淘沙
春色上蘼蕪春影難摹春風吹透綠窗虛可惜花陰香夢醒一半模糊　錦毯傍花鋪偎暖貍奴昨宵微雨濕堦除卻笑花枝新病起也要人扶
虞美人
綠窗自把蛾眉掃偷向菱花照多情閒倚小迴廊一面風荷一面水垂楊　琵琶彈出相思調別意知多少儂家占盡水雲鄉

《小鸥波馆词钞》

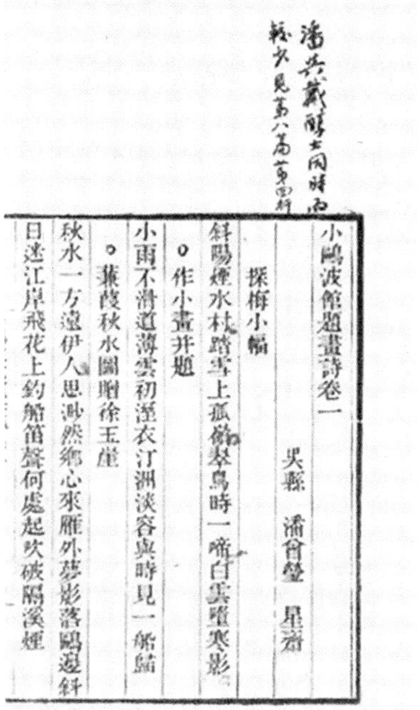
小鷗波館題畫詩卷一
吳縣　潘曾瑩　星齋
探梅小幅
斜陽煙水杖踏雪上孤[illegible]翠鳥時一啼白雲墮寒影
○作小畫并題
小雨不濕道薄雲初逕衣汀洲淡容與時見一船歸
○蒹葭秋水圖贈徐玉崖
秋水一方遠伊人思渺然鄉心來雁外夢影落鷗邊斜日迷江岸飛花上釣船笛聲何處起吹破隔溪煙

《小鸥波馆题画诗》(潘曾莹)

潘氏家族还在多个层面参与词学活动,如为同人词集撰序、校注评跋、刊刻词集等。如潘曾莹曾为黄燮清《国朝词综续编》、叶梦华《花影吹笙词钞》等撰序,潘曾玮曾刊《词辨》,潘祖荫刊《宋四家词选》,潘介繁曾帮助黄燮清校理《国朝词综续编》等;其中,潘钟瑞尤为突出,他曾先后校跋王寿庭《吟碧山馆词钞》四卷(清同治六年刘履芬抄本)、评点仲湘《宜雅堂词》二卷及《宜雅堂词续录》一卷(稿本)、评注刘履芬《古红梅阁未定稿》(稿本)、批注贾敦艮《东武犁音》一卷(稿本)、校方树《词律》、注释杜文澜《憩园词话》等。如此丰富活跃的词学活动,也使得潘氏词人在嘉道、咸同年间的吴中词坛上处于重要的位置。

作为同一个家族的成员,由于相近的文化背景、特定的家族氛围,兄弟间的交游唱和、彼此间的影响,极易使这些同族子弟形成相近的创作风格。比如,潘氏族人的词作就大多具有清绮、清丽的风格。

但由于个性特征、生平遭际的不同，潘氏词人的创作也存在着风格的差异性，呈现出多样化特征。

潘氏词人的创作，从整体上而论前后期有所不同，前期如潘曾莹、潘曾玮、潘曾绶、潘希甫、潘遵祁等，因为都生于豪族，再加上仕途一帆风顺，故其为词，虽不无伤婉，却大都吐属华贵，多清绮之语。到了后期，除潘祖荫一人政治地位较高外，其他则或未中举，或仅为一地方小官，生活几经变故，词风也因之而变。这一阶段的潘氏词人早岁词作尚能承先世余韵，以富丽为工，而遭值世变、故宫离黍之感时露言表，词作也多哀怨悲苦之音。尤其是咸丰间发生的太平天国运动对潘氏词人创作的影响甚大。咸丰十年（1860 年）太平军再破江南大营，陷苏、常等 60 余城，吴中大乱，潘氏词人或避地海上（如潘曾玮、潘遵祁），或死于乱中（如潘遵璈）。这种生活经历给他们的心理造成了直接的冲击，乱离逃难、寓居异乡的生活感受在他们的词中也有所反映。如潘观保《哀江南》（序云："家山一别，倏又春深，劫火茫茫，欲归无所。自度此腔，命之曰《哀江南》。仆本恨人，伊郁善感，伤时怀旧，不自觉其音之噍杀也"），潘钟瑞《秋宵吟》（序云："客居沪渎，吊影悲秋，读许鹤巢（赓飏）与辛芝弟（观保）唱和之作，依调继声，同有身世飘零之感也"）等。词中没有直接地描写战争的残酷，而是写庚申之乱造成的家破流离、寄居异乡的真切感受，以及故园破败荒凉的景象，这与反映乱离生活的词作具有同样的历史和文化价值。

顾氏怡园与过云楼

建造怡园并以收藏书画闻名的苏州望族顾氏，以顾文彬为代表，而顾氏收藏书画的藏书楼，就是著名的过云楼。

怡园位于今苏州市古城区中心，在观前街附近，建于清代同治、光绪年间，现为江苏省省级文物保护单位。怡园本是私家花园，1949 年后，由顾文彬的后裔顾公硕先生捐献给国家。

怡园主人顾文彬（1811—1889 年），字蔚如，号子山，晚号艮盦，江苏元和县（今苏州）人。清嘉庆十六年（1811 年）三月生于阊门外南濠盛家巷旧宅。幼时聪颖好学，道光廿一年（1841 年）辛丑科进士，出任刑部主事，历任湖广司主稿、校对

顾公硕（最前着长袍者）

怡园主人像（清吴穀祥作）

官、陕西司员外郎、福建司郎中、湖北汉阳府知府、武为盐法道等职，直至咸丰十年（1860年）父丧丁忧回苏。同治元年（1862年）顾迁居沪城，与在沪地的苏州绅士潘曾玮、冯桂芬、潘遵祁等曾议与西人合建“会防局”，以保卫上海不被太平军攻占。同治三年（1864年）由沪回苏，住铁瓶巷宅中。同治六年（1867年）奉旨赏加布政司衔，次年补浙江宁绍台道，在任上历时近九年，至光绪元年（1875年）三月引疾告退，五月回归苏州。

顾文彬引疾归里后，居苏州铁瓶巷，建过云搂，该楼成为他庋藏书画之所；又将宅后尚书里明代吴宽的旧园址扩建为怡园。顾氏才华横溢，为当时词坛名家，收藏家，工辞章，善书法，其书法溯源于颜、欧、褚等大家，名重一时。著有《眉绿楼词》《过云楼书画记》《眉绿楼词联》等，并刻有《过云楼藏帖》。其著《眉绿楼词》共分八集，由第一集“灵岩樵唱”至第八集“跨鹤吹笙”，初有词1 200百余首，自己删存600首。所谓“跨鹤吹笙”谱者，只《望江南》（又名《江南好》《忆江南》等）一调，每首第一句皆以“怡园好”发端，如第一首为：

怡园好，往日苍无邻。历劫烟尘邻故土，敝庐风雨守先人。赤手辟荆榛。

词语隽永，意境清新，切时，切地，切景，切情，如此上乘之作集中还有不少。

光绪十五年(1889年)，顾文彬在苏州过世。他的生前老友、晚清著名的国学大师俞樾曾写下一副挽联《挽顾子山观察》，联语对顾一生的经历、文采、特长等作了概括性的评价。联云：

待明年泮水重游，及后年鹿鸣再赋，吴中耆宿已成鲁国灵光，何期耄耋将交，遽报仙龛成海外；

读初集灵岩樵唱，到八集鹤背吹笙，老去襟怀都付苏家铁板，太息园林正好，空留绝调望江南。

顾文彬是怡园的创建者，他在自著《过云楼书画记》中说："宅后尚书里，购得废址十余亩，先构义庄祠堂(即春荫义庄——笔者注)数十楹，就其余地，疏池叠石，种树莳花，楼阁亭榭，参差其间，全局完好，名曰怡园。"

怡园分东西两部，东部由明代尚书吴宽的住宅旧址改建，西部是顾文彬所扩建。初建时，顾文彬仍在浙东观察任上。从园的设计拟图到施工督造均由其子顾承一手承担。顾承善书画，是当时著名的书画家，也通音律，尤精于鉴赏文物。他根据父亲的要求，开展构建怡园事宜。清同治十三年(1874年)十二月九日，顾文彬写信给顾承："阜长既工画，又善造屋，请其起稿甚妥，须早与阜长商之。"又于光绪元年正月十八日致顾承信中说："苏城内外各园，何不复游一遍，细细领略一番，如有可取法者，或仿照一二，集思广益。""总之，朴而不华，雅而不俗。"并说："园名，我已取定"怡园"二字，在我则可自怡，在汝则为怡亲。"因此，怡园始建时的宗旨就是请名画家参与设计，吸纳苏州已有诸园林之优点，既博采众长，又自成一格。园中布局处处体现中国传统山水画中的意境，不少地方还表现了中国花卉画的技巧与章法，使得这块面积仅有拙政园八分之一的九亩左右土地上园景丰富，布局精巧，主次分明，虚实得宜，移步换景，小中见大，疏朗宜人，颇有小家碧玉之姿。俞樾在《怡园记》中赞道："该园东南多水，西北多山，为池者有四，曲折可通。山多奇峰，极湖岳之胜。"当代著名建筑学家、园林学者陈从周先生也曾经说过："苏州怡园，建于清末，精致幽雅为江南冠。"

怡园构建，自同治末年开始至光绪七年竣工，费时近 8 年，耗银近 20 万两。建园后期，园主顾文彬已从宁绍台道任上引疾归苏，亲自参与营建督造。

怡园画舫斋

建成的怡园，其特点是“五多”，即湖石多、书条石碑刻多、白皮松多、楹联多和小动物多（园中曾放养松鼠、仙鹤、孔雀、鹿等多种小动物）。其中楹联多，是指园内原悬有楹联六七十副，都是园主人顾文彬自集宋词编撰而成，俊语缤纷，辞称景合，并由俞樾、吴云、沈秉成等诸名家和他自己所书写，字体秀娟挺拔，诸体皆备，琳琅满目，美不胜收，为姑苏诸园林所不及。这些楹联，为委婉曲折、趣致横生、别具纤巧闲适的怡园提高了文化品位。可惜这些极有文化价值的楹联，由于日寇侵占时驻军的践踏以及历年战乱的破坏，至 1949 年时已尽遭毁损，无一幸存。

顾麟士（1865—1930 年），字鹤逸，又字谔一、谔，号西津，又号筠邻、晋叔、西津散人、西津渔父、一峰亭长、鹤庐主人，又署顾六，室名鹤庐、海野堂、甄印阁。顾麟士为顾文彬之孙，是近代著名的书画家、藏书家。著有《过云楼续书画记》《因因庵石墨记》（未完稿）、《鹤庐画赘》《鹤庐题画录》《顾鹤逸山水册》《顾鹤逸山水精品》《顾西津仿古山水册》《鹤庐画趣》《鹤庐集帖》等。过云楼收藏古今书画精品真迹至富，甲于吴中，作为新一代的怡园主人，顾麟士继承祖业，家学精湛，作画以山水见长，尤擅临古。

顾鹤逸在怡园留影

顾麟士宗法清初“四王”(王时敏烟客、王鉴圆照、王翚石谷、王原祁麓台),游情翰墨,兴致写山水,得烟云出没、峰峦隐现之态,故气韵深厚,笔致沉雄。时人冒广生曾记道:

> 余来吴门游顾氏之园屡矣,因得识吾鹤逸,而余友吴子昌硕又时时为余称道鹤逸不去口。鹤逸少时,即有洒然之致。其所作画,出入烟客、元照,世之真鉴赏者,未闻有闲言也。既性喜鹤,因以鹤名其庐。陈眉公云:“若是学道,故是黄鹤背上者,舍鹤逸将谁属也!”
>
> (《小三吾亭文甲集·鹤庐记略》)

顾麟士生活在清末衰世至民初军阀混战之时,社会动荡,政治黑暗,因不满科举而一生不仕,在怡园以金石书画自娱。光绪中叶,怡园名流云集,群贤毕至,挥毫泼墨,论书评画,切磋琢磨,顾麟士书画技艺精进,意得神怡,乐在其中。时人称怡园主人有云林清秘遗风。

顾麟士祖述家风,凭藉殷实,一生“好版本之学”,“宋元旧椠及老辈遗著,悉悬金求之”(民国《吴县志》)。苏州历来为人文荟萃之地,怡园藏书,类多精核,宋元以来佳椠名钞、珍秘善本,缥缃盈架,富甲江南。当时的著名学者、版本目录学家缪荃孙、傅增湘、张元济、章钰等,在顾麟士的藏书活动中,都曾与之有友好往来。除大量收藏书籍字画外,顾还喜收录金石、碑版、印玺等,极大地丰富了过云楼藏品。

顾文彬撰《过云楼书画记》十卷,其中书类四卷,画类六卷,合璧者则入画类。顾麟士撰《过云楼续书画记》,其中书类二卷,画类四卷,体例仍仿前记。书中所记书画,皆为过云楼所藏之精品,例如王羲之、释智永、吴道子、范仲淹、苏东坡、米襄阳、朱熹、赵松雪、吴仲圭、沈石田、仇十洲、唐伯虎、祝枝山、文徵明、李龙眠、董香光、萧尺木、龚半千、陈老莲、八大山人、石涛、清初六家等名家真迹均庋藏其中。顾氏鉴别真伪,又皆极精深。全书数说家珍,历叙翰墨,评书艺,论画风,谈文人逸事,述艺坛掌故,内容所涉相当广博,旁及诗词、剧曲、音乐、金石、历史、佛道等诸科目,不惟可资广闻多识,并且提供了许多有关书学、绘画、文学、美学、史学、工艺等的考据研究资料。书中一些画记,描摹山水,寥寥数语,涉笔成趣,文笔隽永,风姿摇曳,深得六朝山水小品之神韵。

顾麟士在《过云楼续书画记》末尾说：

愚家祖孙父子秉性好古，断简残片中往往遇精妙之品，必抉而出之以为快。其不精者，虽真不取。三世鉴别，数十年收集心力，成此二册，要为非易，故记之以告来者。

（《续画类四 · 又合册》）

从顾麟士的这段话可见该书选材之精严、写作之艰辛。1999 年 8 月，江苏古籍出版社将顾文彬撰写的《过云楼书画记》和顾麟士撰写的《过云楼续书画记》合为《过云楼画记 · 续记》出版，为我们今日了解过云楼当年收藏的宋元佳椠名钞、珍秘善本、书画精品，提供了详尽的资料。

《午梦堂集》纪事

在我国文学史上，以宗族为创作群体者，早先是比较普遍的，世袭权贵，掌握了政权，主管着社会活动的一切，文学创作活动当然包括在内。吴郡望族四姓中陆氏、张氏、顾氏的文学创作，前已详述。但这种文学创作与三国曹氏父子（曹操、曹丕、曹植）、北宋眉山苏氏父子（苏洵、苏轼、苏辙）的文学创作相比，就显得不足为奇，不足为贵。曹氏父子、苏氏父子的文学创作，无论是质和量，都达到相当的高度，而且曹氏、苏氏是以家庭为创作群体的，比起诸如陆氏、张氏、顾氏宽泛的家族写作群体，曹氏或苏氏创作群体内部的关系都是直系亲属，他们面对几乎相同的社会情景，却又有各自的生活体验，蕴含的内涵就更觉深刻，无论

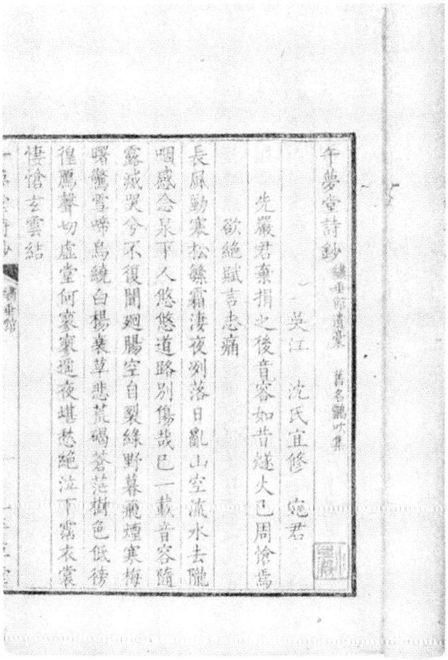
午夢堂詩鈔
吳江　沈氏宜修　宛君
先嚴君棄捐之後音容如昔燧火已周愴焉
欲絕賦言志痛
長夙勤寒松鱗霜淒夜冽落日亂山空流水去隴
咽感念泉下人悠悠道路別傷哉已一載音容隨
露滅哭兮不復聞廻腸空自裂綠野暮飛煙寒梅
曙驚雪啼鳥繞白楊衷草悲荒碣蒼茫樹色低徬
徨鴈聲切虛堂何寥寂遥夜堪愁絕泣下霑衣裳
悽愴玄雲結

《午梦堂诗钞》书影

是创作理念、思想内容、文字风格，都易于比较、对照和研究，“个性化”也就显得更为突出。但曹、苏两家都是男性作家，明代苏州，出现了以女性作家为主体的家庭创作群体，这就是叶绍袁之妻沈宜修及其女儿为主的创作群体。也正因为如此，古代对于一家人的文学活动似乎更加重视，很早就有把全家人著作汇总的习惯。他们把一家人著作的汇总集子习称为“家门集”，简称“家集”，唐代诗人杜牧《樊川集》中就有“家集二百编，上下驰皇王”（《冬至日寄小侄阿宜》）之句。但是由于种种原因，家门集，特别是纯文学的家门集，是很难编成也很难流传下来的。曹、苏两家都是男性作家，其作品集的流传尚且如此之难，而像苏州叶氏那样的以女性作家为主体的家庭创作群体，则更是罕见，其家门集竟也奇迹般地流传下来了，这就是《午梦堂集》。

叶绍袁像

《午梦堂集》原编者为叶绍袁（清初著名学者叶燮的父亲），收入《午梦堂集》的主要就是叶绍袁妻女的文学作品（以诗词为主）。

叶绍袁（1589—1648 年），字仲韶，号粟庵，又号天廖道人，明代苏州吴江汾湖人，初名宝生，幼年时过嗣给袁家为后，改名绍袁。天启五年（1625 年）与同学、好友袁俨一起考中进士，选南京武学教授，迁国子助教、虞衡主事等，后因不耐吏职，以母冯氏年高，陈情养亲，弃官返乡。叶家原本富裕，所居有池亭竹石之胜，闺门之内全工诗词。但叶绍袁不重荣利，益甘淡泊，“终日吟哦，不事生产，家渐败落”（《国朝松陵诗徵》）。后妻女早逝，军乱家破，贫病不支。弘光元年（1645 年）清军占据吴江，叶绍袁便率世侗、世倌、世倕三子，弃家人入杭州之皋亭山为僧，释名木拂，卒于平湖（陈去病《歌泣集》云其晚年隐于苏州西山，未详出处）。主要作品除《午梦堂全集》辑入者外，尚有《自撰年谱》《续谱》《甲行日注》《湖隐外史》，合为《叶天廖四种》。（中华书局 1998 年版冀勤辑校的《午梦堂集》，已全部辑入附录，该版《午梦堂集》，下称今本）另有《启祯记闻录》八卷，据柳亚子先生考定，是吴郡某人托名叶绍袁所著(见《南明史料书目提要》)。

沈宜修(1590—1635年),叶绍袁妻,字宛君,副都御史沈珫(懋所)之女,著名昆曲曲家沈璟之侄女,工诗词。沈氏为吴江甲族,一门风雅,叶绍袁与沈宜修于万历三十年(1605年)成婚后,生有五女八男,子女俱有文采。沈宜修在失去长女沈纨纨、三女沈小鸾、次子沈世偁、婆母冯氏之后,终因哀痛过度,于崇祯八年(1635年)过世,年仅46岁。沈宜修的代表作有《鹂吹》。今本《午梦堂集·鹂吹》中收有其五言古诗41首、七言古诗19首、五言律诗49首、五言排律1首、七言律诗91首、五言绝句93首、六言绝句5首、七言绝句325首、诗余190首、偈1首、拟连珠11首、骚1篇、赋3篇、序1篇。

叶纨纨(1610—1632年),字昭齐,叶绍袁长女。她是父母婚后5年才生得的孩子,因而备受宠爱,3岁时,父亲教她读白居易《长恨歌》,只四五遍就能成诵。她工书法,小楷尤精。17岁与袁俨之子成婚,袁俨去世后,家道由盛转衰,叶纨纨也"一腔幽恨,日积深凝",终至抱病。三妹小鸾辞世时,她返家哭妹,伤痛至极,不久也弃世,年仅23岁。代表作有《愁言》。今本《午梦堂集·愁言》中收五言古诗4首、七言古诗5首、五言律诗11首、七言律诗4首、五言绝句7首,七言绝句64首,词47首,所谓"莫道秋来不憔悴,满庭都是断肠花"(《秋日偶题》),"自古多情,偏惹多惆怅"(《点绛唇·早春有感》),愁止一端,感生万族,颇可深入探究。

据载,叶绍袁幼时育于袁家,后与袁俨更称兄弟,二人既是同学,又是同科进士,叶、袁两家可谓世交之好。但叶绍袁长女叶纨纨与袁氏子婚后,似乎并不幸福。婚后的叶纨纨"七年之中,愁城为家"(见叶绍袁为叶纨纨《愁言》所撰之《序》),"不伤于烟山瘴水,而伤于郁境愁乡"(叶绍袁《祭长女昭齐文》),特别是袁俨过世后,袁氏家道中落,叶纨纨更有"一腔幽恨",看来问题可能出在其夫"袁氏之子"身上。

叶小鸾(1616—1632年),字琼章,又字瑶期,叶绍袁三女。自小由舅父沈自徵(君庸)、舅母张倩倩抚养。张氏卒后,复返家中。叶小鸾三四岁时,舅父母口授其《万首唐人绝句》及《花间》《草堂》诸词,皆朗然成诵,13岁时,填词赋诗,见者炙口,且能琴善书。可惜的是,她却于婚前五日突然逝世,年仅17岁。留下的

叶小鸾像

代表作品有《返生香》。今本《午梦堂集》所收《返生香》，计有五言古诗6首、七言古诗7首、五言律诗12首、七言律诗6首、五言绝句6首、七言绝句64首，偈1首，词90首，曲1首，续七言绝句2首，拟连珠9首，序1篇，记2篇。

关于叶小鸾，似乎还应当多说几句。

叶小鸾是个美人，这是没有异议的。其母沈宜修在《季女琼章传》中用了不少笔墨谈她的美貌：

十二岁，发已覆额，娟好如玉人……鬒发素额，修眉玉颊，丹唇皓齿，端鼻媚靥，明眸善睐，秀色可餐，无妖艳之态，无脂粉之气。比梅花，觉梅花太瘦；比海棠，觉海棠少清，故名为丰丽，实是逸韵风生，若谓有韵致人，不免轻佻，则又端严庄靓。总之王夫人林下之风，顾家妇闺房之秀，兼有之耳。父尝戏谓"儿有绝世之姿"……一日晓起，立于床前，面酥未洗，宿发未梳，风神韵致，亭亭无比。余戏谓之曰："儿嗔人赞汝色美，今粗服乱头尚且如此，真所谓笑笑生芳，步步移妍矣，我见犹怜，未知画眉人道汝何如！……

叶小鸾婚前五日遽亡，是很有些蹊跷，因为事先并没有太大征兆，九月十五日早餐后，叶小鸾还教六弟叶世偕（即叶燮）及幼妹叶小繁读《楚辞》，当天夫家"行催

叶小鸾画作

妆礼至，而儿即于是夕病矣”，沈宜修《季女琼章传》在这句之后，有以下一段话：

于归已近，竟成不起之疾。十月十日，父不得已，许婿来就婚，即至房中，对儿云：“我已许彼矣，努力自摄，无误佳期。”儿默然，父出，即唤红于（叶小鸾贴身侍女）问曰：“今日何日？”云：“十月初十。”儿叹曰：“如此甚速，如何来得及？”未免以病未有起色，婿家催迫为焦耳。不意至次日天明，遂有此惨祸也。

明丙本《午梦堂全集》，即曹学佺于崇祯十二年（1639 年）作序刊本的后印本，在刊登该文时，竟删去了上面这一段。李一氓先生在自己收藏的明丙本《午梦堂全集》上曾眉批指出，关于叶小鸾之死和有关佛的文字被铲挖删节，必有原因，并在这一段上批道：“删去这一段，想掩饰什么？此段文字隐隐道出小鸾之死为婚事也。”

叶小鸾之死，显然令叶氏全家感到突然。“闻病者体重则危，儿虽惫，举体轻便，神气清爽，临终略无惛迷之色。”“死后，日夜望其再生，故至七日方入殓，虽芳容消瘦已甚，面光犹雪，唇红如故，余含泪书‘琼章’二字臂上，尚柔白可爱，但骨瘦冰冷耳。”这是其母沈宜修《季女琼章传》中的句子；“才闻病耗，讣随其后，且骇且疑，犹冀或否”，这是小鸾未婚夫昆山张立平的《祭文》中的句子；“由今思之，若使我姊而尝多疾病，则生死之途，固非人之所能测，乃以我姊而遂至于斯，真偁之所不解矣”，这是小鸾时年 15 岁的兄弟叶世偁的《祭亡姊琼章文》中的句子。种种迹象表明，叶小鸾之死因，大有可疑。

因为叶小鸾死得蹊跷，好心的人就尽量把此事往好的一方面去想，于是就有了她成仙去了的传说。后来，其姊、其母相继亡去，而其父叶绍袁又思之心切，便请“吴中泐庵大师”“以佛法行冥事”，行到叶小鸾时，大师就说叶小鸾原是“月府侍书女也”，是游戏人间，现已归位。这自然让叶父好受些。叶父又请泐庵大师为小鸾招魂（扶乩），“师初难之，后泣恳再三，果招鸾至。至即赋诗……”到后来，叶小鸾这位“月府仙子”居然表示：“愿从大师授，今不往仙府去矣”。于是就有了下面这么一段精彩的问答：

师云：“既愿皈依，必须受戒。凡授戒者，必须审戒。我当一一审汝，汝仙子曾犯杀否？”

女对曰："曾犯。"

师问："如何？"

女云："曾呼小玉除花虱，也遣轻纨坏蝶衣。"

"曾犯盗否？"

女云："曾犯。不知新绿谁家树，怪底清箫何处声。"

"曾犯淫否？"

女云："曾犯。晚镜偷窥眉曲曲，春裙亲绣鸟双双。"

师又审四口恶业，问："曾妄言否？"

女云："曾犯。自谓前生欢喜地，诡云今坐辨才天。"

"曾绮语否？"

女云："曾犯。团香制就夫人字，镂雪装成幼妇辞。"

"曾两舌否？"

女云："曾犯。对月意添愁喜句，拈花评出短长谣。"

"曾恶口否？"

女云："曾犯。生怕帘开讥燕子，为怜花谢骂东风。"

师又审意三恶业："曾犯贪否？"

女云："曾犯。经营缃帙成千轴，辛苦莺花满一庭。"

"曾犯嗔否？"

女云："曾犯。怪他道蕴敲枯砚，薄彼崔徽扑玉钗。"

"曾犯痴否？"

女云："曾犯。勉弃珠环收汉玉，戏捐粉盒葬花魂。"

……

（见叶绍袁《续窈问》）

上面这一段问答，我们暂且不管是否是沏庵大师的杰作，抑或乃叶绍袁"姑妄言之"，就文学意境而言，可谓是凄美绝伦。邹漪流《女仙传》、周亮工《因树屋书影》对此都有记载，袁枚《随园诗话》中也有类似摘录。我国19世纪杰出蒙古族作家尹湛纳希（1837—1892年）在他的代表作、长篇小说《一层楼》（约成书于鸦片战争结束后三十年）中，也几乎全文引用了上述精彩的问答（见《一层楼》第三十二回“悲催艳魂归太虚界，哀函香泪洒在人间”）。不过，在《一层楼》中，这一段变成了女主人公苏己（璞玉之爱妻）临终前与贲侯请来的云谷禅师的对答，个别字句也有了相应的变动，如问“曾犯两舌否”，回答的不是“对月意添愁喜句，拈花评出短长谣”，而是“使女违言无理时，诉与夫婿训责矣”。这是合乎女主人公口吻和身份的，因为苏己已嫁作人妇，而小鸾未婚，自不会这样说。当然，有些句子笔者怀疑原本是尹湛纳希照抄叶氏的，只是在他将其写成蒙文，译者（甲乙木）回译成汉文时，字句上就难免与“原创”有些区别了。如小鸾在回答“曾犯盗否”时说“不知新绿谁家树，怪底清箫何处声”，苏己在回答相同问题时变成“未知新绿谁家树，晴自遥听箫声矣”。小鸾在回答“曾犯淫否”时说“晚镜偷窥眉曲曲，春裙亲绣鸟双双”，苏己则答作“对晨镜而视弯眉，制春鞋而绣鸳鸯矣”。诗无达诂，何况是将汉诗译成蒙文，又将蒙文回译成汉文呢？此外，尹湛纳希的《一层楼》是小说，他笔下的女主人公已婚，她是临终前的忏悔，与小鸾情况不一样，她在回答大师问话时不必太像诗，应更多一些哀吟语气，所以回答的诗句结尾总有个“矣”字，几个“矣”字下来，一缕香魂，几片浮云，其夫璞玉理所当然地“仰天跌足大哭不止”了。于小鸾则不必，因为小鸾的回答是高僧扶乩时出现的，这时已是人天相隔，“仙女”前来作答，何劳“矣”字？

叶绍袁的次女叶小纨（1616—1657 年），字蕙绸，嫁与沈璟的孙子沈永祯为妻，后来因妹叶小鸾、姐叶纨纨相继夭没，伤痛之余作《鸳鸯梦》杂剧。她诗作极多，晚岁汰存二十之一，名曰《存余草》，其诗情辞淡雅，多有过于姊妹两人处。叶小纨终生怀念亡母、亡姊妹，郁郁寡欢，卒时也只 45 岁。《鸳鸯梦》原已收入《午梦堂集》，今本《午梦堂集》又据康生藏清抄本补入叶小纨的《存余草》，计有七言古诗 3 首、五言律诗 11 首、七言律诗 10 首、七言绝句 27 首。大奸如康生，秘藏清抄本而见《存余草》，《存余草》因而存余，亦是奇事、怪事，天道不爽，正可发一叹也。《存余草》原收入叶燮《午梦堂诗钞》，不见于《午梦堂集》，叶燮收《存余草》并有《存余草述略》一文。叶氏《午梦堂诗钞》中的《存余草》与康生收藏的清抄本《存余草》虽异文不多，但排列次序颇有差异。

《午梦堂集》还收有叶绍袁子叶世偁《百旻草》、叶世傛《灵护集》、叶绍袁自己的《窃闻》《续窃闻》《秦斋怨》，以及沈宜修辑的《伊人思》、叶绍袁辑的《屺雁哀》

《彤奁续些》《琼花镜》等。但其主要内容还是叶绍袁为其妻女等编辑的一部诗文合集,共保留了近百人的作品,对研究晚明社会和文学、人情和习俗,具有很大的参考价值。

吴江叶氏,一门联珠,唱和自娱,虽鲜谈民生国事,但描绘日常生活,抒发人间真情,状景生辉,抒情动人,且以女性作者为主体,确为世人注目。清沈德潜《序》中称赞"吴江之擅诗文者因多,而莫盛于叶氏","诗词歌曲悉包唐宋金元之精"。

叶氏家族中除叶绍袁、沈宜修夫妇外,其子女中文名最为显赫者,当推叶小纨、叶小鸾、叶燮。论者认为在晚明期间,有这样一个家庭的两代文人,构成一个异常活跃的文学创作群体,绝不是孤立的文学现象。从其家族原因来说,叶绍袁是进士出身,诗文并长,妻沈宜修更是出身于文学世家,自幼受到熏陶,善写诗文,两人均有极高的文化素养,他们组成的家庭是典型的文化家庭,长幼和睦,犹如师友。从本身说,叶氏为望族,经济上有一定的保障(尽管后来衰落了);就社会环境说,包围这个家庭的,有曲坛享有盛名的沈璟、沈自晋和沈自徵、沈永令及沈永乔三代人,叶、沈两个文化大族互相亲上攀亲。如叶小纨作为沈璟之孙媳,能写出成熟的杂剧《鸳鸯梦》,自然与沈家的影响有关。叶小鸾自幼便在舅父沈自徵教导下走上创作诗词之路。而《书经》研究家袁俨,既与叶绍袁为同学,同榜进士,又结为亲家,经常往还,切磋经史文章。还有昆山张维鲁家也是书香门第,与叶氏结为亲家。在这样一个充满文化的氛围中,出现这样一个文学创作团体,是很自然的事。

不容忽视的是,《午梦堂集》作为一部家门集,集忧与喜于一端,但更多的是忧。吴江叶氏作为望族,由于晚明政治纷扰、腐败,叶绍袁仕途不达,又不事生产,子女都未出道,家境已趋于衰落。封建统治加强科举制度、奖励贞节操行和民间朦胧寻求个性解放、憧憬美好自由生活的社会大矛盾,以及家族内要求重振家业与回天无力的家族忧虑,都强烈反映在《午梦堂集》中,叶氏一家诗文的忧字愁句,实际上就包含了上述诸多的因素。同时,作为吴江诗坛女性诗人代表的沈宜修,在她周围有几十位女诗人、女词人环绕着,她有条件为同时代的妇女作家辑集她们的作品,恰恰又是借助了其本身的望族地位以及叶、沈望族联姻的事实。

无可奈何花落去：望族的衰微与解体

苏州望族传承长久，文化品位也较高，就其主流而言，对稳定一方治安和造福乡梓，起到了积极作用。这些望族在发展过程中还培养出许多出类拔萃的人才，所以它更是历代成熟的统治者关注和竭力呵护的人才资源库。但是，无论在望族外部还是内部，也都存在着威胁其生存和发展的因素。望族中的有识之才也十分清楚“君子之泽，五世而斩”和“富不过三代”的真正含义，对望族本身来说，这些带有规律性的社会现象，不啻是一场无法躲避也难以释怀的梦魇，他们绞尽了脑汁，为望族的“长盛不衰”作了各种设计和努力，并充分利用权力，通过各种经济、教育等手段，力图维系其家族的兴旺。

族谱修纂

审视望族为维系本身的长盛不衰而作的各种努力，我们会发现，就其形式而言，不外乎内部花力、横向借力、外部着力三种。

所谓“内部花力”，就是指望族内部的优化建设，主要表现在抑强扶弱、祛邪扶正上。比如前面已经详述的兴办义庄、义学，纾缓民生，安抚族人、顾恤同宗、化解矛盾等。当然，仅靠一些发达的族人拿出资金，建祠堂、置族田，“敬宗收族”，实际上难以达到凝聚全族、永葆长盛的目的，因为它缺少了“精神维系”这一环。于是，以宣扬教化、正本清源为目的的所谓“序

范氏宗谱

昭穆、别亲疏、联宗族、起孝思、励风教、明世系、别尊卑”的族谱、家谱修纂就应运而生了。因此，表面上看，修订家谱是为了联宗睦亲等，实际上它既是一个操作极为复杂的系统工程，又是一项宣扬传统伦理道德风尚，制订各种家法、族规的“精神文明”建设。对于望族而言，它更是祛邪扶正、永葆肌体健康的“医手”。这些家谱，用我们今天的眼光看，腐朽、落后甚至污秽的东西当然不少，但其中蕴藏的零金断璧，也还时时让人感到惊叹、惊羡，甚至惊艳。苏州作为“望郡”，大族多、名门多，族谱、家谱当然也多。仅是苏州图书馆古籍部编纂的《苏州家谱联合目录》，所收家谱和有关族姓历史的专著就达800多种，其中大部分都是关于吴中家族的。今人张学群先生曾在其著《吹尽狂沙始到金》（见《传统文化研究》第十一辑，2003年12月白山出版社出版）对它们作了部分介绍，今略述如下。

由于族谱的具体修纂者都是深受儒学熏陶的士子，因此在宣扬本族先贤事迹时，发掘了以社稷为重、成仁取义等儒家思想的积极因素，并把它们充分渗透在宗谱卷帙中。如《金阊陈乡贤顾将军祠堂志》，此为《苏州家谱联合目录》所未收，但按其内容实属族谱，其中“分支纪略”载顾氏世系尤详，收集有关祖先顾野王的资料很多，有的在今日已不多见。其中元人王立中《水记》述顾野王治水事云：梁大宝年间，吴淞江湖势大作，顾见情势危急，即“以身跃入”洪流中，大声曰：“宁以一身殉潮，以安万古苍生可也。”后来潮水渐退，士人为建潮王庙以祀。此事为正史邑志所缺载，联系顾野王身为小吏时曾奋起招募义军力抗侯景之事，一个舍身为国为民的忠勇人物就站在读者面前了。再如《洞庭吴氏支谱》中收有《棣华吴公墓志铭》，叙述嘉庆状元吴廷琛（号棣华）事迹。其中说到他的儿子吴思树在广东任职，为林则徐所赏识，鸦片战争时，因香山为海防要地，林则徐特调吴思树署香山县令。这时吴廷琛已退休在家，得知这一消息后急忙派人送信给吴思树，严正告诫儿子：“食禄宜效忠，幸退贼固佳，万一不测，若瑟缩偷生，非吾子也。”吴思树得信凛然而起，率众昼夜堵御，使英军受挫，当时广东沿海许多地方俱受英军蹂躏，香山竟获保全。

家谱对敬老孝亲、兄弟友爱、崇俭戒侈、清正廉洁这些优秀的传统伦理与道德风尚尤为重视，因此，也留下了不少生动感人的事例。如《洞泾吴氏支谱》载，康熙时官至尚书的吴一蜚，他的父亲是个穷秀才，纳妾王氏而生幼子一蜚。但吴一蜚出生仅七个月父亲去世，嫡母姚氏不因非己出而歧视。崇祯末年连岁旱蝗，全家大人以碎糠豆饼充饥，姚氏另用绢袋储米入锅，煮熟后取出喂一蜚吃。隔不了几年姚氏也去世了，长兄吴瑜没有因此抛弃王氏母子不顾，他以教馆所得的微薄薪金扶养庶母弱弟，还供给吴一蜚读书。王氏则省吃俭用，咬尽菜根三十多年，没吃过一餐可口的饭，同时赶做针线活贴补零用，冰夜暑夕，手不停工。吴一蜚半夜醒来，犹见母亲一灯荧然，穿针引线。王氏教导一蜚说：我一针不到，一件衣服就不能完工，你读书也是如此，一字不可放过。在这样清贫的家境和母兄的督教下，吴一蜚奋发读书，终成进士。由于他从小饱尝贫寒，故为官时能体贴下情，屡减民负，颇有政声，被康熙帝连连提拔直做到尚书职位。吴一蜚为官清廉，卒于任上时，家产不足百金，赖公卿资助才得以买棺购墓地入葬。类似这些感人至深的事迹，在家谱中不乏记载，如果是本族后人读到这些，就自然而然地会激发起崇敬先人、缅怀幽德、决心继踵、不玷门风的感情。

家谱具有丰富的独特的资料价值，它还可作为判断某些史料是否有误的重要依据。梁启超先生早在《中国近三百年学术史》中就指出："欲考族制组织法，欲考各时代地方婚姻平均年龄、平均寿数，欲考出生率与死亡率比较……等等无数问题，恐除族谱家谱外更无他途可以得到资料。"除了梁先生指出的以上多项作用外，族谱还蕴含了其他很多方面甚至是独有的重要信息。因为它除了以详载谱系为主要内容外，往往还汇集了族中先人名贤的诗文、传记、图像等等，其中有些可能已经散佚或为其他书刊所未详载，所以家谱、族谱也往往是搜寻族人散佚诗文等信息的重要资料。

就拿园林来说，族谱常可帮助今人弄清园主、园址等重要情况。比如现已列入世界文化遗产名录的艺圃，自文震孟、姜埰父子之后至道光间改建七襄公所之前这段时间内，其园主是谁、身份如何，旧志已失载，其他有关艺圃的资料也未提及，在艺圃史上出现了一段空白。虽然《七襄公所记》曾提到"道光癸未甲申（1823—1824 年）间郡中吴氏始葺而新之"，并说在 1839 年从吴氏手中买下，改为七襄公所，但并没有告诉我们这姓吴的是何许人。但如果循"郡中吴氏"这一线索寻找，就可以从《吴氏家乘》中查到吴斌（1663—1744 年），字紫臣，号慎庵，"自丙子（1696 年）秋让宅与弟，移家文文肃旧居，志所名青瑶玙者……售得莱阳绝产，仍听安居三十载。”“青瑶玙”是文震孟在艺圃的读书处，而“售得莱阳绝产”则说明正是从姜氏手中购得，证实了姜实节生前已把艺圃园宅售给吴氏，不过家属仍留居艺圃30年而已。吴斌虽业商，但博学，精鉴赏，有《博雅堂文钞》等著述，曾受李煦委托采制苏州行宫的陈设器皿，得到康熙帝赞赏。但晚年家业凋零，身后若干年，艺圃园主易为同族的吴传熊（1777—1827年），吴传熊字介亭，国学生，业商，好与文士交往，吴传熊将园传给儿子吴经筠（1800—1836年），以后就为七襄公所所得。除了族谱，从别处恐怕已很难找到相应的史料来填补艺圃历史上这段空白了。此外，族谱中往往还记载一些不知名的私家园林，这些小园林由于园主名声不甚著，园的面积也不很大，常常为邑志所缺载。

后世学者对旧时人物的名字、生卒年代、世系等的考察也多赖族谱而识其所自。记载较为具体确切的族谱还可以帮助学者纠正某些书刊的误讹。如《丹午笔记》（江苏古籍出版社1985年出版）内“哭庙异闻”条记被斩的18人中有“丁子伟名澜本，字紫洄”，“丁观生，字仲初，紫洄之堂兄”（俱见该书第一百六十二页）。查《丁氏族谱》，其中载当时罹难的人中有“观澜，庠名兰，字紫洄”，正与家族按规定的字取名排辈的惯例（堂兄名观生）相合，而“子伟”与“紫洄”音近，古人往往以同音或音近字取作别号。由此可知知《丹午笔记》原抄本此处有脱漏，而今标点本则有误，应作“丁子伟名观澜，本字紫洄”（张一麐《心太平室集·阳山十八人祠记》亦作丁观澜）。

《江苏艺文志·苏州卷》收罗宏富，嘉惠吴中学林，对能搜集到的资料都尽力齐备，然百密难免一疏，对于有些著录的人物及著作，如果不以家谱等材料相印证，往往难以鉴别其误讹。如该书载张敦培（1745—1805年），常熟人（见第3143页），书中载其撰著中有画作名为《张研樵玉溪梦隐图卷·序雁联珠图卷合册》。但读常熟《南张世谱》，可知张敦培不以画名，也无“研溪”的别号。后从张茂镛《巽庵主人自订年谱》及《中国美术家辞典》等查知《合册》为其高叔祖张培敦（1772—1844年，吴县人）所作，研樵正是张培敦的号，培墩工画。正是因为两人的生卒年代、籍贯和名字都相近，才有此误讹。

“沈万三秀”这一名字曾引起许多歧说，其实翻阅旧谱，相关研究者可从族谱中得到不同的启发。宋元时代的人多有以“秀”字为名的，而且名字有三个字的很常见，甚至有多至四五个字的。如《祠堂记》载“安远侯支”有“富三秀”、“富十秀”，“征西侯支”第八十七世“仲十七”子“千廿六”，孙“万廿八”，东庑从祀人名中有“二十三节干”、“九十三秀”、“万十四秀”。武陵《埭川文字谱》（下称《埭川谱》）中亦有“四十七承事”、“十六秀”、“重十郎”、“九千二”等名。

家谱在了解谱系渊源、填补世系空白、促进寻根认同等方面有着不可替代的作用，它往往上溯至得姓由来及始祖，下至修谱时的各支子孙，虽然有关太古时代祖先的记载常有紊乱，未可尽信，但确实具体反映了子孙由少至多、支派由寡至繁、分布由局部至宇内，瓜瓞绵绵千百年的景象，使人读后不能不惊奇谱牒记载时间的悠长以及所涉地域的广袤，这也从一个侧面反映了我国文明的源远流长。

望族姻亲

望族与望族间的联姻是望族“横向借力”的重大策略，这样做可以在政治上、经济上化竞争对手（哪怕是潜在对手）为竞争伙伴，结成联盟，一荣俱荣，互为呼应。

三国时代，苏州望族间的联姻较为频繁。创建东吴政权的孙氏，原籍吴郡富春，早先一直在中原发展，在江南并无多大根基。渡江后，如果没有江东土著大族的支持与配合，孙氏的建国、立国都存在相当的困难。经过一段时间的艰难实践和选择，孙氏最终采取了拉拢江东大族的政策，其中比较显眼的就是利用婚姻以达到笼络目的。孙坚的妻子吴夫人是徙居钱塘的吴人吴景之姐，吴景经常跟随孙坚征伐，先后担任过丹阳太守、广陵太守。孙策去世后，孙权年少统业，吴夫人“助治军国，甚有补益”，临终时又“引见张昭等，属以后事”（《三国志》卷五十）。由此可见，在孙氏与江东士族、大族政治上的结合方面吴夫人是起了不少作用的。

大乔和小乔（明刻本）

东吴名将周瑜，本身是庐江舒人，他自小与孙策为伴，所谓“有总角之好，骨肉之分”，用现在的话讲就是“小弟兄”。所以在攻入皖地后，“时得桥公两女,皆国色也。策自纳大桥,瑜纳小桥”(《三国志》卷五十四),两人成了连襟。唐人诗人杜牧的诗句“东风不与周郎便,铜雀春深锁二乔”,宋代诗人苏轼的词句“遥想公瑾当年,小乔初嫁了,雄姿英发”,用的都是这个典故。孙策还曾对周瑜说过这样的俏皮话:“桥公二女虽流离,得吾二人作婿,亦足为欢。”(《三国志》卷五十四注)请注意,大乔既然是嫁给孙策的,那就是孙权的亲嫂子,而周瑜的女儿后来又嫁给太子孙登,孙策的女儿则由孙权做主,许配给了另一大将陆逊。

史载孙权的夫人很多,其中不少也是出于政治目的联姻。如谢夫人,会稽山阴人,谢父东汉时任尚书郎、徐令。孙坚有个妹妹嫁给了徐真,生子徐琨,徐琨之女初适同郡陆尚,陆卒,“权为讨虏将军,在吴,聘以为妃。”(《三国志》卷五十)也就是说,从辈份上看,徐琨与孙权为姑表兄弟,徐夫人其实比孙权小一辈。步夫人,与丞相步骘同族,她为孙权生了两个女儿,长女鲁班,字大虎,前配周瑜之子周循,后配全琮。次女鲁育,字小虎,前配朱据,后配刘纂。朱据的妻子乃孙休之姐,孙休又娶朱据女为夫人,即以姐女为妻。大虎所生女儿后又嫁给孙亮。这些亲上加亲的婚姻简直有点“缠夹不清”了。孙氏显然是将婚姻作为一种政治笼络手段,与权臣和望族亲上加亲,从而形成紧密的眷属圈子,虽然他这么做巩固了自己的统治基础,可是也导致婚姻圈范围的缩小,结果是望族、皇族内部出现了不少的不计辈分的婚姻甚至乱伦的两性关系,客观上助长了腐化风气的蔓延和世袭望族的腐朽与没落。

唐宋以降,“婚姻不问阀阅”(郑樵《通志》卷二十五),望族的婚姻圈范围有所扩大,不计行辈甚至乱伦的现象减少了许多,但望族间的联姻还是出于“横向借力”的政治目的。稍后,政治上、经济上“横向借力”的诉求逐步被“门当户对”的观念取代,但是望族间的联姻仍是比较普遍。

例如,到北宋时苏州范氏本已寒微,范仲淹举进士、为大臣,光大其家族后,范氏才又逐渐成为望族。范氏后来与三槐王氏结了亲家。范与王的联姻虽谈不上诸如拉拢或笼络之类的政治诉求,但仍是出于两家主人的志同道合。景祐三年(1036年),范仲淹被贬,众人不敢送行,当时唯有范仲淹的好友王质(宋真宗时名相王旦之子)来送行,“疾风知劲草”,所以被宋人津津乐道,范仲淹也非常感慨,后来他曾说过这么一句话:“余走尘土,时公一接如旧,以道义谈交者有年矣,结二姓之好，以亲仁人。余常期公以青云之器，大有立于国朝。”（范仲淹《王公（质）墓志铭》）所谓“结二姓之好，以亲仁人”是指范仲淹让自己的儿子范纯仁娶了王质的长女。范仲淹为王质作墓志铭时，王质次女年龄尚小，据《王氏宗谱》载，王质次女后来嫁给了范仲淹的另一个儿子范纯礼，也就是说范氏弟兄娶了王氏两姐妹，这是另一种形式的亲上加亲。

王质与范仲淹的交好对王氏一族极为有益。范仲淹名满天下，王质也有令名。庆历三年（1043 年）范仲淹为参知政事，王质的堂房兄弟王素为谏官，王质自己也由荆湖北路转运使召为“同判吏部流内铨”，两兄弟同时拜为天章阁待制。虽然推荐王质的是富弼与韩琦，但富、韩与范的关系之密切以及政治理念之相同是路人皆知的，毫无疑问，范仲淹在王氏兄弟的晋级上起了作用。也因此，庆历四年，新政失败，范仲淹离开中央权力核心圈，而王素此前就已出为淮南都转运按察使，王质出知陕州。一年后，王质在悲愤中卒于陕州任上。据《王氏宗谱》载，范纯礼之子范正已又娶王素第三子王坚之女为妻。

当时山东莱州大族吕氏与王、范两族也有婚姻的瓜葛。吕氏也兴起于宋初，吕蒙正居洛阳，乃太平兴国二年（977 年）状元，在宋太宗、宋真宗朝三任丞相，与王旦为同僚。而吕蒙正侄吕夷简是咸平三年（1000 年）进士，在宋仁宗朝官至同平章事，当国十多年。吕夷简很年轻时就很受王旦赏识，吕氏后来与王氏联姻。王旦长子王雍娶吕夷简之女，王旦的女儿又嫁与吕夷简的儿子吕公弼，这两对婚姻相当于“姑嫂换婚”。

门当户对

对吕家来说，与王家联姻是高攀，也确有报恩的成份；而王家也是看好吕家的根基以及吕夷简的才能与发展前途。两家互相汲引，特别是吕夷简为相，确实有赖于王旦的影响。吕夷简本与范仲淹有过节，有一阵还闹得挺凶，由于王、范后来也联姻，范、吕最后居然"一笑泯恩仇"，这恐怕与同是王的姻亲有一定关系。吕夷简后来致仕，范仲淹也出巡陕西，王氏兄弟也都调离朝廷，反映了望族间的婚姻互助互损，即一荣俱荣、一枯俱枯的特点。

到明清时，苏州望族子弟的婚姻越加注重"门当户对"，但值得注意的是，这一时期苏州望族的婚姻圈选择范围也越加缩小了。特别在地域概念上，望族们似乎只是把眼睛盯住苏州籍，即苏州人与苏州人联姻，有一种排斥外地籍人的倾向，这就加剧了苏州联姻望族之间利害与共、荣辱与共的情况。

天官坊牌坊

苏州天官坊（在今学士街横巷）陆氏的婚姻故事就很典型。天官坊陆氏在苏州清代望族中显得有点另类，他们自称是朱明福王后裔（一说是建文帝后裔），因而有着"陆朱不通婚"和"不做（清朝）实职官"的祖训。在清代三百年历史里，天官坊陆氏几乎是世代商贾，在功名上最多考到举人为止，绝不去应试进士，与"官宦门第"可以说是绝缘。

陆、朱不通婚的家规，直到1928年才被国民政府外交部的一个科长、新任国民政府驻温哥华领事的陆翥双打破。陆翥双是个很有主见的陆氏子弟，他特地请假返苏，将次女嫁与青浦朱姓男子。陆、朱的这次联姻自然在陆氏家族中引起了轩然大波，有的族人甚至趁势追究起了陆翥双在国民政府做外交官之事，说这也是违背了祖训。陆翥双力排众议，辩称清帝早已逊位，自己做的是民国的官，不是清朝的官，在儿女婚姻上也可不囿于前清旧规，法、朱联姻风波才渐渐平息。

有趣的是，天官坊陆家虽然不为清代实职官，但却有三次与清末权势门第"贵潘"的联姻：陆家有两个女子嫁与潘家，一是陆义庵时与潘世恩亲属的联姻；还有一位是陆啸嵩的二女儿，她嫁与潘祖荫之子；而潘祖荫的一个女儿又嫁给了陆家，是典型的"姑换嫂"，天官坊陆家与潘世恩家的关系也因由儿女亲家而密切起来，所以陆家虽然"朝中无人"，但在苏州还是无人敢与争锋的"大人家"。

经济应变

除了内部花力、横向借力之外，望族力图长盛不衰的努力，还主要表现在"外部着力"上。唐宋以后，苏州望族主要通过科举联翩、仕宦相继来确保本家族的兴旺发达。但仕宦相继说易做难，因为这是没有保险系数的，谁也无法保证其家族子弟代代都保持聪慧颖悟，代代都对"四书五经"之类的陈腐说教充满兴趣，代代都能写一手优秀的八股文。况且，科场应考，也有适与不适、幸与不幸，答题作文也还有是否合乎阅卷者口味的问题。以上条件都具有相当大的随机性，科举上"马前失蹄"是很难避免的。如果有一两代子孙中没有人科举入仕，丧失了官场的支撑和权力的保障，整个家族的衰微就从此开始了。

同时，宋代以来，商品经济的观念开始萌芽。范仲淹是科举入仕的既得利益者，但同时他对封建社会轻商贱商思想也有所怀疑和批判，他的《四民诗·商》就站在商人的立场上，认为通商能"上以利吾国，下以藩吾身"，表达了对商人和商品经济的过人见解。

到了明代，由于苏州一带商品经济特别发达，商人获利最厚，产生了"士商渗透"与"官商融合"的社会现象。黄省曾《吴风录》中说吴中"缙绅仕夫多以货殖为急"，吴地封建士大夫兼商业者日益增多。据《苏州府志》卷一百四十七《杂记》载："明(朝)洞庭山消夏湾蒋举人某，屡试春官不第，遂效垄断之术，居积取盈，算入骨髓。……不数年称高赀矣。"又如昆山归庄(大文学家归有光的曾孙)的朋友严舜工是洞庭山的大地主，其地"四民之业，商居强半"。在中国封建社会里，一般情况下，"士之子恒为士，商之子恒为商"，士与商各自的社会角色是相对固定的，但"严氏之先，则士商相杂"，严舜工本人则由士而兼商，可是由于当时"盖今之世，士子贱也甚矣"，所以归庄就力劝其友严舜工最好的出路乃是"专力于商"(归庄《归庄集》卷六)。可见，当时"士商渗透"已不足为奇。

商贾本人或其子弟入仕为官后，都会成为商人利益的代表者，这也会使商人的身份和地位不断提高。文学是社会生活的一面镜子，晚明商人社会地位的提高,在当时的“三言”“二拍”等文学作品中均有所反映。例如《醒世恒言》卷十七《张孝基陈留认舅》的引言中就描写了这种社会习俗的变化,有位官拜尚书的大官僚,“家财万贯,生得有五个儿子。只教长子读书,以下四子农工商贾,各执一艺”,旁人认为他这样做“非上人之所为”,劝他赶紧让五个儿子皆“习儒”走科举道路,而老尚书却说出一番与“万般皆下品,惟有读书高”的传统观念相悖的高论:

> 世人尽道读书好,只恐读书读不了!读书个个营公卿,几人能向金阶走?……农工商贾虽然贱,各务营生不辞倦……自古成人不自在,若贪安享岂成家!一脉书香付长房,诸儿恰好四民良。

这位封建大官吏已经把工商业者看做与士人平等了。

事实上,当时苏州的“望族”有许多是“两手抓”,既走仕宦之途,又有从商、以官助商、以商促官的举措,有儒有贾,迭相为用。

然而,凡事盛极必衰,苏州望族在明清发展到顶峰时刻,实际上也就孕育着衰微的种子了。

实际上,具体某一个望族的败落是每一个朝代都会发生的。原因不外乎:有的是因为子孙后裔不肖,有的是因为战争破坏严重,也有的是因为政治变动,除了人祸外还有天灾,等等。但苏州望族的总体式微,就有其更深层次的社会原因了。

苏州望族中一般均有族人身居高位,他掌握的政治权力有助于敛财,既可以将一部分资金用于捐官,以延续家族对政治权力的掌握;又可以将一部分财力用于教育投资,提高后代的文化知识水平,通过科举进入仕途,继续掌握权力,从而形成良性循环,保持世家大族的政治、经济、文化地位。但是,望族的延续,也并非一帆风顺,因为捐官或者教育投资科举入仕这些举措也是双刃剑,既为家族培养了出类拔萃的人物,又惯养出了一批不肖之子。

苏州望族在权力、金钱、教育三者的交互作用下,曾为封建政权输送了一批治国能臣,如明代华亭内阁首辅徐阶、清代兵部尚书彭启丰等;也产生了一群硕儒大家,如明代苏州文坛泰斗文徵明、太仓文学巨子王世贞、明末昆山一代通儒顾炎武、清代吴江科学家王赐阐等;尤其在文化领域,形成了引领中国画坛新潮流的吴门画派,别树一帜的南剧,通俗文学的繁兴更是独领风骚……

旧宅陪弄

在文化世族以耀眼的成就而称著于世的同时，具有理性思考的归有光却以犀利的目光静观世间之沧桑。归有光出身于昆山归氏大族，他对族中之人的不学无术是最知情的：

归氏至有光之生，而日益衰。源远而末分，口多而心异。自吾祖及诸父而外，贪鄙诈戾者，往往杂出于其间。率百人而聚，无一人知学者；率十人而学，无一人知礼义者。贫穷而不知恤，顽钝而不知教；死不相吊，喜不相庆；入门而私其妻子，出门而诳其父兄；冥冥汶汶，将入于禽兽之归。平时呼召友朋，或费千钱，而岁时荐祭，辄计杪忽。俎豆壶觞，鲜或静嘉。诸子诸妇，班行少缀。乃有以戚宾之故，而改将事之期；出庖下之馂，以易荐新之品者。而归氏几于不祀矣。

（归有光《震川先生集》）

世家大族中的相当一部分人不仅文化水平低，其个人素养之差也令人咋舌。对于归氏族中人士的不学无术、礼乐不振，归有光十分痛心，他甚至觉得所谓大族子弟仅仅徒有虚名。

从人口比例来说，封建社会大多聚族而居，一个大族往往有上千人甚至几千人，而他们当中有一定社会地位的人才只有一人或几人，是以一人或少数几人之名而光宗耀祖，让后世之人回眸这一世族的光环。然而，一味陶醉于这一光环是危险的先兆。世家大族中固然不乏英才，但大部分人平平庸庸，默默无闻，甚至有一小部分不肖之子。而且，世族的家族结构按血缘关系和主奴尊卑将人们的行为、思想局限于一定的伦理规范之内，也压抑了人性，抹杀了思维的灵感，乃至正如归有光所描绘的那样:族中之人心胸狭窄、目光短浅、平庸自私,全无世家子弟应有的文化素质和礼仪风度。在以家族为主体的社会结构中,如此伦理现状,人性都受到某些程度的扭曲,还侈谈什么人才培养呢!平平庸庸,默默无闻,目光短浅……本来就是我芸芸众生的一般面貌,怎能要求望族内人人都是状元、进士?!

苏州望族往往是由于一人或少数几人荣居高位,从而提高了整个家族的政治势力和经济实力,为此,望族中的有识之士力求保持家族的整体实力,以便使子孙后代永葆荣华富贵。注重文化教育是苏州望族的共性,跨明清两代的吴江叶氏家族七世共出了8位进士,清代吴县潘世恩家族连续出了8位进士,这是以文化教育传世的典型之例。当然也有以封建特权荫袭官职而保持家族的兴盛的。明代华亭内阁首辅徐阶兄弟凭借官居高位的权力优势,以"父荫"的特权将官职延续给后代,徐阶兄弟的儿孙辈中以"父荫"为官者达13人,持续五代门庭显赫。这是典型的以权力维系世族的权势与富贵。归有光曾在昆山作过调查:

予居乡无事,好从长老问邑中族姓。能世其家业,传子孙至六七世者,歘殆不能十数。世其家业传子孙绵延不绝,又能光大者,十无三四焉。

(归有光《震川先生集》)

归有光所熟悉的昆山之邑,能传世的家族不超过10户,而显赫富贵之家族更少,不足三四户,说明世家大族数量之少。归有光又寻觅昆山近世官宦之踪迹:

吾吴为东南一郡,而昆山又郡之一邑,然号为仕宦之邦。嘉靖纪元以来,先是毛文简公,以大宗伯迎天子于湖湘,继而玉峰朱公为大冢宰,周康僖公为大司寇,玉岩周公为少司寇,蔡公为通政使,庄渠魏公、矫亭方公,皆为太常,柴公为京兆尹,顾文康公以文学掌内制,进内阁,至少保。其他台省法从之臣,彬彬不可胜数。既而诸公稍稍谢去,今在中朝者,无一人焉。

(归有光《震川先生集》)

可见,朝中为官者欲保持几代门庭显赫且能成功者,已属罕见。

吾昆山虽吴之偏邑,而人才在前世知名者不少。如范至能、卫清叔,其遗迹至今往往可寻。然欲求其子孙，有不可得者。士大夫之家，能使诗书之泽久而不绝者，盖寡矣。

（归有光《震川先生集》）

徐乾学像

清代昆山人、大司寇徐乾学（与弟弟徐元文、徐秉义并称为“昆山三徐”）之子放诞无度，不务正业，家资荡然，其孙才13岁就不得不“受佣于县胥，为之钞书，得值以奉父母”，后沦落为以唱盲词为生。归有光自己出身于昆山归姓大族，在归有光幼年时，归家也已日渐衰微。

苏州望族一方面呈现出家族的凝聚力，另一方面又难以制止家族内部的自相残斗。封建世家大族由于其拥有的政治优势和经济实力，家族的凝聚力也随之增强，

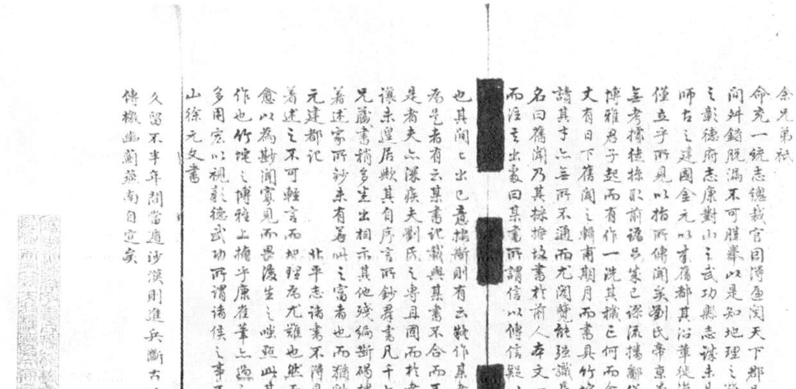

徐元文书评

再加之封建农业经济的稳固性和安土重迁的思想观念，聚族而居成为其时首选的社会基层结构，如苏州的范氏、顾氏、陆氏等都是聚族而居。昆山顾氏是明清两代的地方世族，曾一时荣耀乡里，“若吾昆顾氏之盛，殆所谓时其聚者邪？自大宗伯以文章魁天下，将跻台鼎，其余横金衣绯者，尚二三人。昆之言贵者，必曰顾氏。甲第连埒，宗亲子弟被服华绮，千人聚食。昆之言富者，必曰顾氏。自桂轩先生以耆年为乡邦之望，其后寿考，世有其人。昆之言寿者，亦必曰顾氏”（归有光《震川先生集》）。足见顾氏家族以权势之强、实力之盛，为家族的繁衍创造了一定的有利条件，然而，这仍然无法制止族内成员的无度挥霍和争田夺产。

著名思想家、政论家顾炎武就出自昆山顾氏大族，其在世时，家族内部哄斗不止。顾炎武即因族中弟兄之争夺家产，几于丧命，被迫流寓常熟，最后不得不北上，远离故土，客死他乡。顾炎武在谈及族中之斗时，悲怆万分：

> 孰使我一家三十余口，风飞雹散，孑然一身，无所容趾者乎？……孰使我诸父宗人，互寻仇隙，四载讼庭，必假手剪屠而后快者乎？……欲求破屋数间而已，亦不可得者乎？……回首越吟，凄其泪下者乎？……
>
> （见徐珂《清稗类钞》）

王颂蔚（王鏊后裔、清末进士）故居

可以说，是顾氏家族的文化熏陶使顾炎武脱颖而出，成为一代通儒；而顾炎武终身未仕，无权无势，便在家族之斗中处处受人欺凌，惨遭摒弃。苏州大族之间虽没有像岭南、福建那样发生械斗，表面上风平浪静，但大族内部之“文斗”，其酷烈之程度并不亚于岭南、福建之“武斗”（械斗）。岭南、福建之“武斗”更多地表现为对生存空间的争夺，而吴地大族内部之“文斗”则多出于对财产的贪婪。钱谦益入清后仍居高位，权势显赫，其在世时，族中表面相安无事，暗地里却早已为争夺家产危机四伏；待钱谦益去世，尸骨未寒，夺产之争骤起，其妾柳如是甚至为之丧命。此类悲剧，不胜枚举。

在严酷的现实面前，如何维持族人的勤学致仕，以累代居有政治优势，增强家族的经济实力，成为有识之士殚精竭虑的大事。正确处理权势、金钱、教育三者之间的关系，延续家族的生命力，是世家大族全力追求的目标。

世族大多在荫袭、捐纳与科举入仕的交叉互动中，力保家族之兴盛。封建时代，有了官职，就有了政治权势，也就极易敛财致富，为家族的传世打下经济基础，这是人所共知的。所以，士大夫利用封建特权，通过荫袭将官职世袭给子孙，虽然"荫官"的官职要比父亲的官职降低一等，但这毕竟能使子孙不用刻苦攻读，不用历经科场艰辛，就能轻取官位。明代礼部尚书徐光启之子徐骥以"父荫"为官生，徐光启之孙徐尔觉、徐尔爵、徐尔斗、徐尔默均荫袭为中书科舍人。明代华亭徐阶、徐陟兄弟的荫袭传世最为典型。徐阶弟兄子中有13人以"父荫"为官，只有1人以进士入仕。徐阶家族虽以荫袭保有五代荣华富贵，但随着荫袭官职级别的趋降，显赫一时的徐氏家族最后湮没。然而，正是因为"荫官"入仕方式的轻而易举，士大夫的后代在富裕的生活条件下，往往处于无所作为、不学无术的境地，因此，两三代以后，这些家族往往就不再有出类拔萃的人物。即便是曾经权势显赫的徐氏大族也难以避免骤衰的命运，徐氏在五代以后不能再以荫袭为官了，其后代最终败落，以致沦落到依靠到衙门代人受杖为生。由于享有荫袭特权的必须是朝中高官，而一般官员无此特权，于是一般官员有时便以捐纳来使家族保有官职。如明代华亭王氏家族的王祖庆、王祖晋兄弟有三代人均以"纳粟得官"。

以荫袭、捐纳延续家族的权势，的确是一条捷径，但其中的弊端也显而易见。苏州有识见的世家大族均重视文化教育，让子孙后代持有一定的儒学知识和文化素养，从而凭藉自己的知识和能力，科举入仕；而且有了一定的文化基础，才能胜任官职，不致颓废。以文化教育为主的世族，其稳固性和持久性均超过以荫袭、捐纳传世的家族。苏州长洲彭氏家族、文氏家族即是以文化教育传世的典型，从彭昉至彭泰士共十四世，出了14个进士，其中有2名状元。文氏家族自文洪（文徵明祖父）始，八代出了18位文化名人。这一方式的难度在于子孙之智愚和科场之艰辛。实际上并不是每一位望族子弟均能学有所成，科场考试也有偶然因素，不仅学业平平者穷经皓首不能中式，而且才高学富者也常常困于科场。如文徵明，多才多艺，从 26 岁至 56 岁先后 10 次应乡试，均未中式；归有光，才冠吴中，直至 57 岁才应试中举。所以，虽然吴地世族以文教为上，但真正能以文教传世的家族，实际上也只有个别几例。

山塘街汪氏义庄

要维持一个封建大族的长盛不衰是一个难题。即使在采用荫袭、捐纳、文教等措施后，世家大族仍难避衰微之途，而且仕途之险恶、科场竞争之酷烈，又难以稳操胜券。世族中的有识之士便将目光投向封建社会的基础——农业，以农业经济维系世族的经济实力，视族中聪颖子弟重点培养，以保证科举联翩，从而维系望族的政治权势；同时，农田是封建社会经济来源的最基本的生产资料，为族中置义庄，可使族中之人能维持基本的生活之需，不至于急剧衰败。

宋代范氏家族因范仲淹在朝中任高官，范氏家族声势大振，范仲淹为使范氏家族长盛不衰，特设义庄、义学，以济族中贫苦之人和培养族大读书成才。之后，这类义举在苏州历代不乏仿效者。正如前文所述，明代内阁首辅申时行与子申用懋在苏州建申氏义庄，置田 1 100 百余亩。清代大学士潘世恩之子潘曾沂捐建义庄，荒年时济族中贫者。清代世家大族置义庄在吴地曾流行一时。义庄的设立确实对维系家族的政治、经济实力起了一定的作用。但随着时间的推移，义庄的管理不时出现问题，有违初衷。范仲淹首创之义庄至明代已是管理紊乱，弊端百出；而且义庄的设立也使族人的依附性增强，则从另一个侧面反映出了义庄的设立难以消除家族制的痼疾，无法制止族内的争田夺产、玩忽耗财。而商品经济的发达，又从根本上摧毁了封建社会的农业基础，义庄的设立和推行，不啻车水杯薪，根本无济于事。

苏州望族的形成与发展是封建经济和文化发达的伴生物,随着封建经济的衰落、商品经济的发展,世家大族受到的冲击力随之加大,“无可奈何花落去”已经成为历史的必然。

此外,清朝末年,欧风东渐,给原本商品经济就较为活跃的吴地注入了新的商品生产因素,更加剧了社会各阶层的裂变。人们在时代的进步中,在观念的变更中,对望族即所谓“大家族”也有了更为清醒的认识。吴地处于中西文化交融的风口浪尖上,新一代的有识之士大部分从大家族的牢笼中挣脱出来,对大家族的弊端深有感触。例如前文多处提及的顾氏家族是苏州的文化世族,上世纪曾培养出顾颉刚、顾廷龙等文化名人,然而,顾氏族人的整体状况欠佳。其时已届民国初年,仍在大家族制庇荫下的顾氏族人还不知适应时代潮流,不知学习文化与技能以谋生立命,仍欲依赖族中一二强者生存。显而易见,大家族制助长了人的依赖性、守旧性,消弭了人的独立性、进取性,于社会和个人均有害无益,大家族制的存在也确实弊大于利。在近代经济与文化的涤荡中,苏州望族的基石日渐松动,并较快地走向解体,同时,这也使区域经济发展的阻力相对减小,致使这一方土地得以在近代化进程中捷足先登,成为华夏大地上最为开放和进步的区域。“尔曹身与名俱裂,不废江河万古流”。

历史已翻开了新的一页。

主要参考文献

《望炊楼丛书》,(清)谢家福编,文学山房汇印本,民国十三年版

《范石湖集》,(宋)范成大著,上海古籍出版社,1981 年版

《世说新语校笺》,徐震堮著,中华书局,1984 年版面

《吴郡志》,(宋)范成大撰,江苏古籍出版社,1986 年版

《吴郡图经续记》,(宋)朱长文撰,江苏古籍出版社,1986 年版

《宋平江城坊考》,王謇撰,江苏古籍出版社,1986 年版

《中吴纪闻》,(宋)龚明之撰,上海古籍出版社,1986 年版

《文徵明集》,(明)文徵明著,上海古籍出版社,1987 年版

《苏州史志笔记》,顾颉刚著,江苏古籍出版社,1987 年版

《范仲淹史料新编》,周鸿度等编,沈阳出版社,1989 年版

《苏州园林趣谈》,柯继承著,文物出版社,1994 年版

《江苏艺文志·苏州卷》,江苏人民出版社,1996 年版

《二十五史》(百衲本),浙江古籍出版社,1998 年第 1 次影印版

《中国的家法族规》,贾成康主编,上海社会科学院出版社,1998 年版

《留园》,周铮著,古吴轩出版社,1998 年版

《艺圃》,柯继承著,古吴轩出版社,1999 年版

《耦园》,毛璟弘著,古吴轩出版社,1999 年版

《明清江南望族与社会经济文化》,吴仁安著,上海人民出版社,2001 年版

《范仲淹全集》,(宋)范仲淹著,四川大学出版社,2002 年版

《中国中古社会史论》,毛汉光著,上海书店出版社,2002 年版

《秦汉魏晋史探微》,田余庆著,中华书局,2002 年新 1 版

《北宋三槐王氏家族研究》,李贵录著,齐鲁书社,2002 年版

《清代吴中词派研究》,沙先一著,人民文学出版社,2002 年版

《苏州状元》,李嘉球著,上海社会科学院出版社,2003 年版

《归有光》,陈益著,古吴轩出版社,2003 年版

《吴门四家》,王稼句著,古吴轩出版社,2004 年版

《苏州古城 · 平江历史街区》,袁以新主编,上海三联书店,2004 年版

期刊

《传统文化研究》,苏州市传统文化研究会编

《苏州杂志》,苏州杂志社出版

《苏州史志资料选辑》,《苏州史志资料选辑》编辑部

《苏州园林》,《苏州园林》编辑部

后记

“名门望族”这个词，我最早是从父亲嘴里听到的。

父亲是福州人。远祖原是齐国的贵族，秦始皇并吞六国，一统天下时，才从山东临淄南窜到福州。由于幼承庭训，父亲对家族传承特别关心，也就很爱讲和很爱听一些家族的故事。父亲年轻时孤身离开福州来到上海、苏州发展，对于广交朋友更有深切的体会。因此，凡是遇到彬彬有礼、谈吐不俗，一问背景若又是累代缙绅、家学渊源的，事后往往就连连叹道：“名门望族啊！”

与父亲相反，我母亲从不用这个词，她自小在上海法租界（建业里）长大，婚后来到苏州，也习惯按吴语把望族说成“大人家”。但她也从来不与我们详谈“大人家”的事。直到几年前，与我们谈起当年“青梅竹马”的女孩们，才突然幽然叹道：“那时的街坊，都是大人家啊！”我们大吃一惊，母亲又说：“你们真的不知啊？某某是正宗的顾家门，某某祖上就是孙园的主人，某某是陆状元的后代，某某的父亲就是五亩园主人……你们啊，是人在花堆里，不知花儿香啊！”

母亲的揶揄是有道理的。当时的邻家女，确是一个个巧笑倩兮，美目盼兮，不敷铅华，却唇红齿白，加上声律动人，举止得体，那种透到骨子里的妩媚，确是风情万种。不过，好像邻家女几乎都是这样，也就“见怪不怪”。只是如今大多芳华已谢，令人徒作“梦里花落”之叹了。

在我的记忆中，“大人家”子弟也不全是“优秀”的，男的并非个个知书达礼，女的也并非个个国色天香，也有五官困难，甚至机体残疾。就人品而言，也有“犯事”（且不论其中的冤假错案）、染上赌博恶习，或穷途没落、铤而走险的。但毋庸讳言，他们中的绝大部分都给人以“温、良、恭、俭、让”的印象，通常也没有膏粱子弟的陋习。这当然不排除社会因素，因为鉴于出身，在政治运动一波接着一波，在“阶级斗争”要天天讲、月月讲、年年讲的大背景下，他们也只能低调地甚至屈辱地生活。他们“夹着尾巴做人”，“低声下气做事”，因而也常常获得众人的同情和怜悯。

但是，对“名门望族”或“大人家”的宅第，我的感受就错综复杂多了。

苏州阊门、桃花坞一带，旧时多深宅大院。当时从桃花坞到东西中市、阊门石路，就有好几十家，其中，阊门下塘十号陆润庠状元的住宅，为我所常去，但对其总没有好感。一是因为从大门到里宅的主通道全部被封作一个个单元空间，以供“七十二家”房客享用，又长又窄的备(陪)弄成了唯一的通道。路面长年失修，人走在上面，高一脚，低一脚，光线又暗，有风吹来，阴惨惨，冷兮兮，让人浑身寒势势；二是亡友屈洪昌，当年就住在最里面的“走马楼”下，屈洪昌英年早逝，常令我联想起陆状元两个儿子的早卒，因而时时想起“凶宅”这个词来，让人愀然。桃花坞腹地的“望族”宅第，则又是另一番风光，这些宅第，几乎都有“后花园”，可称为“宅园”，可惜多毁于上世纪50年代。唯有五亩园(叶家花园)的断墙残壁、荒亭废池，至今还有故老提及。幸好苏州望族中的“顶尖”家族，都有园林留下，这就是保存比较完整的私家花园，现在都成了名闻世界的苏州古典园林了。

作为传统的文明渊薮，苏州的望族何其多也。从某种意义上讲，苏州就是名门望族的集结地，苏州的古城更有着说不完的风花雪月，道不尽的悲欢离合。这话好像说得有点过分，但如果你细心打量一下古城区内的里弄街道、生活情景以及提供衣食住行的各种场所、方式，你就会承认我的话有几分在理。有人曾说苏州的书画家多，一不小心撞着个人，说不定就是什么雅集或什么画院的书画家，其实这话移用在望族后裔身上同样合乎事实。因为你随时可能会交上一个望族后裔的朋友，而且这个望族的代表人物，或许早让你“久仰大名，如雷贯耳”。

为此，当我撰写本书时，着实踌躇了好一阵。苏州望族太多，让我写哪几个呢？而且，我年轻时能接触到的年长望族后裔，都已凋零，他们的第二代也垂垂老矣，第二代中，虽然年轻人居多，也没有“历史负担”，可惜谈起长辈故事，却恍如隔世。“江山犹是昔人非。”于是只能从故纸堆里搜索，就有了这么一本“一路李子一路瓜”的不像话的话本。

这是我撰写的第六本书。前五本，草拟后记时的那种愉快心情，这次丝毫没有，因为我实在轻松不起来。就像马克·吐温所说的：“吃开心果的时候我经常不开心”。这怨谁呢？怨望族的后代不争气？怨百年来的腥风血雨？怨我晚生了三十年，还是早生了三十年？

不过，在本书行将付梓之时，内心还是充满了感激。此番多蒙朋友的鼓励和帮助，才得以顺利完稿。其中，尤以王稼句、戴云亮及吴眉眉最为热忱，从草拟大纲到写作进程，从谋篇布局，到细节描述，都予以了足够的关注和援手，特别是眉眉君，在自己创作任务十分繁重、身心十分疲惫的情况下，她依然一如初衷，不畏严寒，冒着风鞭雨剑，为我摄制了几十幅上好的图片，其景其情，令我格外感动。

望族作为一种特殊的大家族，“在时代里称雄，却被时间湮没”。特定的时代培养出文氏家族，诞生了《午梦堂集》，乃至大阜潘氏。过往的时代已经消亡，皮之不存，毛将焉附？但这没有什么可以惋惜的。狄更斯《双城记》里说过：“那是个最好的时代，也是最坏的时代。那是智慧的时代，也是愚蠢的时代。”狄更斯说的时代是资本主义时代，而产生望族的封建时代，也当作如是观。当下，只要能在以往的望族资料里，捡上几点为今人所用，则善莫大矣。若能进一步化腐朽为神奇，则更是额外的惊喜。

人世几回伤往事，山形依旧枕寒流。昨日斜阳今日雪，一般楼阁两般看。是耶？非耶？

是为记。

2005 年 2 月 9 日（乙酉年正月初一）

于苏州忘形读书斋

2005 年 3 月 10 日三易其稿，改定

又附：本书定稿于 2005 年，与我签订出版合同的某出版社，不仅未履约，而且将笔者送去的刻录文字、图片的光盘遗失，甚至连责任编辑也“无处可寻”了，闹了个“风去台空”。事隔七年，书稿终于能够出版，系于苏州人文环境的发展与进步，得益于《人文苏州》丛书编委会的精心策划，更要感谢苏州大学出版社的大力支持和编辑刘海女士的辛勤劳作。为了保持原汁原味，这次仅对个别错漏作了修改，但插图全由苏大出版社重新安排，特此声明。

2012 年 10 月 28 日于苏州老屋